계명교양총서 45

20세기 유럽의

# 좌익과 우익

데이비드 스미스 저 • 은은기 역주

계명대학교출판부

# 저자 서문

이 책은 영국과 미국의 주요 대학들에서 교양세미나 교재로 사용하려는 목적에서 집필된 것이다. 이 책의 서문에서 대학교육에서 세미나 교육의 유용성을 다음과 같이 밝히고 있다 : "교육을 위한 세미나 방식은 대학들에서 점차 널리 사용되어 오고 있다. 세미나는 기본적 독서기술에서 벗어나고 그리고 그것을 보완하기 위해서 보다 소규모의 단위로 토론을 통해 이루어지는 학습방법이다. 이 교재가 성공적이기 위해서는 이 세미나의 참가자들이 정보를 갖추고 있어야 한다. 이러한 이유로 우리는 대학에 있는 교수진들에게 이러한 특별한 필요성에 맞추어 대학교 저학년 학생들을 대상으로 영국이나 유럽 역사의 특수한 측면들에 관한 단편적인 연구 저작들을 간행하도록 촉구하였다. 이 시리즈의 완성을 위해 저자들은 자신들의 기본적인 분석 이외에 모든 종류의 원 사료에 대한 충분한 발췌 그리고 최신의 광범한 참고문헌 제공을 요청받았다. 이러한 부분들은 교재에서 언급되었다. 그것들이 학생들에게 있어서 매우 귀중한 가르침과 배움이 되기를 희망하고 있다. 영국이나 유럽 역사에 관한 이 저작은 교양수준에 부합하는 정도의 지식을 제공하면서도 토론학습의 교재로서의 역할을 충분히 감당할 것으로 생각된다." 이와 같은 간행취지에서도 알 수 있듯이 우리는 이 책의 간행목적이 본교의 교양세미나 강좌가 의도하는 바와 같이 내용의 깊이와 넓이를 동시에 추구하면서도 세미나 교재의 본연의 역할을 잘 감당하리라 생각된다.

## 역서 소개

이 책은 마르크스의 공산당 선언, 수정주의적 사회주의자 베른슈타인의 '진보적 사회주의', 조르쥬 소렐의 '폭력론', 레닌의 '혁명적 조직' 및 '프롤레타리아 독재론', 무솔리니의 '파시즘 강령', 로자 룩셈부르크의 '러시아 혁명', 스탈린의 '레닌주의 이론과 실천', 히틀러의 '나의 투쟁', 조지 오웰의 '카탈로니아에 대해 경의를 표함'과 같은 원 저작들의 주요 내용을 인용하면서 자신의 논지를 전개해 나가고 있다. 그리고 부록에서 이들 저작들의 핵심부분을 발췌하여 싣고 있다. 따라서 이 교재는 학생들로 하여금 평소에 접근하기 어려운 주요 저작들의 핵심 내용을 접할 수 있는 귀중한 계기가 될 것으로 생각된다.

유럽에서 좌익과 우익의 역사적 변천 과정은 매우 복잡하게 전개되어 왔기 때문에 그 각각의 주류를 파악하기가 쉽지가 않다. 게다가 양자의 주요 흐름을 동시에 파악하기란 쉽지가 않다. 그런데도 저자는 주요 사료에 의존하여 구체적 근거를 제시하면서도 20세기 좌익과 우익의 주요 흐름을 일목요연하게 설명해주고 있다. 빈틈없는 논지를 전개해 나감으로써 개설서적인 피상성을 탈피하면서도 세미나 교재로서의 그 가치를 더해 주고 있는 것이다.

이 책의 목적은 많은 저작들에서 이미 행하여진 바와 같이 20세기의 주요 사건들을 상세히 설명하려는 것이 아니다. 오히려 좌우익의 충돌을 야기한 주요 사건들의 의미에 대해 의문을 제기하고 그리고 양자 사이의 격렬한 적대감을 야기시킨 요소가 무엇인지 그리고 어떠한 사회적 세력들이 그 적대감의 배후에 있는지 그리고 어떤 요소들이 정치에 그러한 열정을 부여하였는지를 살펴볼 것이다. 아울러 무엇이 유럽으로 하여금 의회민주주의의 전통을 버리게 하였으며, 무엇이 그것으로 하여금 의회민주주의로 되돌아오게 하였는가? 이러한 의문들은 정치 이데올로기와 정치적 실천에 대한 연구를 요구한다. 그 질문들은 정치가들이 주장한 것과 그들이 실천한 것의 비교를 요구한다. 이러한 접근은 먼저 좌익과 우익에 대한 개념 정의를 요구한다. 그 각각의 개념이 무엇이며 양자의 차이점은 무엇인가?

제1장에서는 이 저작의 시대적 배경 설명과 문제제기를 하고 있다. 어떻게 독일의 히틀러와 이탈리아의 무솔리니가 등장하였으며 그리고 유럽 각국에서 이 시기를 전후하여 좌익과 우익이 어떻게 주어진 역사적 배경 속에서 자신들의 이데올로기적 기반을 확보해나감은 물론 자신들의 권력 장악과 권력의 공고화를 도모해나가는지 살펴보고 있다. 제2장에서 마르크스 이래로 주요 좌익 사상가들의 주장을 밝히고 있다. 공상적 사회주의와는 상이한 이른바 '과학적 사회주의'를 내세운 마르크스는 헤겔의 변증법을 전도시켜 유물론과 결합함으로써 유물변증법을 주장하고, 이를 역사발전에 적용하여 유물사관을 전개하였다. 마르크스에 의하면 사회발전의 원동력은 경제적 생산력이며, 생산력 발전은 두 개의 대립적인 계급을 낳고, 인류 역사는 이러한 대립적인 계급들 간의 투쟁을 통하여 진행된다는 것이다. 경제구조가 하부구조로서 정치 및 문화와 같은 상부구조를 규제하며, 자본

주의 사회의 성립과 더불어 자본가 계급인 부르주아지와 노동자계급인 프롤레타리아트 사이의 계급투쟁이 첨예화되고, 혁명을 통하여 프롤레타리아트가 최종적으로 승리함으로써 계급 없는 공산주의 사회가 수립된다. 이렇게 되면 한 계급이 다른 계급을 억압하기 위한 조직적 권력인 국가도 소멸한다고 마르크스는 주장하였다. 이에 비해 무정부주의자들은 정부를 달리 말해 권력 그 자체를 없애야 한다고 주장하였고, 조르쥬 소렐은 필요할 경우 폭력을 통한 사회변화를 주장하기도 하였다. 레닌은 마르크스의 견해를 수용하면서 마르크스 이론을 한 층 더 현실에 접근시키려고 노력하였다. 로자 룩셈부르크는 보다 과격한 견해를 내세웠다. 이에 비해 수정주의적 사회주의자들은 점진적인 개혁을 통한 사회주의 사회의 건설을 주장하였다.

제3장에서 우익의 사상을 고찰하기 위해 히틀러와 무솔리니 그리고 유럽 각 국의 주요 우익 정당의 주장을 살펴보았다. 이탈리아 파시즘 이데올로기의 주된 내용은 파시스트 독재와 국가지상주의 그리고 군국주의 및 팽창주의였다. 파시스트에 의하면 국가 위에, 국가 외에 그리고 국가에 반하여는 아무 것도 존재하지 않는 바, 그러한 국가는 바로 파시스트당에 의하여 대표되고, 오직 파시스트의 신문과 교육이 있을 뿐이다. 이에 비해 독일의 나치즘은 극단적인 민족주의와 반지성주의에 입각한 전체주의적인 독재체제라는 점에서 이탈리아의 파시즘과 유사하다. 그러나 파시즘에 비하여 더욱 독재성이 강하고, 인종주의에 입각하고 있다.

제3, 4장에서는 좌익과 우익이 각기 자신들의 세력을 확대하기 위하여 어떠한 노력을 기울여나가는지를 추적하고 있다. 특히 소련공산당이 권력을 장악하고, 1935년 프랑스에서 공산당과 사회당이 주축이 된 인민전선정부가 성립하고 그리고 유럽 각국에서 좌익세력이 주요 정치세력으로 등장한 것이 가지는 의미를 설명하고 있다. 제5장과 6장에서 나치즘과 파시즘의 극우세력과 그리고 각국의 공산당 및 사회당과 같은 좌익세력들이 권력을 장악한 후 어떠한 대결책을 추진해나갔는지를 설명하고 있다. 결국 좌익과 우익의 세력관계의 변화에 대한 연구는 이들이 각기 정치권력을 장악한 20세기의 주류 세력이었다는 점에서 20세기 유럽사회를 이해하는 데 필요한 관건이라고 할 수 있다.

이 책의 구성은 좌익과 우익 그 각각의 이론정립, 그 각각의 저항운동과 권력 장악을 차례로 설명한 후 20세기 역사에서 역사 변천의 주도세력으로서의 그 각각의 역할을 평가하고 있다. 어떠한 다른 저작도 이 책만큼 20세기 좌우익의 복잡한 이론 및 세력관계의 변천을 일목요연하게 논리적으로 설명하고 있지 못하고 있다.

끝으로 본문에 나오는 ( ) 안의 수치는 참고문헌 리스트에 나오는 참고문헌 번호를 가리킨다.

2007년 1월

은 은 기

# 차 례

저자 서문 / 1

역서 소개 / 3

## 제 1 부 배경과 이론 9

제1장 배경 | 11

제2장 이론을 갖춘 좌익 | 17

제3장 이론을 갖춘 우익 | 31

## 제 2 부 실천 55

제4장 행동을 하는 좌익 | 57

제5장 행동하는 우익 | 74

제6장 권력을 잡은 좌익 | 93

제7장 권력을 장악한 우익 | 114

제8장 투쟁하는 좌익과 우익 | 129

## 제 3 부 평가 137

제9장 결론 | 139

| 문헌자료 / 147

| 참고문헌 / 261

# 제 1 부 배경과 이론

제1장 배경

1934년 2월 초에 빈(Wien)에서 마르크스주의 사회민주당원들이 총파업을 선언했다. 준군사 단체인 파시스트 하임베어단(Heimwehr)으로부터 적극적인 지지를 받은 엥겔베르트 돌푸스 박사(Dr. Engelbert Dollfuss)의 보수주의 카톨릭 정부는 사회주의 시행정부에 의해 세워진 두 개의 노동자 거주지인 카알 마르크스 하우스(Karl Marx House)와 괴테 하우스(Goethe House)에 대해 폭격을 가했다. 가옥들은 파괴되었고, 빈의 사회주의운동은 분쇄되었다. 대략 수천 명의 남자, 여자 그리고 어린이가 죽었다. 하임베어단의 지도자인 언스트 폰 스타헴베르크 왕자(Prince Ernst von Starhemberg)는 곧 부수상(Vice-Chancellor)이 되었고, 새로운 헌법은 오스트리아에서 노동조합뿐만 아니라 의회주의 정부도 붕괴시켰다.

독일의 오스트리아 합병[1] 4년 전에 일어났던 이 사건은 유럽 역사에서 이 기간 동안에 가장 잘 알려진 사건은 아니었지만 비극적으로 특징 지워진 사건이었다. 일차세계대전 이후 짧은 기간 동안 유럽은 내란에 의해 분열되었고, 의회민주주의도 실추되었다. 좌파나 또는 우파가 빈번히 승리하는 곳에서 자유 및 관용의 전통과 법의 지배 대신 선전의 뒷받침을 받는 경찰테러가 횡행하였고 그리고 정부의 모든 기관과 사회생활의 모든 측면을 아우르는 철권통치로 특징 지

1) 독일과 오스트리아 양국은 베르사이유 조약(1919년)에 의해 영구히 합병이 금지되었다. 그렇지만 나치가 대두하자 오스트리아 국내는 합병파와 독립파로 나뉘어 대립하기에 이르렀다. 히틀러는 독일·이탈리아 주축의 결성에 의해 이탈리아의 지지를 얻자 합병파의 지도자 자이스 잉글웃드를 수상으로 취임시켜 그의 요청에 의한 것이라고 내세우면서 1938년 3월 무력으로 오스트리아를 합병하였다.

워지는 전체주의 체제가 압도하였다.

이 글의 목적은 수많은 교과서에서 이미 다루어지고, 참고문헌의 도움으로 더욱 분명히 규명될 수 있는 그러한 사건들을 세세히 기록하려는 것이 아니다. 오히려 그것은 그 사건들의 의미에 대해 문제를 제기하는 것이다. 무엇이 이러한 보다 고통스런 적대감을 만들어내었나? 어떤 사회세력이 그 배후에 있는가? 어떤 요소들이 그러한 열정과 비인간적인 것을 정치에 끼어들게 만들었는가? 무엇이 유럽으로 하여금 의회민주주의의 전통을 버리게 하였으며, 유럽이 그 대신 얻은 것은 무엇인가?

이런 질문들은 정치 이데올로기와 또한 정치사회학의 연구를 필요로 한다. 그 질문들은 정치가들의 말과 실천의 비교를 촉구한다. 이 연구는 그러나 몇몇 예비적인 용어정의로 시작해야 한다 : 좌파란 무엇인가? 우파란 무엇인가? 그들 사이에 명백히 양립할 수 없는 차이는 무엇인가? 이 용어들은 비슷해서 심지어 역사적이고 정치적인 토론에서도 과도하게 논쟁을 부추켰다. 그 용어들은 프랑스 대혁명 시기에 유럽 정치에서 사용되기 시작하였다. 1789년의 국민의회에서 견해의 대립은 곧 "왕의 거부권을 인정할 것인가"라는 문제를 둘러싸고 명백히 드러났다. 국민의회 의원들의 한 분파는 인민의 선출된 대표의 의지가 개혁 문제보다 우선시되어야 한다는 급진적인 시각을 가졌다. 귀족과 고위성직자로 구성된 다른 한 분파의 의원들은 왕권을 옹호하였다. 첫째 그룹은 연단의 왼쪽(좌파)에 둘째 그룹은 연단의 오른쪽(우파)에 앉거나 섰다. 연단 앞의 중앙에는 중도 내지 중립적인 사람들(중도파)이 모였다. 급진주의자들은 중도파가 원칙이 없으며 그리고 타락한 이기주의로부터 생겨나는 나태함에 빠져있다고 주장하면서 비판하였다.

정치성향의 이러한 역사적 스펙트럼은 유럽 정치여론의 전형적인 형태가 되어 왔다. 좌파는 급진적이고 민주적이며 개혁적이다. 우파는 이러한 방향으로의 변화에 저항하며 심지어 반동적이다. 중도파는 운이 좋을 때는 결정권을 쥐었다. 위기의 시기에 권력은 양 극단의 어느 한 쪽에 넘어가게 되며, 일반적으로 투쟁을 동반하였다.

그러나 20세기가 시작되기 전 잠시 동안 산업화의 정치적이고 사회적인 결과로 말미암아 좌파는 새로운 중요성을 지니게 되었다. 마르크스주의적 사회주의자들은 인민의 참정권을 내세우는 차원을 넘어서서 사회혁명이라는 급진적 요구를 하기까지 하였다. 그들이 내세운 사회혁명이란 사유재산의 철폐와 생산, 분배, 교환 수단의 국유화 또는 공유화였다. 이러한 요구는 극단적 분위기 속에서 이루어졌다. 어떤 사회주의자들은 사회혁명의 방법에서뿐만 아니라 목표에서도 다른 사회주의자들보다 덜 혁명적이었다. 그러나 20세기에 마르크스주의는 좌파의 하나의 기준이 되었다.

언스트 놀테(Ernst Nolte)[2]는 '우파의 기원'이 항상 좌파의 도전에서 비롯되었다고 주장하였다. 반공주의는 20세기 우파의 상징이다. 이것은 빈의 카알 마르크스 하우스에 대한 공격의 배경이며, 무솔리니와 히틀러가 얻어낸 대중의 지지와 그리고 프랑코가 에스파니아에서 권력을 잡게 만들어 준 지주, 왕당파, 고위성직자 동맹의 배후에서

---

2) 놀테 교수는 나치즘이 스탈린의 볼셰비즘에 대한 반작용이라는 외부적 요인에 의해 생겨났고, 나치즘은 사실상 독일 국민들 내부의 동의를 얻은 파시즘의 한 종류라고 주장했습니다. 결국 그는 홀로코스트 같은 범죄를 부인하려 한다는 인상을 심어주었다.

움직이는 힘인 것이다. 반공주의가 매우 중요하다 할지라도, 이런 부정적인 특질이 유럽 우파를 완전히 설명해주지는 못하고 있다.

공산주의가 귀에 거슬리는 민족주의를 피로 물들이기 훨씬 이전에 이미 파시즘과 나치즘을 특징지운 자유주의 정책 및 가치에 대한 적대감과 반유대주의는 이미 유럽에 나타났다. 반세기 전에 빈은 좌파와 우파의 대결 무대가 되었고, 히틀러의 저작인 '나의 투쟁'에 따르면 빈은 히틀러 철학이 형성된 정치교육의 학교였다. 몇 가지 측면에서 20세기 파시즘은 우파에 새로운 특질을 부가하였다. 이론적으로는 적어도 파시즘 지도자의 다수는 반자본주의자일 뿐만 아니라 반공주의자였고, 마르크스주의자만큼이나 사회적 부정의를 공격하는데 있어서 급진적이었고 그리고 새로운 질서에 대한 그들의 약속에서도 마찬가지로 공상적이었다.

대중적 파시즘의 이러한 역동적 측면 때문에 몇몇 역사가들은 파시즘을 좌파의 현상으로서 분류하지 않고 오히려 전적으로 낡은 사상이 아님을 내세우게 되었다. 실제로 파시즘의 급진주의는 그들이 주장한 것에 훨씬 못 미쳤다. 이것은 상황의 힘 또는 필요한 권력과의 타협 또는 의지의 부족 때문일지도 모른다. 이러한 점들은 이 글이 재론해야 할 질문들이다. 반공주의는 일단 파시스트들이 그 호소의 정도와 인기를 깨달았을 때 신속히 써먹었던 하나의 투쟁 전선이었을 가능성이 있다. 이것은 마치 공산주의자들이 전술적인 목적을 위해 인민전선[3]

3) 인민전선(Popular Front)의 본래의 뜻은 파시즘과 전쟁에 반대하는 국민의 여러 계층과 그들을 대표하는 여러 정당 및 당파가 공동강령을 정하고, 공동행동을 전개하는 정치적 연합전선을 말하는 것으로, 1930년대의 프랑스와 에스파니아에서 실행으로 옮겨진 운동과 정권을 총체적으로 표현한 것이다. 그러나 이 용어는 그후 다음과 같은 사정에 의하여 극히 엄밀한 의미로 해석되거나 반대로 확대해석

을 형성하기를 바랐을 때 파시스트의 도발을 촉발시키는 것과 마찬가

되어 사용하게 되었다. 즉 1935년의 코민테른의 제7차 대회에서 서기장 G.M. 디미트로프가 자본주의 제국(諸國)에서의 국제공산주의운동의 기본전략으로서 이 반(反)파시스트인민전선을 제안하였을 때 이를 정식화하여 공산당과 사회민주주의정당의 정책협정을 축으로 하고 노동자계급의 정치적 통일을 중심으로 지식인 · 도시소시민 · 농민 등을 합친 광범한 통일전선을 일컫는 것으로 규정하고, 거기에 더하여 그 목표도 반전 · 반파시즘을 중심에 내세우면서 소비에트 권력으로의 발전을 중계할 수 있는 가능성을 시사한 것이었다. 그 이후 인민전선의 정의는 엄밀해졌으나, 반면에 정치적 통일전선과 같은 의미로 해석되거나 때로는 통일전선의 최고형태로 간주되기도 하였다. 그러나 양자는 전적으로 같은 것이 아니다. 통일전선은 V.I.레닌 이래 본래 노동자계급의 계급적 · 정치적 통일에 사용되는 계급개념인데 비하여, 인민전선은 1930년대의 반파시스트 투쟁의 역사적 과정에서 태어난 여러 계층과 당파의 연합전선을 가리키는 것이다. 이러한 사실은 인민전선의 전형으로 불리는 프랑스 및 에스파니아의 역사적 경험에서도 분명하게 입증되는 일이다. 프랑스에서는 1934년 2월 우익단체의 폭동을 계기로 다가오는 파시즘의 위협에 대항하여 노동자 · 지식인 · 도시소시민 · 농민들 사이에서 민주주의 옹호의 소리가 급속히 높아 갔다. 이 기운에 밀려서 10년 간이나 대립해온 사회당과 공산당의 제휴가 촉진되어, 그해 7월 양당의 통일행동협정이 성립되었다. 1935년 6월에는 중산계급이 지지하는 급진사회당도 이에 가담하여 참가단체가 98개에 달하는 '인민연합'이 형성되었다. 이것을 '인민전선'이라 부르며 7월 14일 혁명기념일에는 파리에서만도 50만명 이상의 대중이 인민전선 측 집회에 참가하였다. 1936년 1월 인민전선강령이 발표되고 3월에는 사회당계의 노동총동맹과 공산당계의 통일노동총동맹의 2대 노조가 조직통일에 성공함으로써 4월과 5월의 두 차례 총선에서 618개 의석 중 373석을 획득, 6월에는 L.블룸(사회당)을 수반으로 하는 인민전선내각이 발족되었으나 공산당은 입각하지 않고 각외협력에 머물렀다. 인민전선내각은 우익단체를 해산시키고 주당 40시간 노동제, 단체협약권 등의 법률을 성립시켰으나, 대자본의 방해와 영국의 견제에 굴복하여 1937년 2월 공동강령의 실행을 중지하였고, 6월 사직이 불가피하게 되었다. 1938년 9월 뮌헨협정으로 대독(對獨)정책이 유화정책으로 기울어지면서 급진사회당이 11월에 공산당과 결별함으로써 인민전선은 붕괴되었다.

에스파니아에서는 1931년 총선거에서 국왕이 추방되었으나, 공화제 내부에서의 좌우대립은 격심하였다. 1934년 이후 인민전선세력은 힘을 증강하여 1936년 1월 좌익공화파 · 사회당 · 공산당 계통의 노동조합 사이에서 인민전선협정이 성립하였다. 2월 총선거에서는 473개 의석 중 289석을 획득, 공산당도 참

지이다. 정치 이데올로기는 연구자들에게는 믿을 수 없는 근거가 된다. 이 책에서 우익은 그 반대자인 좌익과 마찬가지로 그들의 정치적 행동에서 이성, 관용 심지어 인간 체면까지 버릴 준비가 되어있는 급진적이고 극단주의적인 마르크스주의 좌파에 대한 반대파로 정의된다.

정치인들과 그들의 지지자들은 만일 강렬한 두려움, 증오 및 히스테리의 감정에 의해 이끌리지 않는다면 그와 같은 수단에 호소하지 않는다. 유럽의 좌익과 우익의 영감을 이해하려는 노력을 할 때 고려하고 설명해야 하는 것은 그러한 감정의 강도이다. 사실 그 설명은 정치 이데올로기의 특성에 달려있다. 히틀러는 사물을 새롭게 재형성할 수 있는 새로운 사고의 결여는 언제나 "싸우는 힘의 한계를 의미한다"고 주장하였다. "심지어 최고의 잔인한 무기를 언제나 사용하려는 우파의 신념은 세상을 새롭고 혁명적으로 변형시키려는 열렬한 믿음에서 비롯되는 것이다. 그러한 고상한 목적과 이상을 위해 싸우지 않는 하나의 운동은 결코 극단적인 방법에 호소하지 않을 것이다"라고 주장하였다.(18) 좌파와 우파의 신념과 목표는 제2장과 제3장에서 각기 논의될 것이다.

---

가하여 인민전선정부를 조직하고 토지개혁 등 일련의 혁명적 민주정책을 단행하였다. 그러나 그해 7월 장군 B.F.프랑코가 모로코에서 반란을 일으켜 에스파니아에 상륙, 인민전선 정부와 2년 8개월에 걸친 항쟁 끝에 1939년 3월 인민전선을 붕괴시켰다. 에스파니아의 인민전선 정부는 프랑스의 그것보다 좌익적·전투적이었으나, 그 성격은 프랑스와 마찬가지로 반(反)파시스트 인민전선이었다.

마르크스주의의 신화와 상징은 계급투쟁, 프롤레타리아 혁명, 계급 없는 사회[4]이다. 그러나 세계의 노동자들에게 단결하여 저항하라는 마르크스주의의 호소가 반세기 동안 이어졌으나, 노동자들은 필연적으로 폭동을 일으킨 것도 아니고 단결하지도 않았다. 오히려 제2차 사회주의인터내셔널(The Second Socialist International 1889-1914)[5]은

4) 마르크스주의에 따르면, 프롤레타리아는 고난과 투쟁에 의해 단련되어 자본가와는 다른 의식을 가지게 된다. 이러한 자각을 통해 프롤레타리아는 궁극적으로 모든 경제적 계급을 폐지하고 무계급사회를 건설하기 위해 스스로를 조직한다.

5) 제2차 사회주의인터내셔널은 프랑스혁명 100주년 기념일인 1889년 7월 14일 파리에서 설립되었다. 이때 마르크스는 이미 죽고 엥겔스가 이론적 뒷받침을 하였다. 각국의 사회주의 정당, 노동조합 등의 완만한 연합체로서의 형태를 지니고 명확한 강령이나 지도기관을 가지고 있지 않았으며, 1900년까지는 상설 사무국조차도 없었다. 그러나 이 시기에 이르러 마르크스주의는 세계 노동운동의 주류를 점하게 되었고, 따라서 제2인터내셔널은 설립 후 10년 동안 노동운동의 확대에 주도적 역할을 하게 되었다.

그런데 20세기에 이르러 독점자본주의시대가 도래하자 제2인터내셔널 여러 당의 지도부는 이른바 개량주의의 경향을 띠게 됨으로써 제2인터내셔널도 전쟁반대를 결의하였을 뿐, 아무런 행동을 취하지 못하였다. 그들은 오히려 자국 정부의 시책에 협력하고 있었다. 1914년 제1차 세계대전이 일어났을 때에도 러시아의 볼셰비키당을 제외한 제2차 인터내셔널 여러 당은 각자 자국의 전쟁수행에 협력하게 되어 이 기구는 와해되고 말았다. 제1차 세계대전 후에는 유럽 각국의 사회당·사회민주당 등 구(舊) 제2인터내셔널 우파들이 1920년 옛 조직을 부활시키고, 처음 이들과 별개의 조직(제2半인터내셔널이라고 부름)을 가지고 있었던 중간파도 1923년 이에 합류함으로써 사회주의노동자 인터내셔널(Labor and Socialist International)이 출현하였다. 이것도 일반적으로 제2인터내셔널이라고 부르나 그 성격은 반공적(反共的)이었고, 제2차 세계대전의 발발과 더불어 소멸하였다. 제2차 세계대전 후 이들 사회당·사회민주당이 공산주의에 대항하기 위하여 1947년 국제사회주의자회의위원회(Committee of the International Socialist Conference: COMISCO)를 결성하고 1951년 사회주의인터내셔널(Socialist International)로 발전시켜 지금에 이르고 있다. 사회주의인터내셔널은 마르크스의 폭력혁명론을 부정하고 민주사회주의의 입장을 취하는 조직이다.

주로 정치적 무기력에서 비롯되는 논쟁과 파벌다툼으로 분열에 휩싸였다. 마르크스주의자의 저작들은 학구적인 논쟁과 토론의 주제가 되었으나 일관성 있는 정치적 행동으로 바뀌지 않았다.

"사회민주주의는 오늘날 민주적이고 경제적인 개혁에 의해 사회를 사회주의적으로 변형시키기 위해 노력하는 한 정당을 넘어서는 어떤 것인가?"라고 독일 사회주의자 에두아르 베른슈타인(Edouard Bernstein)[6]이 물었다.[자료2 참조] 1914년까지 독일 사회민주당은 독일제국의회(Reichstag) 내에서 가장 큰 단일 정당이었다. 사회민주당은 의회 및 노조의 힘과 의회주의적 방식에 힘입어 보수당 정부로부터 독일을 유럽에서 가장 진보된 복지국가로 만든 일련의 사회적 및 산업상의 개혁을 얻어내었다. 사회민주당은 유럽을 효용성 및 생산성 측면에서 독일을 주도한 독일 자본주의의 구조에 영향을 미치지 않았다. 베른슈타인은 사회주의자들에게 진보된 산업사회의 현실에 대처하도록 촉구하였다. 그의 수정주의적 사회주의론은 독일과 영국 같은 서부 유럽의

---

6) 베른슈타인은 1850년 1월 6일 베를린에서 출생하였다. 유대인 철도기관사의 아들로 사회주의사상을 접한 후 1872년 사회민주노동당에 입당하여 스위스·영국 등지에서 망명생활을 하였다. 마르크스주의의 대표적 이론가로 엥겔스, 카우츠키 등과 함께 활약하였다. 1878년 스위스의 취리히로 가서 독일사회민주당의 기관지 『노이에차이트』에 <사회주의의 여러 문제>(1896~1897)를 기고하고, 또 <사회주의의 전제(前提)와 사회민주당의 임무>(1899)를 써서 마르크스주의의 수정을 시도, 당내 우파의 이론적 지도자가 되었다. 1901년 독일에 돌아와서 사회민주당 내 수정주의로서 자신의 이론의 정당함을 계속 주장하였고, 1902년에는 국회의원으로 선출된 이후 3차에 걸쳐 당선되었다. 그의 수정론은 마르크스가 내세운 사회혁명이 아니라, 의회주의의 입장에서 점진적인 사회주의의 실현을 제창한 점이다. 이 주장을 둘러싸고 카우츠키나 룩셈부르크 등을 상대로 이른바 수정주의 논쟁을 벌였는데, 그 영향은 독일에서뿐만 아니라 러시아 기타의 사회주의자들에게까지 미쳤다.

진보된 국가에서의 온건파 좌익의 사상이었고 그리고 정치적으로 의식적인 노동계급 대다수로부터 지지를 받았다. 그러나 그 이론은 명백히 상황의 산물이며 그리고 보다 덜 세련된 사회적, 정치적 상황이 존재하는 곳에서 아마 인기가 더 적을 것이다. 베른슈타인의 수정주의 사상은 또한 그가 현실 정치에 전혀 관련이 없는 하나의 개념으로 간주한 혁명신화로부터의 의식적인 이탈을 의미하였다. 이러한 이유로 그의 논거는 너무나도 솔직해서 그의 독일 동료 사회주의자들조차도 그를 배척하였다.

서유럽의 다른 곳에서 산업화는 여전히 초보적이며 초기적인 단계에 머물렀고 그리고 사회주의 정책은 더욱 확실하게 혁명적이었다. 에스파니아와 이탈리아에서 노동자의 근로조건은 고통스러웠고, 보수는 적었으며, 정부는 관심조차 가지지 않았다. 러시아에서와 마찬가지로 이러한 나라들에서 프롤레타리아트는 여전히 농민대중으로부터 가까운 거리를 유지하고 있었으며, 공장 및 광산의 가혹한 작업 규율은 격렬한 분노를 불러일으켰다. 사회주의는 이들 나라들에서 무정부주의의 형태를 띠고 나타났다.(42)

무정부주의[7]는 마르크스주의로부터 영감을 받았다는 점에서 단지

7) 무정부주의는 권력 또는 정부나 통치의 부재(不在)를 뜻하는 고대 그리스어 'an archos'에서 유래한다. 근대에 와서 처음으로 국가가 없는 사회란 뜻으로 이 용어를 사용한 사람은 루이 아르망 드 라옹탕으로 인디언의 생활을 기술한 그의 저서 『Nouveaux Voyages dans l'Amérique Septentrionale』(1703)에 나타난다. 무정부주의는 국가와 법 또는 감옥·사제(司祭)·재산 등이 없는 사회를 지칭한 것인데, 요즈음 일상적으로 혼란·무질서 등을 의미하는 말로 사용되기도 한다. 무정부주의는 하나의 사회철학이며 정치이념으로, 개인의 자유를 최상의 가치로 내세우고 그에 대한 모든 억압적인 힘을 부정하는 것이다. 이런 의미에서 무정부주의의 요소는 스토아철학의 창시자인 제논으로부터 자유주의자인 W.

부분적으로 마르크스주의적이다. 마르크스는 진정으로 무정부주의 전통의 계승자였다. 자본주의와 압제적인 국가 모두가 존재하지 않게 되고 그리고 사람들이 소규모 공동체에서 스스로 통치하는 계급 없는 사회는 무정부주의의 신화이다. 마르크스는 프롤레타리아 독재의 개념을 도입하였는데, 이 개념은 모든 자본을 부르주아지로부터 빼앗고

---

훔볼트나 J.S.밀 등의 사상에서도 발견된다. 무정부주의는 대개 다섯 가지의 특징으로 규정해 볼 수 있다. ① 인간은 본래 선(善)의 능력을 가진 착한 존재인데, 관습·제도·권력 따위가 타락하게 만든다. ② 인간은 사회적인 존재로서 자발적으로 서로 협력할 때 가장 인간다워진다. 공동체적인 삶을 추구하는 것이 인간의 본능이며, 따라서 이러한 사회가 가장 자연스러운 것이고 국가는 그에 반대되는 것이다. ③ 사회의 여러 제도 가운데에서 특히 사유재산과 국가는 인위적인 것으로는 으뜸인데, 이것들은 사람들을 서로 타락시키고 또 착취하게끔 하는 것이다. 민주통치나 사회주의적 경제체제 등 모든 권위적인 요소들은 개인을 억압하는 것이다. ④ 모든 사회변화는 자생적이고 직접적이며 대중적인 기반을 둔 것이라야 하며, 이와 반대되는 모든 조직화된 운동은 권위의 조작에 의한 산물에 불과하다. 조직화된 혁명은 하나의 억압을 다른 하나의 억압으로 바꾸는 것에 지나지 않으므로, 변화는 외부적인 통제가 없이 자유롭고 독립적인 개인들로 이루어지는 대중의 자연적인 느낌의 표출에 의하여 이루어져야 한다. ⑤ 산업문명은 생산수단의 소유형태가 어떻든지 간에 인간의 정신을 파괴한다. 기계는 인간을 지배한다. 그러므로 어떤 사회든 산업문명 위에 서는 것은 인간의 내적인 힘을 누르는 것이다.

이런 사상적 요소를 가지는 무정부주의는 여러 사상가들에 의하여 대표되는데, 내용이 각기 다르기는 하나, 개인의 자유와 경제생활의 유대를 모색하는 데 있어서는 마찬가지이다. 권력과 불평등에 반대하여 자율적인 협동을 강조한 W.고드윈, 재산을 도둑이라고 정의(定義)한 P.J.프루동, 마르크스에 맹렬하게 반대한 무정부주의적 공산주의를 부르짖은 M.A.바쿠닌, C.R.다윈의 적자생존 원칙에 반기를 든 P.A. 크로포트킨, 개인의 개성을 철저하게 주장한 M.슈티르너, 모든 폭력에 반대하여 무저항주의를 내건 L.N.톨스토이, 생디깔리즘을 내건 소렐 등은 모두 이 계통의 거장들이다. 무정부주의는 운동으로서는 에스파니아 내전의 종식과 함께 기울었으나, 사상으로서는 여전히 매력을 가지고 있어서, 관료화되고 조직화된 현대의 산업사회에서 새로운 관심을 끌고 있다.(출전 : NAVER 백과사전)

즉 통치계급으로 조직화된 프롤레타리아의 손에 모든 생산수단을 집중하고 그리고 가능한 한 빠른 시일 내에 전체 생산력을 증가시키기 위해 노동계급이 그 모든 정치적 주권을 사용하게 될 혁명 이후의 과도기적 단계이다.(8) 무정부주의자는 놀라지 않았는데, 그 이유는 마르크스가 무정부주의적 방법을 처음부터 결함 있는 것으로 비난하였기 때문이다. 산업사회에서 통상 스스로를 생디칼리즘(노동조합주의)이라 불러온 무정부주의는 노동자에 의한 공장점거와 생산자 노조들에게 공장소유권의 즉각적인 이전과 같은 직접행동을 선호하였다. 이러한 목적을 위해 심지어 일시적일지라도 국가기구에 호소하는 것은 관료주의적 압제를 영속시키게 된다는 것이다.

이론상 극단적이고 몽상적이며 그리고 그 방법에서 폭력적인 무정부주의적-생디칼리즘[8](Anarco-syndicalism)은 감정상 역사적으로 근대

---

8) 무정부주의적-생디칼리즘은 19세기 말부터 20세기 초까지 프랑스와 이탈리아에서 일어났던 노동조합주의의 하나이다. 생디카(syndicat, 조합)를 노동자의 단 하나의 계급적 조직으로 간주하고, 정당과 선거 및 의회 등의 정치운동을 배척하고 동맹파업·사보타주·보이콧, 특히 총파업과 무장봉기 등의 직접적 행동에 의해 정부를 타도하고 생산과 분배의 관리권을 조합에서 장악하여 착취 없는 자유로운 새 사회체제를 실현한다는 사상 및 운동이다. 처음 대두한 것은 19세기 말 프랑스이며, 1890년 전후의 테러리즘 주장이 민중으로부터 고립되고, 막다른 골목에 도달한 무정부주의자가 노동조합에 의한 선전과 총파업을 주창하고서, 1895년에 결성된 프랑스노동총동맹(CGT) 내에서 사회주의자와 항쟁하여 그 지도권을 확립하였다. 이 운동이 절정에 도달한 것은 1906년의 CGT대회에서이다. 이와 같은 혁명적 노동조합주의가 프랑스에서 대두한 것은, 당시 프랑스에서 공업 발달이 늦어져 소규모 수공업이 광범위하게 남아 있었고, 프롤레타리아가 성숙하지 못한 채 직인(職人)이 노동자의 중심을 이루고 있었음에도 불구하고 혁명운동의 경험이 축적되어 있었던 사실, 그리고 사회주의정당이 계급협조주의·의회주의적 경향을 강화하여 노동자의 신뢰를 상실하고 있었던 사실 등이 배경으로 되어 있다. 혁명적 노동조합주의는 동일한 정치·경제·사회적 경향에 있었던 이탈리아에서 1906년에 창립된 노동총동맹(CGL)의 소수파

유럽사회를 만들어낸 산업화 및 도시화 과정에 대항하는 하나의 저항이다. 그것은 사회적, 정치적 환경으로부터 인간을 해방하기를 원한다. 역사의 전개과정을 거부하기 때문에 무정부주의적-생디칼리즘은 혁명적인 만큼 그것이 고취하는 것은 반동적이다. 이러한 이유로 무정부주의적-생디칼리즘 이론들은 좌익에게는 물론 우익에게 그리고 사회주의에 대해서는 물론 파시즘에 영감을 제공해왔다. 20세기 초 무정부주의적-생디칼리즘의 지도적 이론가는 은퇴한 프랑스의 토목기사인 조르쥬 소렐(Georges Sorel)이었다. 미국과 이탈리아의 사회주의자들은 몇몇 프랑스 노동조합주의자 만큼이나 그의 업적을 찬양하였고, 무솔리니[9]와 프랑스 파시스트 또한 그에게 빚을 지고 있음을 인정하

---

로서 나타났고, 에스파니아에서는 10년에 창립된 전국노동연합(CNT)을 주도했다. 1905년 미국에서 창립된 세계산업별노동자조합(IWW)과 라틴아메리카 여러 나라에서 조직된 그 지부, 그리고 이 무렵 영국에서 대두한 길드사회주의 등도 프랑스 생디칼리즘의 영향을 받았다.(출처http://reltih.jinbo.net/)

9) 베니토 무솔리니(Benito Mussolini 1883～1945 이탈리아 정치가, 파시즘 창시자. 프레다피오 출생)는 무정부주의자이며 반교권적(反教權的) 사회주의자였던 아버지의 영향 아래 소년시절을 보냈다. 사범학교를 졸업한 뒤 1902년부터 2년여 동안 스위스 각지를 돌아다니며 사회주의운동을 체험하고, 독서를 통하여 G.소렐, L.A.블랑키, F.W.니체, V.파레토 등 여러 사상가들의 사상과 접하였는데, 이는 그의 사상적 기반이 되었다. 귀국하여 군대에서 복무한 뒤 각지에서 교사생활을 하면서 지방 사회주의신문에 기고하였다. 1910년 로마니아지방에서 『계급투쟁(La Lotta di Classe)』지(誌)를 발간, 반교권주의와 혁명적 사회주의를 선전하고, 리비아전쟁이 일어나자 반전운동을 선동하여 5개월 동안 투옥되었다. 1912년 당대회에서는 우익개량주의자의 추방연설로 각광을 받아 일약 지도부에 선출되었다. 얼마 후 당기관지 『전진(Avanti)』의 편집장(사실상의 당위원장)이 되자, 그의 지도 아래 집행부와 당기관에서 비타협적 좌파가 다수파가 되었고, 이 기관지는 생디칼리스트를 포함한 혁명적 좌파의 논단이 되었다. 제1차 세계대전(1914)이 일어날 당시 그는 당의 방침대로 절대중립의 입장을 옹호하였으나, 전국(戰局)의 전개와 함께 전쟁을 통하여 혁명을 전망하는 생디칼리스트의 논리에 뜻을 같이하고, 1914년 10월 참전론을 당기관지에 발표하여 당에서 축출당하

였다. 소렐은 독일에서보다 프랑스에서 더 열광적으로 수정주의적 길을 걷고 있는 것처럼 보이는 유럽사회주의에 실망하였다. 프랑스 사회주의자들은 각료로서 연합내각에 가담하였다. 소렐은 임금인상과 사회개혁 정책들로 인해 위력을 상실한 것처럼 보이는 자본주의에 대해 또한 절망하였다. 그는 동요하고 있는 미국의 노사관계를 고집스럽게 찬양하면서 바라보았다. 미국에서 고용주는 국가의 지지를 얻어 노동자들의 요구를 거절하였고 그리고 노동자들도 같은 방법으로 대응하였다.

> 미국에서는 대자본가들과 대장군들의 자질이었던 불굴의 에너지, 그 힘에 대한 정확한 평가에 기초한 대담성 그리고 냉혹한 이해타산

---

였다. 전후 참전파와 반전파의 반목·대립이 격화하는 1919년 3월에 그는 일부 참전세력과 함께 밀라노에서 <전투자동맹(Fascidi Combattimento)>을 결성하였다. 이 동맹은 1920년 말부터 사회당에 적대하는 세력으로서 급속히 팽창하여, 1921년 가을에는 파시스트당으로 개조되었다. 1922년 10월 파시스트 의용군의 로마 진군으로 권력을 장악하고, 이후 20년 이상이나 총리직에 있었다. 당초에는 연립정권으로 출발하였으나, 뒤에 파시즘 이외의 모든 정당과 조직을 해체하고 일당독재체제를 수립하였다(1925~26). 이 체제의 정점에서 모든 권력을 장악한 그는 1935년 10월 에티오피아 침략을 감행하였다. 이에 항의하는 국제여론과 국제연맹에 대항하기 위하여 독일과의 접근이 불가피하게 되었고, 1936년의 에스파니아내전 개입은 이를 가속화시켜 히틀러와 공동전선을 형성하였다. 1937년 국제연맹 탈퇴, 1939년에는 독일과 군사동맹을 맺기에 이르렀다. 1940년 6월 제2차 세계대전에 참전하였으나 1940년 10월에 시작된 그리스침공의 패배로 인하여 독일에의 종속은 결정적이 되었다. 패색이 짙어가는 1943년 7월, 군부쿠데타로 실각하여 그란사소의 산중에 구금되었다. 그 해 9월 독일군에게 구출되어 북이탈리아에 나치스 괴뢰정부(이탈리아사회공화국)를 수립하였으나, 1945년 4월 유격대의 봉기로 나치스·파시스트의 지배는 끝이 났고 스위스로 도피하려던 무솔리니는 코모 호반(湖畔)에서 붙잡혀 처형당하였다.(출처http://reltih.jinbo.net/)

> 추구가 발견되었다. 경쟁을 통해 얻을 수 있는 성공을 위한 열정에 사로잡힌 한 사회에서 모든 행위 주체들은 사회학자들의 위대한 생각의 어느 것도 알아차리지 못하고 자신들의 목적을 달성하는데만 몰두하였다. 그들은 아주 단순한 힘에 의해 지배받았고, 그들 중 어느 누구도 자신이 처한 상황으로부터의 탈출을 꿈꾸지도 못했다.(14)[자료3 참조]

소렐은 유럽에서 계급투쟁[10)]의 이러한 초보적인 조건들을 회복하는 것을 목표로 삼았다. 그는 점진주의자로부터, 본질적으로 부르주아적 방법으로부터 심지어 정치혁명을 위한 계획으로부터 조차 사회주의를 분리시키길 원했다. 그는 말을 행동으로 그리고 온건화를 폭력으로 대체하기를 원했다. 소렐은 혁명적인 정신상태를 창조하는데 있어서 이데올로기의 중요성을 처음으로 깨달은 사람이었다. 그는 "고결한 도덕적 신념은 추론이나 개인의지에 대한 어떠한 교육에 결코 의존하지 않지만 그러나 사람들이 자발적으로 참여하는 전쟁상태에 의존한다"고 주장하였다. 소렐은 신화란 사물에 대한 설명이 아니라 행동하려는 결단의 표현이라고 논평하였다.(14)

소렐은 심사숙고하기보다는 행동하기를 촉구하였고 그리고 혁명

---

10) 계급투쟁은 적대적인 계급으로 분열되어 있는 계급사회에서 정치적·경제적·문화적 특권을 둘러싸고 지배·피지배 계급 사이에 벌어지는 투쟁이다. 카알 마르크스는 역사에 있어서의 계급투쟁을 매우 중시하여 저서 <공산당선언 Manifest der Kommunistischen Partei>(1848)에서 '모든 사회의 역사는 계급투쟁의 역사'라고 말했다. 이런 의미에서 계급투쟁은 사회발전의 법칙이 실현되는 구체적 형태이다. 계급투쟁은 각각의 계급이 생산수단의 소유를 둘러싸고 일어나는 경제적 이해의 대립에 뿌리를 둔 것이므로 경제투쟁이 그 최초의 형태라고 할 수 있다. 그러나 한 계급의 경제적 이익, 특히 생산수단에 대한 소유는 그 계급이 지배하는 국가에 의해 보호받기 때문에 계급투쟁은 필연적으로 정치투쟁의 양상을 띠게 된다.

적인 폭력에 영웅적이고 종교적인 기운을 부여하였다. 그는 새로운 사회의 계획에 대한 염려가 혁명의 순수성을 파괴한다고 주장하였다. 그 새로운 형태는 혁명 그 자체의 행동으로부터 발전하였다. 예언적인 용어로 표현하자면, 그는 프롤레타리아 계급의 독재 개념과 혁명적 지도부의 확립에 다음과 같이 반대하였다 :

> 프롤레타리아트를 군대의 형태로 가까스로 조직한 사람들은 자신들이 정복한 사회에 계엄 상태를 선포할 장군들일 것이다 : 따라서 우리는 이미 오늘날의 사회에서 작은 그룹을 형성하는 그 정치가들이 행사하는 독재 권력을 혁명 다음날 장악해야 한다.(14)

무정부주의는 단지 이론적인 순수함 때문에 20세기 정치의 가장자리에 잔존해 왔다. 공산주의는 혁명과 권력을 위해 조직화되었고 양쪽 모두를 성취하였다. 이런 과정에서 레닌이 핵심 인물이었다. 전제주의적 차르 체제 하의 러시아는 사회적 여건이 열악한 산업화 초기의 국가였고, 대부분의 노동조합은 불법이었고, 의회는 1905년까지 존재하지도 않았으며 그 이후에도 여전히 약체로 남았던 국가였다. 러시아의 사회주의자, 점진주의자 그리고 '마르크스이론을 교조적으로 따르는 마르크스주의자'들은 부르주아 의회제도가 정상적으로 운영될 때까지 프롤레타리아 혁명은 발생할 수 없다고 주장하였다. 레닌은 이들의 이론을 거부하였다.(10)

레닌[11]은 노동조합의 '기회주의적'[12] 정책을 거부하였다. 그는 또

---

11) **라디미르 일리치 레닌**(Влади́мир Ильи́ч Ле́нин, 1870년 - 1924년)은 러시아의 혁명가로 볼셰비키의 지도자였으며 소비에트 연방의 초대 수상이었다. 레닌주

한 무정부주의자들을 경멸하였는데, 그 이유는 그들이 실천적인 감각

---

의의 창시자로도 알려져 있다. '레닌'이라는 이름은 혁명가로서 그가 사용하던 가명이다. 젊은 시절 반역자로 체포되어 여러 차례 시베리아 유형을 당하기도 했다. 본명은 울리야노프(Ульянов)이다. 볼가강 연안의 심비르스크(현 울랴놉스크)에서 태어났다. 러시아 내에서 반차르 운동을 하다가 1900년 망명 생활을 시작했다. 1903년 러시아 사회민주당 제2차 당 대회에서 율리우스 마르토프와의 논쟁을 거치며 자파를 마르토프를 비롯한 '멘셰비키(소수파)'들과 구별해 '볼셰비키(다수파)'라고 불렀다. 1917년 10월혁명 이후 백군(부르주아 군대)과 내전을 벌이는 동안 전시 공산주의를 실행했고, 전쟁이 끝나자 경제 개발을 위해 시장 경제를 제한적으로 도입한 신경제 계획을 추진했다. 신경제 정책은 전시 공산주의로 파괴된 러시아 경제를 재건하기 위해 실시된 것이며, 공산주의 경제에 시장경제를 넣었다는 것이 특징이다. 신경제정책과 더불어 토지 자유 거래와 민영회사의 설립과 남녀평등, 그리고 언론과 문화·예술의 자유가 부여되었다. 1919년에는 국제공산주의운동의 지원을 위해 코민테른을 결성하였다. 1922년 뇌일혈을 일으켜 점점 권력의 자리에서 밀려나다가 마지막 1년은 실어증까지 겹쳐 병상에 지냈다 1924년 사망하였다. 현재는 붉은 광장에 미이라로 남아있어 해마다 많은 관광객들이 레닌의 미라를 보러 온다. 한편, 그의 공산주의 철학은 프롤레타리아 독재와 중앙집권적 경제체제에 바탕을 두고 있으며, 마르크스의 공산주의 이론을 처음 실현시켰다는 점에서 매우 중요한 의의를 갖는다. 그의 저서는 『제국주의론』, 『국가와 혁명』등이 있다.

12) 기회주의에 대한 소련의 공식 입장은 아래와 같이 요약할 수 있다. 기회주의는 부르주아 이데올로기의 영향 아래 있는 특정 시기의 노동계급운동에 나타나고 자본의 이해에 노동계급을 종속시키고자 하는 이데올로기적·정치적 경향의 한 요소이다. 그것은 노동계급을 부르주아지와의 협력, 자본주의와의 화해, 그리고 사회주의에 대한 반대로 나아가게 한다. 또한 마르크스-레닌주의, 세계 공산주의운동, 그리고 진정한 사회주의에 대항하는 투쟁에서 제국주의의 무기로써 기능한다. 기회주의는 19세기 후반기에 출현했다. 자본주의의 전반적 위기의 시기에 기회주의 이데올로기는 두 가지 주요한 경향으로 나타난다 : 우익 사회주의 정당들의 사회개량주의(Social reformism)와 세계공산주의운동 내부에서의 수정주의(revisionism). 사회개량주의적인 경제개념들('민주적 사회주의', '혼합경제', '시장사회주의' 등등)과 이에 따른 제반 정책은 오늘날 사회민주주의적 제정당의 지도자와 이론가들에 의해 전개되고 있다. 이들은 1951년 사회주의 인터내셔널(Socialist International)을 조직했다. 기회주의는 제2인터내셔널의 우익지도자(베른슈타인, 카우츠키, 힐퍼딩, 아들러, 바우어 등)들의 이론과 실천을 유지, 심화시키고 있다. 반면 과거 한때 비록 형식적이나마

이 결여되어 있고, 굴복하지 않으려는 기존 사회의 결단력을 단지

---

마르크시즘를 받아들였던 사회 민주주의적 이론가들은 2차대전 후 더욱 우경화되어 공개적으로 마르크시즘과의 결별을 선언했다. 무엇보다도 먼저 '자본주의의 변형'이라는 부르주아적 제 이론이 현대기회주의의 이데올로기적, 이론적 근원이 되었다. 혁명적 노동계급운동에 미친 영향에 따라 기회주의는 우편향 혹은 '좌편향'의 모습을 띠는데, 이것은 자주 그 반대편으로 전화한다. 우익 기회주의-상호 대체적인 개량주의의 제이론, 타협적인 전략 및 정치(베른슈타인, 카우츠키, 현대 사회개혁주의, 우익 수정주의)-는 부르주아 체제 및 국가독점자본주의의 실제적 방어로 나아가고 있다. 이것은 개량의 이해와 일시적이고 부분적인 이익을 위해 혁명적 행동 및 사회주의, 공산주의적 원칙에 기초한 사회의 근본적 변혁을 거부하는 것이다. 공산당 내부에서의 기회주의는 청산주의적 입장으로의 퇴보, 사회 민주주의적 강령의 채택을 의미한다. 기회주의는 마르크스-레닌주의 정당의 지도적 역할을 거부하고 반(反)사회주의적 세력에 굴복하게 한다. '좌익'기회주의(트로츠키주의)는 자신을 은폐하기 위해 초혁명적 언사를 사용하며 대중을 모험주의적 행동으로, 공산당을 분파주의의 길로 인도한다. 좌익 기회주의는 사회주의 건설을 성공적으로 수행하기 위한 반제국주의투쟁으로 대중을 결집시키는 능력을 마비시키고 공산주의를 불신케하여 반공산주의적 경향을 강화시킨다. '신 좌파' — 1960년대에 특히 활발했던 지식인들의 급진적 운동 중 신 트로츠키주의자와 여타의 집단들이 '좌익'기회주의적 경향을 나타냈다. 이러한 경향은 무정부주의 및 무정부주의적 생디칼리즘의 입장에서 국가독점자본주의를 비판하고, '좌익'기회주의의 입장에서 세계공산주의 운동의 전략·전술과 진정한 사회주의를 공격하였으며, 동시에 마르크스의 이론적 유산을 이용하려고 시도하였다. 그러나 기회주의의 경제학적 제 개념은 비과학적인 속류 부르주아 정치경제학의 일부분이다(「정치경제학, 속류 부르주아」 참조). "노동계급운동 상층의 기회주의는 프롤레타리아 사회주의가 아닌 부르주아 사회주의이다. 그것은 기회주의적 경향을 추종하는 노동계급 활동가들이 부르주아지 자신들보다도 더 훌륭한 부르주아지의 수호자라는 사실에서 드러난다. 노동자들에 대한 기회주의자들의 지도력이 없었더라면, 부르주아지는 권력을 유지할 수 없었을 것이다" (레닌, 『전집』, 제31권, 231쪽).

사회주의 인터내셔널에 속한 사회주의 및 사회 민주주의적 제 정당은 종종 오스트리아, 영국, 네덜란드, 서독, 덴마크, 노르웨이, 이스라엘에서 선거를 통해 집권했다. 그러나 자본주의 생산양식 및 자본주의적 착취체제는 조금도 변화하지 않았다. '시장 사회주의'적 견해를 경제적으로 실현하고자 하는 수정주의자들의 시도는 사회주의 체제의 기반을 약화시켰다. '좌익'기회주의의 개

강화하는데 기여해온 자신들의 행위를 격렬하게 선전한다는 이유 때문이었다. 레닌은 처음으로 우파의 반동 현상을 간파한 인물이었다. 그는 혁명가였지만, 그에게 있어 혁명은 장기간이 소요되는 실제적인 과제였다. 혁명의 성공을 위한 조직화의 필요성이 대두되었다. 그의 팜플렛 중에서 첫 번째이자 가장 유명한 것 중 하나의 타이틀은 '무엇을 해야 하는가? (What is to be done?)'이다.(9)

레닌은 계급투쟁의 에너지, 안정성 그리고 지속성을 유지할 수 있는 혁명가 조직을 만들어내어야 한다고 주장하였다. 그러한 조직의 기능은 대중들의 혁명적 의식을 각성시키고 집중시키는 것이었다.

> 조직의 기능은 혁명이 어디에서 발생하든지 간에 또한 어떤 사회계층 혹은 계급의 사람들에게 영향을 미치든지 간에 폭정 및 압제에 대한 모든 시위에 대중들이 반응을 할 수 있도록 그들의 혁명의식을 자극하고 집중하는 것이다. 조직은 이 모든 시위들을 경찰 폭력과 자본주의적 착취에 대항하는 단일한 투쟁으로 묶을 수 있어야 하며, 프롤레타리아 해방을 위한 투쟁의 세계사적 중요성과 조직의 사회주의적 신념과 사회민주주의적인 요구를 모든 사람에게 설명하기 위해 모든 사소한 사건들을 이용할 수 있어야 한다.(9)[자료4a 참조]

---

념들 역시 과학적 사회주의와 양립할 수 없다. 실제적으로 그것들은 경제에 커다란 해악을 초래했다. 사회개량주의 및 수정주의적 기회주의에 대항하는 투쟁 속에서 공산주의자는 그들의 대오를 공고히 하고 있을 뿐만 아니라 사회주의와 공산주의, 평화와 민주주의를 위한 투쟁에서의 노동계급의 통일을 강화시키고 있다.(출처 : NAVER 백과사전)

레닌의 궁극적인 목표는 혁명이었고 또한 혁명가들에 의한 국가권력의 장악이었다. 그것을 넘어서서 공산주의 사회의 확립이 이루어진다. 그러나 이런 모든 과정은 아마도 여러 해에 걸쳐 진행되었다. 공산주의자들은 필요할 때 억제력을 행사하고, 형편이 나쁠 때엔 은밀히 지하에서 활동하고 그리고 때가 무르익었다는 정치적 판단이 설 때 공격을 하면서 지연작전을 펼쳤다.

<사진 1> 러시아 민중들 앞에서 연설하는 레닌

그러한 전술은 상당한 정도의 혁명적 의지를 필요로 하였다. 그 전술에는 헌신과 인내심, 비밀유지 그리고 규율이 요구되었다. 레닌은 한 유명한 문장을 통해 적은 수의 당원과 당의 전술노선에 대한 복종심으로 특징 지워지는 새로운 유형의 당으로 자신의 조직체를 설명하였다. 무분별한 행동과 질질 끄는 논쟁은 신경질적인 성격과

지배하려는 성품을 지닌 레닌에게서 환대받지 못한 것과 마찬가지로 그 조직의 특성에 부합하지 않는다. 레닌은 자신의 추종자들에 대한 지도자의 확고한 권위를 내세운 20세기의 첫 이론가였다. 그러한 사회주의 전략 이론에 함축된 의미는 이미 소렐에게 분명히 나타났고 그리고 독일 사회주의 지도자인 로자 룩셈부르크[13)]에 의해 다음과 같이 동일한 예지로 표명되었다 :

> 이러한 관료주의적 속박만큼 초기의 노동운동을 권력에 굶주린 인텔리적 엘리트에게 더욱 철저히 예속시키는 것은 아무 것도 없다. 관료주의적 속박은 노동운동을 무기력하게 만들 것이며, 그 운동을 중앙위원회에 의해 조작되는 로보트로 만들어 버릴 것이다. 오늘날 레닌의 상상력을 혼란스럽게 만드는 단지 하나의 유령에 불과한 것은 내일에는 곧 실제가 될 것이다.(16)[자료10a 참조]

그러나 레닌은 권력을 쟁취하였다. 로자 룩셈부르크는 독일 공산주의자들에게 실패할 운명인 1919년 혁명을 시작하지 말도록 민주적인 방법으로 설득하였으나 무위로 돌아갔다. 얼마 지나지 않아 그녀는 새로이 등장한 독일 우익의 전직관리에 의해 암살되었다.

레닌의 혁명전술 형성, 그리고 새로운 형태의 당과 더불어 우리는 20세기 초엽의 좌익의 다양한 영감을 재검토해왔다. 레닌에게 있어서 좌익의 이념은 의회주의와 노동조합주의의 온건화에 대한 반발과

13) 로자 룩셈부르크는 이와 같은 레닌의 중앙집권적인 조직 체계에 대해 강력하게 비판했다. 그녀는 이와 같은 조직이 오히려 노동자 대중의 자발성을 법적 체계, 관료적 통제 안에 묶어 두는 결과를 초래할 것이라고 비판했다.

그리고 공상적이고 비실천적인 성격을 이론화시키는 영역에 대한 반발에서 비롯되었다. 좌익은 혁명적이 되었고, 그것은 현실이 되었다. 그것은 곧 러시아에서 권력을 장악하게 되었다. 이것은 우익으로부터의 반동의 출발점이다.

## 제3장 이론을 갖춘 우익

이 책에서 다루고 있는 우익이라는 용어는 더욱 긍정적인 특성에 의해서보다는 그것에 대항하는 것(좌익)에 의해 주로 정의된다. 그 자체로서 우익은 결코 하나의 이데올로기인 것 같지가 않고 오히려 사회주의 혁명의 위협에 대항하는 사회집단과 소부르주아지의 반동적인 행동이다. 공산주의자들은 파시즘을 다음과 같이 정의하였다. 즉 “대개의 경우 파시즘은 독점자본주의의 친위대이고 소부르주아 계급의 테러리스트 독재정권”이라고 주장하였다.

공산주의는 이 설명으로 파시즘을 과대평가하면서도 과소평가하였다. 과소평가하였던 이유는 독점 자본주의가 파시즘을 지원하는데 있어서 조심스러웠고 인색하였기 때문이며, 과대평가하였던 이유는 파시즘이 이데올로기적으로 그와 같은 권리를 누릴 자격이 있다고 간주하였던 노동계급의 지지의 일부를 공산주의 그 자체로부터 빼앗아버렸기 때문이다.

1934년 오스트리아 빈의 총파업이 실패한 중요한 이유는 철도노동자들의 대다수가 극우단체인 하임베어단의 일원이었기 때문이다. 파시즘과 나치즘은 한 계급만의 운동 이상이었다. 그리고 비록 반공이데올로기가 항상 그들의 가장 강력한 카드였을지라도, 그들의 이데올로기는 반공 이상의 것이었다. 그들의 이데올로기적 속성을 적은 리스트는 그럼에도 불구하고 긍정적인 정서보다 부정적인 정서로 더욱 가득 차 있다. 반의회주의, 반유대주의, 반지성주의, 심지어 반자본주의는 20세기에 많은 우익 정치사상의 반동적이고, 복수심에 불타며 본질적으로 사소한 성격을 반영하고 있다. 애국심이라는 감정 그 자체는 우익의 선전을 통해 열정적으로 반향을 불러일으키지만, 그것이 상이한 언어, 인종 또는 피부색을 가진 사람들에 대항하는 단지 거만한 국수주의나 무지하거나 불합리한 편견만을 대변할 때 하나의 부정적이며 제한적인 감정일 수 있다.

우리가 살펴본 바와 같이 사회주의 이데올로기는 경제 및 정치 생활의 지역 상황에 따라 강조하는 내용이 달라진다. 민족에 대한 찬미는 마찬가지로 어떠한 2개의 국가에서도 우익의 이데올로기가 똑같아지지는 것을 막았다. 비록 아이러니컬하게 우익의 지도자들이 좌익보다 실제로 더욱 효과적인 동맹을 맺었지만 국제파시스트동맹(Fascist International)의 결성은 불가능하였다. 민족주의 정신은 우익 운동들 사이에 두드러진 공통 요소이다.

20세기 초 우익의 선배 이론가는 프랑스인 샤를 모라스(Charles Maurras)이다. 그 이유는 프랑스 정치에 있어 20세기 초 우익의 확산이 그의 영향력에 기인한다기보다는 우익신문인 악시옹 프랑세즈(Action Française)[14]의 창건자로서 그의 경력이 19세기에 시작되었고 그리고

14) 악시옹 프랑세즈는 샤를르 모라스와 레옹 도데가 전제군주정을 주창하면서 1899년에 시작한 프랑스의 정치운동이다. 이들이 1897년에 발간한 월간지 <악시옹 프랑세즈>는 1908년에 일간신문이 되었다. 이 정치운동에서 국가주

역설적이게도 그가 독일 침략자에게 협력했을 때인 제2차 대전에 이르는 시기에까지 확대되었다는 사실에서 비롯된다. 이 결론은 아이러니한데 왜냐하면 모라스의 정치적 견해는 프랑스의 보불전쟁[15) ] 패배와 새로운 독일제국에 직면하여 프랑스의 명백히 계속되어온 군사적인 약체성에 대한 애국적 분노와 함께 시작되었기 때문이다. 왜 프랑스는 약했는가? 이데올로기적 정치가들을 특징지우는 태도에서 모라스는 극적이고 간단한 대답을 찾았다. 그는 책임을 져야할 악인들을 찾았고, 제3공화정의 부르주아 정치인들 가운데서 그 악인들을 발견하였다 : "프랑스는 파괴되었는데, 그 이유는 통치가 정치가

---

의적 정당이 생겼는데 이는 교회를 정치적 사회적 목적에 이용하고자 하며 가톨릭 신자들의 지지를 얻으려고 획책하였다. 그 정당의 강령은 정치를 종교보다 우위에 두고 교회활동을 반정부적인 정치운동 쪽으로 몰아붙이며 증오와 폭력의 철학을 고취하는 것이었다. 교황 비오 11세는 1926년 이 운동을 배격하고 그 신문을 금서목록에 넣었으며, 종교활동을 하는 모든 가톨릭 운동과 평신도 단체운동은 교계의 지도를 받도록 하였다. 이 정치운동의 지도자들은 과거의 잘못에 대하여 유감을 표명하고, 교황청의 의사를 존중하겠다고 약속하였음으로 교황 레오 12세는 1939년 이 운동에 대한 과거의 단죄를 해제하였다. 악시옹 프랑세즈는 프랑스 국민의 새로운 정치생활과 현대적 사고방식에 맞지 않게 되었음으로 2차 세계대전 이후 쇠퇴하였다.

15) 보불전쟁의 직접적인 계기는 에스파니아 국왕 선출문제를 둘러싼 양국간의 분쟁이고, 그 과정에서 일어난 엠스전보(電報)사건은 사건의 연출자인 비스마르크의 예견대로 프랑스와 프로이센 양 국민을 격앙케 하여 1870년 7월 19일 프랑스가 프로이센에 대해 선전포고를 하였다. 그러나 군비가 우세한 프로이센은 북독일 연방제국뿐만 아니라, 남독일제국의 지지까지 얻어서 병력을 더욱 증강하여 참모총장 몰트케의 작전에 따라 프랑스 국내로 쳐들어갔다. 전황은 프로이센 독일군이 압도적으로 우세하여 9월 2일 나폴레옹 3세는 독일군에게 항복하였다. 그러나 독일군은 계속 다시 진격하여 파리를 포위하고, 파리에서는 공화제국방정부가 조직되어 프랑스 국민은 더욱 완강하게 독일군에 저항하였다. 그러나 9월 말에 스트라스부르, 10월 말에는 메츠 요새가 함락되어 파리도 1871년 1월 28일 마침내 성문을 열고 말았다.

들에 의해서가 아니라 정당원들에 의해 이루어지기 때문이다. 만약 정당원들이 정직하다면 그들은 당의 이익만을 생각할 것이고, 만약 그들이 정직하지 않다면 그들은 단지 자신들의 사리사욕을 채우려 할 것이다. 정직하거나 정직하지 않거나 간에 그들은 프랑스의 적이다. 프랑스는 하나의 정당이 아니다."[자료5 참조]

프랑스 정치의 구조는 이러한 비난을 받아 마땅하다. 비례대표제는 통상 불안전한 정치적 제휴를 초래하는 무수한 정당 및 내각을 필연적으로 만들어낸다. 이것은 정치인의 행동에 영향을 준다. 만약 정치인들이 정부를 지지하다가 만족하지 못할 경우 자신들의 직책을 이용하여 지지를 철회하겠다고 위협하면서 관직이나 혜택을 요구하도록 부추김을 받는다. 반면에 그들은 스스로 하나의 내각을 형성하도록 위촉받을 가능성이 없다는 것을 알기 때문에 사소한 이유로 내각을 넘어뜨리는데 가담하면서 무책임하게 되는 경향이 있다. 그러나 그렇게 하는 누구와도 협상하기를 희망할 수 있었다. 그러한 요소들은 프랑스 공화파 정치에 대해 겉으로 드러나는 거의 영속적인 불안정한 상태를 초래하였다. 그렇지만 모라스에 따르면 그처럼 상대적으로 비인격적인 설명으로는 불충분하다는 것이다. 비록 프랑스의 보다 광범한 쇠퇴가 역사가에게는 결함이 있는 정치적 리더십에 기인하기보다 오히려 경제성장률의 문제에 기인하는 것으로 보일지라도 그는 정치가의 개인적인 역량부족에 초점을 맞추고 그리고 이러한 역량부족이 프랑스의 큰 쇠락의 원인이라고 주장하였다.

모라스에 따르면 프랑스의 약체성은 분열에 기인한다 : 그 해결책은 국가의 통일이다. 악인은 정당인이다 : 영웅은 반드시 정당을 넘어선 사람이어야 한다. 모라스가 20세기 우익의 카리스마적인 독재자들에게서 그러한 영웅을 찾기 보다는 오히려 역사 속에서 찾으려 하였을 때 그의 정치사상의 기원이 19세기에서 비롯됨을 알 수 있다. 그는 프랑스 왕정의 복고를 촉구하였다.

왕은 여러 가지 측면에서 한 인간으로서 아무리 부패할 수 있다 할지라도 왕으로서 부패하지 않고 남아있을 즉각적이고 명백한 이득을 가진다.'[자료5 참조]

이러한 이론적인 주장과는 별개로 왕정은 다른 매력을 지닌다. 왕정은 과거 왕족의 위대함 즉 가톨릭국가인 프랑스를 상징한다. 프랑스의 거의 영구적인 쇠락은, 모라스에게는 그렇게 보였는데, 프랑스가 그 역사를 버리고 반프랑스의 법칙 즉 음모적인 4인조 그룹인 신교도, 프리메이슨단[16], 유대인 그리고 이민족출신 프랑스인에게 굴복하였

16) 석공을 의미하는 메이슨(mason)들은 중세 이래로 봉건영주들의 성을 쌓거나 교회를 짓게 되었다. 점차 이들 메이슨들이 서로 교류할 수 있는 조직을 갖게 되었고, 자유롭게 장소를 이동하며 일한다는 의미에서 프리메이슨(Freemason)이란 이름이 붙게 되었다. 이들은 고급 기술자로 대우 받았으며 그들만의 신전 안에서 종교의식을 갖게 되었다. 점차 문호를 넓혀 예술인이나 지식인들도 가입할 수 있게 되었고, 철학적 종교적 문제를 다루게 되었다. 그러나 신본주의적인 중세시대에 이들은 비밀리에 활동할 수밖에 없었다. 그러던 중 12세기에 예루살렘이 회교도들에게 유린당하자 프리메이슨에 속했던 기사(knight)들이 나서서 성지회복을 외쳤고 이에 많은 젊은이들이 호응하고 교황과 왕과 영주들도 물질적 지원을 아끼지 않았다. 이들이 바로 탬플 기사단(Knights Templars)이며 정복하러 간 이슬람에서 오히려 그들의 신비주의 종교를 배워 왔고, 유럽과 중동간의 무역을 통해 엄청난 부를 축적하게 되었다. 이들이 유럽 전역에 손을 뻗치고 세력이 강해지자 이들을 후원하던 교황과 왕들은 경계심을 가지게 되었다. 프랑스 왕인 필리프 3세는 템플 기사단에게 진 빚을 갚기 어려워지자 탬플 기사단장인 드 몰레를 프랑스로 초청해 화형에 처하고, 전국의 탬플기사단들을 체포하였다. 하지만 다른 나라의 탬플 기사단들은 대부분 무사히

을 때 시작되었다. 역사의 음모이론은 드레퓌스 사건[17]의 실체에 대한 홍분한 망상으로 폭발한 우익이론의 다른 강력한 특징이다. 국적이 여권 문제 이상이라는 사상이 그러하다.

다른 점에서 모라스의 이데올로기는 20세기 파시즘의 이데올로기와는 다르다. 그것은 현대보다 오히려 본질적으로 옛 것을 그리워하

---

위기를 넘겼으며 이 후로 탬플 기사단은 지하로 잠적해 비밀리에 활동하였다. 프랑스에서 박해 받던 프리메이슨 중 상당수가 영국 스코틀랜드로 건너가 세력을 형성해 스코틀랜드파가 되며, 이들이 만든 체계적인 조직이 세계적으로 통용되게 되었다. 영국 잉글랜드에서도 요크파가 결성되 프리메이슨의 양대 산맥이 되고, 스코틀랜드파와 다른 조직 체계를 갖게 되었다. 요크파는 영국 왕실에까지 침투한 결과 왕족이 기사단장을 맡게 됐으며, 이로 인해 유럽이 프리메이슨이 주도한 혁명에 휩싸일 때도 무사히 왕실을 보존할 수 있었다. 스코틀랜드파는 이집트 신앙을 기본으로 하고 33계급으로 나뉘지만, 요크파는 겉으로는 기독교를 내세우며 10등급으로 나뉘었다. 프리메이슨에 입단하면 4등급부터 스코틀랜드파로 갈 것인지 요크파로 갈 것인지 선택할 수 있다. 프리메이슨에 입단할 때는 기독교인이라도 상관이 없다. 일반적으로 공개적인 프리메이슨에 가입하는 사람은 프리메이슨이 라이온스 클럽 같은 친목 단체나 봉사단체인 줄 알고 있다. 하지만 점점 신비주의와 뉴에이지 사상에 물들게 되고 등급이 올라갈수록 자신이 섬기는 신이 하나님이 아니라 사탄인 것을 깨닫게 된다. 뒤늦게 발을 빼고 싶어도 배신죄는 용납되지 않으므로 조직의 비밀 유지를 위해 살해될 수 있다. 프리메이슨들은 정치, 사회단체나 기독교에도 깊숙히 침투해 조직을 장악하고 그들의 의도대로 이끈다.

17) 드레퓌스 사건(L'affaire Dreyfus)은 19세기 후반의 수년 동안 프랑스를 양분했던 정치적 추문사건이다. 프랑스 육군의 포병장교였던 유대인 알프레드 드레퓌스는 1894년 반역죄(독일군에 군사기밀을 넘겨주었다는 죄)로 유죄 판결을 받았다. 드레퓌스는 잘못된 증거 자료에 기초를 둔 유죄 판결을 받았으나 그는 사실 무죄였다. 고급 장교들은 그들의 실수를 덮으려고 사실을 은폐했다. 작가 에밀 졸라는 1898년 1월 13일 문학잡지 L'Aurore(여명)에 〈나는 고발한다!〉('J'accuse!')라는 제목으로 대통령인 펠릭스 포르에게 보내는 유명한 공개편지를 기고함으로써 일반 사회에 그 사건을 폭로한다. 역사학자 바브라 투흐만은 이를 한 마디로 '역사상 위대한 소동'의 하나라고 말한다. 드레퓌스 사건은 '드레퓌스파'(알프레드 드레퓌스를 지지하는 사람들)와 '반드레퓌스파'(그를 반대하는 사람들)로 프랑스를 분열시켰다.

였고, 대중적이기보다는 오히려 귀족적이다. 그의 이데올로기의 호소력은 제한적이었고, 발르와(Valois)와 도리오(Doriot)와 같은 인기 있는 프랑스 파시스트는 모라스 이데올로기가 시대에 뒤진 배타성을 지니고 있다는 이유로 배격하였다. 그러자 이번에는 악시옹 프랑세즈가 그들을 선동가라고 경멸하였다. 아이러니컬하게 카톨릭 교회와 왕위 계승자라고 주장하는 자들은 양자 모두 악시옹 프랑세즈가 자신들의 것이 아니라고 주장하였다. 악시옹 프랑세즈는 권력을 잡을 것처럼 보이는 적극적인 정치세력이 결코 아니었다. 그러나 프랑스가 내각책임제 정부의 불안정성과 재발하는 특별한 유형의 위기를 경험하는 동안, 모라스의 타락하지 않는 지도자론은 그 상황 속에서 좌익 혁명의 위협이 대두되었을 때 강력한 호소력을 지녀왔다.

카톨릭 교회와 우익 정치세력 사이의 제휴는 확실치 않고 또한 논란이 되는 주제로 남아있다. 교회는 무신론적 유물론 때문에 공산주의를 비난하였고, 그 자신의 상당한 물질적 부를 가진 세속적 기구로서 분명히 사유 재산의 국유화로 인한 재산상실에 대해 어느 누구에 못지않게 저항하였다. 에스파니아에서 1936년의 공화파 정부는 교회 재산의 박탈을 준비하였다. 그리고 에스파니아 고위 성직자들은, 적어도, 에스파니아 장군들을 확실하게 지지하였다. 그 장군들은 그 대가로 자신들의 우익 이데올로기에 카톨릭 교리를 포함하였다 :

> "에스파니아사람! 부르고스(Burgos)의 시민들!"이라고 몰라(Mola) 장군이 선포하였다. 자유주의자와 사회주의자의 동거로 생겨난 가엾은 사생아였던 공화파 정부는 우리의 용감한 군대에 의하여 살해되었다. 에스파니아, 진정한 에스파니아는 그 용(공화파 정부)을 낮추었고

> 그리고 이제 그것은 굴욕을 당하면서 거짓말을 한다. 나는 군대 사령관의 직책을 이제 떠맡을 것이고 그리고 머지않아 두 개의 깃발 즉 십자가의 신성한 상징기와 우리의 영광스러운 깃발이 마드리드에서 동시에 휘날리고 있을 것이다.(65)

독자는 이러한 수사학의 특성에 대한 자신의 견해를 가질 것이다. 그러나 말과 표현된 감정은 양자 모두 확실히 반동적인 우익의 것이다.

일반적으로 오스트리아, 중부 및 북부 유럽에서 계서화된 지역 카톨릭은 에스파니아에서보다는 덜 공개적으로 단지 하나의 분파인 정치적 우익을 지지하였다. 루마니아 파시스트들은 그들 자신을 '대천사 미카엘의 군단'이라고 불렀다. 벨기에 우익들은 그들 자신을 그리스도 왕의 추종자로 그리고 모라스 교리의 추종자로 불렀다. 그러나 카톨릭 정당은 그들을 부인하였고 그리고 일반적으로 유럽의 더욱 발전된 지역들에서 교회와 우익 사이의 관계는 훨씬 더 약화되었다. 무솔리니와 바티칸의 협정[18]은 주로 현실 정치의 전술에서 비롯되었다. 그리고

---

18) 중세에 교황권과 황제권의 대립으로 바티칸은 많은 변화를 겪었지만 1929년 이탈리아 무솔리니와 교황 사이에 맺은 조약(라테라노 조약)으로 독립국의 지위를 부여받았다. 이 조약은 당시의 '로마 문제(이탈리아 정부와 교황청과의 논쟁)'를 해결하였고 바티칸에 대한 교황의 완전 주권을 인정하였으며, 이탈리아 내에서의 교회, 종교교육, 결혼 등에 관한 외교 조약과, 정부에게 몰수된 교회 재산의 보상에 관한 내용도 포함하였다. 교황은 바티칸 시국 안에서 행정·입법·사법에 대한 절대 권한을 소유하고 있다. 또한 바티칸 정부의 각료들을 임명하는데, 이들은 교황청 인사들과는 달리 성직자가 아니다. 1935년 10월 3일 이탈리아의 베니토 무솔리니가 에티오피아를 침공했다. 19세기 말 서구 열강들이 앞 다투어 아프리카 대륙을 유린할 당시 유일한 독립국으로서 자존심을 지켜온 '시바의 왕국' 에티오피아는 아샹기 호수에서 대패해 이듬해 5월 수도 아디스아바바를 이탈리아 전차군단에 내주고 만다.
승전 소식에 고무된 무솔리니는 로마 광장에 모인 40만 군중 앞에서 '이탈리아

히틀러의 수권법에 대한 카톨릭 교회의 지원은 하나의 정치적 오류였다. 나치즘은 카톨릭교도 사이에서처럼 신교도들 사이에서도 마찬가지로 많은 지지자를 얻어낸 운동이었다. 그렇지만 나치즘은 게르만 민족주의 이데올로기 때문만이 아니라 그 자체에 도전하는 국가 내에서의 어떠한 권능에 대한 불관용 때문에 모든 조직화된 종교에 기본적으로 적대적이었다. 정치적 우익과 카톨릭 교회와의 제휴를 입증하거나 부인하는 증거는 따라서 모호하며 뚜렷하지가 않다.

> 오스왈드 모슬리(Oswald Mosley)[19]는 "파시즘은 기원에 있어서 구세계가 치유하지 못했던 용납할 수 없는 조건들에 대항하는 하나의 폭발이었다. 파시즘은 타락과 죽음으로 추락할 위협을 받았다고 느꼈고 그리고 위대하게 살기로 결심한 자들이 국가에 의해 재보장을 받으려는 하나의 운동이었다."(64)라고 피력하였다.

이 설명의 후반부는 우익 민족주의의 언어로 되어있고 반면 그 전반부는 급진주의의 언어로 표현되어 있다. 물론 모슬리경은 당지도부에 의한 급진적인 케인즈주의적 실업해소 정책을 공개적으로 비판

---

의 솔로몬'임을 자임했다. 에티오피아는 솔로몬과 시바 사이에서 태어난 메넬리크 1세를 국조(國祖)로 떠받들고 있다. 무솔리니가 에티오피아를 친 것은 국내 커피 수요를 조달하려는 경제적 이유도 있었지만 그 정치적 배후의 동력은 '팽창에의 욕구'였다. 영국의 역사가 에릭 홉스봄이 '극단의 시대'에서 말한 대로 '현상에의 불만'과 '보다 넓은 생존공간에의 열망'은 파시즘의 전형적인 정치적 레퍼토리였다. 유럽은 파시즘의 광기에 잔뜩 움츠러들었다. 무솔리니가 집권하자마자 그와 정치적 흥정을 벌였던 로마 교황청은 에티오피아 침공을 지지했다. 국제연맹은 뒷전으로 물러앉았다.

19) 모슬리는 1932년 무솔리니를 만난 뒤 영국 파시스트 연합을 세우고, 공산당과 유대인과 흑인을 공격했다.

했기 때문에 출당될 때까지 영국노동당의 떠오르는 스타였다. 출당당한 모슬리가 주도한 영국파시스트연맹(British Union of Fascists)의 강령은 급진적이었다 : 의회의 폐지는 아니라 할지라도 정당의 폐지, 협동조합적 국가의 조직, 공공 투자 및 공공토목공사 계획, '금융 강탈자의 지배에 대한 공격 그리고 자족적인 경제단위로서 제국의 발전에 대한 공격 등이 그 급진적 강령의 주 내용이다. 영국 파시즘은 아마도 그 강령이 결코 권력의 장악에 근접하지 못하였기 때문에 1939년까지 공산주의에 대항하는 이데올로기적 전투에 가담하고 그리고, 대다수의 대중이 보기에, 히틀러와 제휴했을 지라도 그 이데올로기적 순수성을 유지하였다.

다른 점에서는 물론 이점에서 영국 파시즘은 이탈리아 파시즘을 상당히 닮았다.(63) 무솔리니는 극좌의 무정부주의에서 자신의 정치적인 경력을 시작하였다. 민족주의와 교회 양자 모두를 공공연히 비난하였으나 시간이 경과함에 따라 공산주의라는 붉은 위협에 대항하는 수호자가 되었던 선동가 무솔리니의 변화에 있어서 신비로운 어떤 것이 있다.(49) 1911-12년의 리비아 전쟁[20) 당시에 무솔리니는 '조국'은 신처럼 '도깨비이며 그리고 신처럼 그것은 복수심이 있고, 잔인하고 포악하다고 주장하였다. 마치 신이 존재하지 않는 것처럼 조국이 존재하지 않는다는 것을 보여주자.'(51) 그 초창기에 바티칸은 불관용의 '소굴이자 도둑들의 집단으로 여겨졌다. 자신의 첫 번째 전후 정치

---

20) 리비아는 국토의 대부분이 사하라 사막으로 정식 명칭은 사회주의인민리비아아랍국(Socialist People`s Libyan Arab Jamahibiya)이다. 16세기에 오스만 투르크의 지배를 받았으며, 1912년 이탈리아-터키전쟁의 결과 이탈리아의 식민지가 되었다.

강령에서 무솔리니는 모든 성직자 재산의 몰수뿐만 아니라 자본가에 대한 누진세와 전쟁 수익금에 대한 85%의 세금 부과, 최저임금제, 그리고 기업 경영에 대한 노동자의 참여를 제안하였다. 1927년 노동헌장은 "무정부주의적 생디칼리즘이란 병균이 권력을 장악한 이탈리아 파시즘의 진정으로 유일한 정치적 혁신 조직인 파시스트 협동조합국가에서 온존하고 있다"고 선언하였다. 모든 주요 직종에서 노동자, 자본가 그리고 정부의 대표로 구성된 그 협동조합이 고용주와 피고용인 사이의 법적 평등을 보장한다고 천명하였다. 그 노동헌장은 생산과 노동의 규율을 유지하고 그리고 양자의 개선을 촉진시킨다고 주장하였다. 그 협동조합들은 생산력의 통일된 조직화에 기여하고, 그리고 생산자의 이익을 철저히 대변한다는 것이다.(21) 무솔리니는 다른 기회에 단지 국가만이 '자본주의의 극단적인 갈등을 해결할 수 있다고 언급하였다.[자료6 참조]

사회문제와 사회분열에 대한 해결책으로서 협동조합국가 사상은 정당들의 투쟁을 넘어서서 생겨나고 그리고 정당들의 투쟁을 포함하는 국가통합이라는 개념과 마찬가지의 매력을 끌었다. 협동조합국가 사상은 왜 파시즘이 노동계급의 분파들 사이에서 지지자를 얻었는지 그리고 프랑스와 루마니아의 코르넬리우스(Cornelieus)과 코드레아누(Codreanu)[21] 양자의 파시스트 이데올로기 속에서 발견되는지를 어느

21) 루마니아의 코드레아누와 코르넬리우스는 1927년 <대천사 미카엘> 군단을 설립하고, 1930년 전투조직인 파시스트단체 철위단(鐵衛團 Iron Guard)을 만들었다. 다른 국가의 파시즘에 비해 반공·반유대주의·지도자 숭배 등의 공통성을 지니는 동시에 농민적·종교적·신비주의적인 특색을 지녔고 개인 테러를 많이 자행하였다. 그런데 정권의 도구로 철위단을 육성하던 카롤루스 2세가 1938년 독재정권을 세우게 되자 철위단을 정치세력의 경쟁상대로 인식, 설립

정도 설명한다. 실제로 파시스트의 반자본주의는 반유대주의로 타락하는 경향이 있었다. 이탈리아는 그 예외이다. 왜냐하면 반유대주의는 유대인이 매우 적은 나라에서는 사실 잘 먹혀들어가지 않았기 때문이다. 그러나 조직화된 좌익이 존재하였던 나라들에서와 마찬가지로 이탈리아에서는 반자본주의가 반공주의에 굴복하는 경향이 있었다. 그 이유 때문에 이탈리아 지주들과 자본가들은 파시즘에 재정지원을 하였다. 그리고 행동에 있어서 이탈리아의 협동조합형 국가의 주요 특징은 자본가들의 활동에 대한 규제가 아니라 임금억제와 파업권의 폐지였다. 바로 이 때문에 마지막 분석에서 파시즘이 우익의 정치적인 현상으로 정의될 수 있다.

이 결론을 내릴 때 파시즘의 이데올로기적 슬로건들이 전적으로 독창적이지 않았을 수도 있음이 함축되어 있다. 무솔리니는 교회, 민족주의 그리고 자본주의를 공격할 때 반공주의 슬로건을 편의성의 문제로 받아들였다.

월터 라퀘르(Walter Laqueur)는 히틀러의 정치사상에서 하나의 유사한 비일관성이 있음을 지적하였다. 나의 투쟁에서 히틀러는 유대인의 국제적인 음모와 볼셰비즘을 동일시하였고 그리고 양자의 상관관계에서 그는 실패로 끝난 1923년 뮌헨의 극단주의적 운동(맥주집 폭동사건)을 그에게 10년 후에 권력을 잡게 하였던 대중정당으로 변화시켰던 정치적 성공에 대한 확고한 공식을 찾아내었다. 그러나 라퀘르는 뮌헨 폭동의 대실패와 히틀러에게 정치현실을 숙고하고 나의 투쟁을 기술할

---

자 코드레아누를 살해하고 조직의 공권을 박탈해 버렸다. 1940년 철위단의 다른 지휘자들은 안토네스쿠정권에 입각했으나 내부 갈등은 심화되었고, 1944년 루마니아가 파시즘에서 벗어난 뒤 모두 해체되었다.

시간을 부여하였던 감옥 생활 이전에 히틀러가 아직 패배하지 않은 독일군대의 등 뒤에서 칼로 찌르고 베르사이유 조약을 수용하였다는 이유로 바이마르 사회민주주의 공화국을 비난하는데 만족하였음을 지적하였다. 라퀘르는 나치당 초기의 여러 해 동안 히틀러의 잡다한 정치적 제휴자들 중 몇 명이 볼셰비즘과 유대주의를 동일시하고 그리고 그것들을 나치 선전에서 주도적 위치를 차지하기까지 고양시키도록 그에게 제안한 것으로 보았다. 반유대적인 *'20세기의 신화'*의 저자, 알프레드 로젠베르그(Alfred Rosenberg)와 막스 폰 쉬우브너-리히터(Max von Scheubner-Richter)는 소련 적군(Red Army)의 진군으로 말미암아 망명을 가지 않을 수 없었던 발트해 출신 독일인이었다. 동료 추방자들(fellow-exiles)과 더불어 그들은 세계 지배를 꿈꾸는 유대인의 음모를 밝혀줄 것이라고 보았던 날조된 시온의정서(Protocols of Zion)[자료13 참조]를 서유럽에 가져왔다. 이미 가열되고 거친 편견을 가진 그들에게는 그 지도자의 일부와 그 이데올로기 선생인 카알 마르크스가 유대인이었던 러시아 공산주의의 대두를 유대인 음모의 중요한 국면이 뚜렷이 모습을 드러낸 것으로 여겼다.

> [라퀘르는 결론짓기를], 이 지역들로부터 히틀러는 반볼셰비키 사상을 나치 이데올로기 및 선전에서 중심 주제로 채택하였고 그리고 볼셰비즘을 세계 유대인과 동일시하였다. 히틀러가, 광적인 반공산주의자인 로젠베르그와 쉬우브너-리히터가 확실히 그러했듯이, 이 모든 것을 믿었는지 또는 어느 정도로 믿었는지 그리고 어떤 정도까지 그가 반볼셰비즘을 자신의 국내 정책에 써먹을 하나의 유용한 신화로 간주하였고 그리고 자신의 외교정책에서 하나의 훌륭한 무기로 여겼

는지는 별개의 문제이다.(6)

라퀘르는 오직 20세기 우익의 본질에 관해서 뿐만 아니라 정치 이데올로기 그 자체의 기본적인 특성에 대해서도 의문을 제기한다. 나치와 파시스트 자신들이 우익뿐만 아니라 좌익의 주제와 편견을 조작하면서 그들이 그렇게 열정적으로 설파하였던 교리에 대하여 제한을 가하는 것이 가능한가? 히틀러가 말한 것을 그가 의도하지 않았다고 믿는 것은 먼저 히틀러의 추종자들과 이어서 스탈린(Joseph V. Stalin)[22]이 운명적으로 저지른 하나의 잘못이다. 그렇게 많은 독일

---

22) **스탈린**(Iosif Vissarionovich Stalin 1879~1953)은 그루지야 고리 출생이며, 본명은 주가슈빌리이다. 구두수선공의 아들로 태어나 티플리스(지금의 트빌리시市)의 신학교 재학중 마르크스주의의 세례를 받고 직업혁명가의 길로 들어섰다. 러시아사회민주당의 볼셰비키파에 속했으며 체포와 유형, 탈주를 되풀이하면서 티플리스·바쿠 등에서 지하활동을 했다. 1912년의 프라하협의회에서 V.I. 레닌의 지도 아래 볼셰비키당이 결성되면서 그 중앙위원이 되었고, 기관지『프라우다』간행에 참가했다. 이듬해 레닌의 권유로『마르크스주의와 민족문제』을 저술했다. 이 무렵부터 이름을 스탈린(강철의 사람)으로 바꾸어 사용하였으나, 곧 체포되어 시베리아로 유형되었다. 1917년의 2월혁명으로 석방되어 상트페테르부르크로 돌아와『프라우다』편집부에 복귀했다. 10월혁명 때에는 레닌의 즉시 봉기론을 지지했다. 8월 당대회에서 입당한 지 얼마 안되는 L. 트로츠키에 비해 눈에 띄는 존재는 아니었으나 레닌을 수반으로 하는 소비에트정권에 민족인민위원이라는 지위를 얻었다. 내전이 종결된 1921년 3월 제10차당대회 단계에서 레닌, L.B. 카메네프, G.E. 지노비예프, 트로츠키와 함께 5명의 정치국원 가운데 한 사람이 되었다. 이듬해 당서기장을 겸하게 되었고, 요원 배치를 통해서 당내의 절대적 실권을 장악했다. 1924년 1월 레닌이 죽자, 자신이 레닌의 가장 충실한 제자임을 당내외에 인식시켰다. 당내에 카메네프, 지노비예프와 함께 이른바 3두연맹체제를 만들어 트로츠키의 권위실추를 꾀했으며, 1925년에는 그를 군사인민위원 자리에서 해임시켰다. 이론적으로는 레닌 사후 일련의 저작 가운데서 일국사회주의 불가능론에서 가능론으로 전환하였고, 트로츠키의 영속혁명론에 논란을 더하였다. 이 때문에 3두연맹체제에 분열이 생기자, N.I. 부하린과 함께 합동반대파에 대항했고 1927년에는

사람들이 히틀러를 믿었다는 사실은 이데올로기 정치에 매력을 부여하였고 그리고 역사를 배우는 학생에게 이데올로기 정치의 중요성을 알게 했다.

히틀러의 저작인 '나의 투쟁'은 주목할 만한 책이다.(18) 나의 투쟁은 독일 민족주의, 인종주의 신화, 반유대주의, 사회적인 저항 그리고 반공주의를 내세웠다. 그 저작은 대중 정책의 집단 심리학에 대한 심원하고 직관적인 이해를 하고 있다.

히틀러는 "인간 자신의 종의 보존 본능은 인간공동체의 형성을 가져다주는 우선적인 요인이다. 따라서 국가는 사회적 유기체이지만 경제단체는 아니다"고 주장하였다.[자료8 참조] 모라스처럼 히틀러는 독일 민족에 대한 인종주의적 개념을 품었는데, 그 개념은 혈통, 토양

---

트로츠키 · 지노비예프 등을 당에서 제명시켰다. 그 뒤 V.M. 몰로토프 등과 함께 부하린 · A.I. 리코프 등 우익반대파에 대항하여 반대파 당간부를 차례차례 실각시키고 1930년대에 들어와서 당과 정부를 한손에 장악하는 독재적 정치체제를 구축했다. 1920년대 말부터 시작된 급속한 공업화와 농업의 전면 집단화는 이 강권 아래에서 강행되었다. 1934년의 키로프암살사건을 계기로 <대숙청>을 단행하였는데, 그 대상으로는 구(舊)반대파 간부뿐 아니라 고참 볼셰비키, 군 수뇌부로부터 일반당원, 일반시민도 포함되었다. 1936년에는 이른바 <스탈린헌법>이 제정되었다. 대외면에서는 서유럽민주주의 여러 나라와의 협조를 통해 안전보장의 길을 추구하였으나 실패로 돌아가자, 1939년 나치스 독일과 불가침조약을 체결했다. 1941~1945년 독 · 소전 서전(緖戰)에서의 패배는 스탈린이 승리를 낙관적으로 예측했기 때문이었지만 국민의 애국심에 호소하여 반격에 성공했다. 1922년 이후 당서기장, 개전 직전에 취임했던 인민위원회의 의장에 추가하여 국방위원회의장 · 소련군최고사령관을 겸하였고 1943년에 원수, 1945년에는 대원수가 되어 전쟁을 통해 권력을 한 몸에 집중시켰다. 자신의 권위 아래에 모든 국민을 집결시켜 전승으로 이끄는 한편, 연합국 수뇌와도 전후처리외교를 추진하여 전후 세계질서의 틀을 만들었다. 전후에 긴축정책을 국민에게 강요하였으나, 1953년 3월 5일 뇌출혈로 죽었다. (출처 : 다음 백과사전)

그리고 문화의 문제이다. 독일 민족은 하나의 인종적 통일체이며, 경쟁자에 대항하여 자기 보존을 위한 역사적 투쟁의 산물이며 아리안족 문명의 가장 정교한 꽃이다. 1914년 이래로 독일을 몰락시킨 모든 악들은 계속 집권한 내각들이 인종문제가 그들이 직면한 문제의 본질임을 깨닫지 못한 데서 찾을 수 있다. 따라서 독일(이처럼 정의가 내려진 독일은 히틀러의 고향 오스트리아, 발틱해의 독일인 거류지 그리고 독일 사람들이 유럽의 다른 곳에서 획득하였던 땅을 포함하였다)의 생존과 회복은 경제학 또는 심지어 군사력의 문제가 아니라 타락시키는 영향력으로부터 인종적 혈통을 보존하느냐의 문제였다. [자료8 참조]

이러한 타락시키는 요인들은 무엇이었는가? 일차세계대전 이후의 바이마르공화국의 의회민주주의는 분명히 하나의 요인이었다. 그 이유는 의회민주주의가 일차세계대전에서 독일의 노력을 희생시키고 그리고 베르사이유 조약[23]에서 규정한 독일의 파괴를 수용하였기

23) 베르사이유조약은 1919년 6월 28일 파리 평화회의의 결과 31개 연합국과 독일이 맺은 강화조약으로 전체 440조로 이루어졌다. 프랑스 베르사유궁전 '거울의 방'에서 조인된 것으로, 제1차 세계대전 후의 국제관계를 확정한 의의를 지닌 회의다. 중국도 참석하였으나, 산둥[山東]반도문제 처리에 반대하여 조인하지 않았다. 또 미국 상원은 조약의 비준을 거부하였다. 이 조약으로 독일은 해외식민지를 잃고, 알사스-로렌을 프랑스에 반환하였으며, 유럽 영토를 삭감당하였다(면적에 있어서 13%, 인구에 있어서 10%). 그리고 단찌히(Danzig)는 자유시가 되어 대외 관계와 관세 등의 문제는 폴란드가 관할하고 대내 관계는 국제연맹이 관장하도록 하였다. 또한 전쟁도발의 책임을 물어 연합국 손해에 대한 배상지불이 부과되었다. 즉 배상금액은 연합국배상위원회에 일임되어, 1921년 3월 1일까지 이 위원회에서 배상 총액을 1320억 금마르크(약 330억 달러)로 결정하였다. 군비에 대해서도 육군병력은 10만 이내 장교는 5,000명 이내, 해군은 1만 5천명에 군함보유량은 10만 t 이내로 제한되었으며, 참모본부·의무병역제도는 폐지되고, 공군·잠수함의 보유도 금지되었으며, 육해군

때문이다. 바이마르 공화국의 정당 정치인들은 독일민족을 통일시키지 않고 오히려 분열시켰다. 자본주의 체제는 이와 유사한 역할을 했다. 그러나 기존의 사회적 · 정치적 시스템의 명백한 단점들을 훨씬 넘어서서 타락의 공통된 뿌리가 있다 : 정치가들을 인종문제에서 멀어지게 만들고 대중을 부추켜 마르크스주의 집단에 끌어들인 것은 타락의 공통된 근본 요인이었던 근대 사회의 물질주의적 강박관념이라는 것이다.

> 부르주아 세계는 이 모든 동일한 독(물질주의적 강박관념)에 중독되었으며 그리고 일반적으로 삶에 대한 부르주아 세계의 개념은 단지 그것을 장악하고 있는 사람들의 성격에서만 마르크스주의와 다르다. 부르주아 세계는 부르주아지가 세계를 지배할 수 있다고 믿는다. 반면에 마르크스주의 그 자체는 세계를 체계적으로 유대인들의 손에 넘겨주려는 것을 목표로 한다.

이 모든 것에 대항하는 것 이상으로 세계에 대한 인종주의적(*völkisch*) 개념은 모든 중요한 인종적 요소들이 인류에게는 가장 큰 의미를 가짐을 인정한다.(18)[자료8 참조] 이 인용문 속에서 불쑥 나오는 그리고 아마도 그의 모든 이데올로기적 속성들 가운데 가장 잘

---

의 무장에 대해서도 엄한 제한과 감시를 받았다. 라인강 좌안(左岸)은 비무장지대로서 15년간 연합국의 점령 하에 두고, 자르지방은 15년간 국제연맹의 관리 하에 두며, 15년 후에 주민투표에 의해 그 귀속을 결정하기로 하였다. 그리하여 국제연맹규약은 베르사유조약의 제1편이 되었다. 파리강화회의 운영이 일방적이고, 이 조약으로 말미암아 독일 국민에 대한 압박이 컸기 때문에, 독일에서는 이 조약을 '명령'이라 불렀다. 이를 교묘히 포착하여 이용한 것이 나치스이다.

알려진 반유대주의는 유물론[24]과 마르크스주의에 대한 히틀러의 혐오와 밀접하게 연관되어 있다. 모든 가면들이 벗겨졌을 때 아리안주의의 적들은 유대인으로 여겨졌다. 유대인들에 대한 히틀러의 집요한 미움의 뿌리는 그에 대한 전기 작가들 사이에서 추론의 주제였다. 그러한 생각은 독특하거나 그가 처음으로 구상해낸 것이 아니었다.(53) 유럽의 반유대주의는 기독교만큼이나 오래되었지만 19세기 말경에 절정에 달했다. 이것에 대한 사회학적 이유는 뒷 장에서 논의될 것이다. 이데올로기 차원에서 반유대주의는 1853년에 유럽 사상계에서 가장 눈에 띈 작품인 아더 드 고비뇨(Arther de Gobineau)의 '인간 종족의 불평등에 관하여(On the Inequality of the Human Race)'라는 저작의 출간으로 유럽의 저작들에서 가장 두드러지게 다루어졌다.

---

24) **유물론**(唯物論 materialism)은 물질을 제1차적 · 근본적 실재(實在)로 보고, 마음과 정신을 부차적 · 파생적인 것으로 보는 철학설. 정신이 곧 물질이라고 보는 것, 정신을 물질(뇌)의 상태 · 속성 · 기능으로 보는 것 등 여러 가지 입장이 여기에 포함된다. 본래 철학용어로서는 세계의 본성에 관한 존재론상의 입장으로서, <유물론>과 <유심론(唯心論)>을 대립시켜, 인식의 성립에 관한 인식론상의 학설로서 <실재론(實在論)>과 <관념론(觀念論)>을 대립시키는 것이 올바른 용어법이지만 실제로 <유물론>은 <관념론>의 대어(對語)로서 사용되고 있다. 이것은 근본적으로는 근세철학에서 유물론-실재론적 입장이 세계를 구성하는 <물질적 실체(實體)>를 바탕으로 존재론이라는 형태로 자기주장을 펴왔던 것과는 달리, 관념론-유심론적 입장이 <사고하는 나>를 바탕으로 인식론적으로 전개되어 왔기 때문이라고 생각된다. <유물론>을 주장하여 19~20세기에 걸쳐 매우 큰 영향력을 가졌던 F. 엥겔스가 용어법(用語法)으로서 <유물론과 관념론>이라는 대어를 사용하고 있었다는 것, 이를 계승한 V.I. 레닌이 <오해를 초래하는 것>으로 보고, <실재론>이라는 용어를 배척했다는 사정도 있다. 마르크스주의자는 물질의 본성에 대립물의 통일을 인정하지 않은 J.O. 라메트리의 입장을 종종 기계론적 유물론이라 불렀고 19세기 후반에 활동한 K. 포크트, L. 뷔히너, J. 몰레스코트 등의 생물학적 유물론도 이 범주에 넣는다.(출처 : http://ko.wikipedia.org/wiki)

그때 이래로 인종차별주의와 반유대주의는 일차세계대전 이전에 러시아에서 절정에 이르렀다. 또한 유럽을 지배하고 기독교 문명을 파괴하려는 유대인의 역사적 음모를 폭로한 것으로 여겨진 *조작된 시온정서(Protocols of Zion)*가 독일과 곧 뒤이어 백러시아 및 발틱해의 독일 피난민에게 쉽게 전파되었다. 쉽게 잘 받아들이는 독자들의 세대는, 의정서에 나타난 계획의 진전을 검토하기 위해 프라하에 있는 유대인의 공동묘지에서 매 200년마다 밤에 모였던 산헤드린[25] 지도자들(Elders of Sanhedelin)에 대항하는 끝없는 투쟁을 전개하지 못하면서, 그 조상, 언어, 물리적 특성과 같은 요소들에 의해 구분되는 주인인 아리안족의 신화를 피상적으로 받아들였다.

부분적으로 언어연구에 의해, 부분적으로 다윈의 자연선택설에 의해, 부분적으로 생경스런 편견에서 생겨나는 순수한 환상과 기미가 나쁜 민속에 대한 취향에 의해 영향을 받은 인종차별 이론은 19세기에서 20세기 초의 공상과학이었다. 히틀러는 유럽적 전통 속에서 "세계는 나약한 종족들에 의해 지배되는 곳이 아니다"라고 썼다. 독자들이

25) <탈무드>의 자료에 따르면, 대산헤드린은 특정한 때 예루살렘 성전의 '리시카트 라 가지트'('깨어진 돌의 방'이라는 뜻)에서 모임을 갖던 71명의 현자들로 구성된 법정이었다. 나지와 아브 베트 딘이라고 하는 2명의 의원(zugot)이 이 모임의 의장이 되었다고 한다. 대산헤드린은 종교적 입법기관으로서 '법'(Halakha : 유대교 율법의 총칭)은 이곳에서 나와 모든 이스라엘에 공표되었다. 정치적으로는 왕과 대제사장 임명, 전쟁선포, 예루살렘과 성전의 세력범위 확장 등을 명할 수 있었으며, 사법적으로는 대제사장, 거짓 예언자, 반역죄를 지은 원로, 잘못한 지파를 심판할 수 있었다. 종교적으로는 속죄일을 포함하여 일정한 의식을 감독했다. 또 대산헤드린은 그 아래 작은 지방 산헤드린을 감독했으며, 마지막으로 상소할 수 있는 최고법정의 역할도 담당했다. 그러나 앞서 언급한 구체적인 설명들이 이상적인 것인지 아니면 사실적인 기록인지에 대해 학자들은 논쟁을 계속하고 있다.

잃어버린 혈통의 연결고리를 찾아 히말라야에 나치 원정대를 파견하고 그리고 프랑스 부르고뉴 지방에 순수한 아리아인의 국가를 설립하려했던 히틀러의 계획에 대해 쉽사리 믿지 않는 즐거움을 느끼는 동안 히틀러의 '유대인 문제에 대한 최종적인 해결책'의 실체는 이러한 종류의 이데올로기적 정치가 할 수 있었던 극악한 범죄의 무서운 실례임이 드러났다.

이데올로기 정책이 좌익과 우익에서 마찬가지로 충분히 발달할지라도 그 최종적인 특징은 지도자의 숭배였다. 히틀러의 반유대주의는 차치하고라도, 아마도 그의 가장 잘 알려진 이미지는 뉴렘베르그의 행진[자료12 참조] 시에 일반 당원들의 대규모 행렬이 외치고 그리고 서치라이트의 빛을 받고 있던 하나의 작은 인물이다. 무솔리니는 로마풍 발코니에서 그를 숭앙하는 군중 앞에 서있는 것으로 기억되지만 스탈린에 대한 숭배에는 크게 못 미친다.

역사가는 어떻게 동시대 사람들에 대한 이런 인물들의 지배를 설명할 수 있는가? 영웅숭배의 열풍은 20세기 초의 유럽에서 시작되거나 끝나지 않았고 그리고 한 세대의 영웅들은 다음 세대에서 보통 천한 허풍쟁이처럼 보인다. 이 시기에 개인숭배는 그것이 예술 작품이었을 정도로 최고조에 달하였다. 마이크, 라디오, 영화는 전례 없는 비율로 그 청중들에게 강도를 높이고 그 지지 대중을 확대한 이데올로기적 선전의 무기들이었다. 그 청중들은 의지를 가진 자들이었고 그리고 역사가들은 영웅들이 왜 그렇게 필요하였는가를 여전히 설명해야 한다. 그들은 선사시대의 마술에까지 거슬러 올라가는 유럽전통인 신성하게 다시 떠받들어지는 20세기 판 왕인가? 대중들은 막강한 물질적 환경 속에서 개별 인간의 지배를 다시 강요하기 위해 산업화된 도시의 익명의 대중들 가운데서 초인이 출현해야 한다는 철학자 니체의 요청에 답을 하고 있었는가? 대중들은 위기 시에 문명화된 인간이 야만인들의 원시적인 정치조직(선전선동에 의존하는 나치당)에 의존하는 것을 특징지웠나? 지도자들은 자신들의 역할을 믿었는가 아니면 개인숭배 의식이 선전가들에 의한 대중조작의 또 다른 실례인가? 이 질문들은 그것들이 20세기보다 앞서면서도 아직도 지속하는 한 현상을 나타내기 때문에 사회심리학의 주제이고 또한 어느 정도까지는 평가할 수 없는 것이다. 영웅숭배는 필수적으로 이데올로기적 정당들을 특징지우고 그리고 다시 한번 대중들의 기본적으로 원시적이며 비합리적인 성격을 강조하는 하나의 현상이다.

독자는 이 장과 앞 장에서 재검토된 좌익이나 우익의 이념들을 비교하고 그리고 이들의 비교되는 장점과 단점에 대해 자신의 견해를 형성하게 될 것임은 의심의 여지가 없다. 몇몇 논평자들은 좌익의 분열성과 대비되고 그리고 모슬리가 '근대 해체 원리'라 불렀던 전통, 연속성, 애국심에 대한 우익의 가치를 강조하면서 우익을 선호하였다.(64) 다른 논평가들은 산업사회의 특성에 대한 아나키즘(무정부주의)의 비판에도 불구하고 좌익은 산업주의, 도시화 그리고 진보의 사상 및 성과를 수용했다고 주장하면서 좌익을 더 선호하였다. 이와 대조적으로 우익은 그러한 사회와는 거리를 두었다. 우익은 진보와 미지에 대한 두려움과 변화에 대한 분노에 호소하였고 그리고 한스 로거(Hans Rogger)가 말한 (국가, 민족, 무한한 권력 그리고 목적 없는 활동주의를 통해)' 모든 측면에서 잠복해있고 위협이 되는 단지 희미하게 이해되는 세력으로부터 "보호에 대한 유아기적 갈망"이라 부른 것에  호소했다.(47)

독자는, 타락한 권력을 경험하지 않았기 때문에 보존되어온 하나의 사상인 무정부주의를 더 선호할지 모른다. 독자는 17세기 종교전쟁의 열정, 불관용과 잔학 행위를 20세기 역사에 다시 가져왔던 이데올로기 정책의 단순화된 수사학과 잔인한 행동을 배척할런지도 모른다.

한 나라의 광범위한 대중들은 교수들이나 외교관과 같은 똑똑한 엘리트로만 구성되는 것은 아니다. 그러한 대중들은 추상적인 생각에 대해 단지 빈약한 지식만을 가지고 있기 때문에 그들의 반응은 자신들의 부정적 태도는 물론 그들의 긍정적인 태도가 비롯되는 감정에 더욱 좌우된다. 대중들은 단지 긍정적인 측면과 부정적인 측면 양자에서 나올 수 있는 힘의 영향을 단지 받기가 쉽다. 그러나 그들은 하나의 극과 다른 극 사이에서 동요하는 어떤 마음이 내키지 않는 태도의 영향을 결코 받지 않는다. 그들 태도의 감정적인 근거는 그들의 특별한 안정성에 대한 이유를 설명해 준다. 지식에 대항하는 것보다는 신념에 대항하여 성공적으로 싸우는 것이 더욱 어렵다. 증오는 단순한 혐오감보다 더 오래 지속된다. 그리고 지구상에 가장 무서운 혁명들을 가져온 그 추진력은 대중에 대한 권력을 장악해온 과학적 교육기구가 결코 아니라 그들을 고무시킨 헌신이었고 그리고 종종 그들로 하여금 행동으로 나아가게 만든 일종의 히스테리였다.

> 대중을 통제하기를 원하는 사람은 누구든지 반드시 그들의 마음의 문을 열 수 있는 방법을 알아야 한다. 그 방법은 무책임한 태도인 객관적 성향은 아니지만 필요할 때 힘에 의해 지원받는 단호한 의지이다.(18)[자료7 참조]

이러한 개념들은 히틀러에게는 독창적인 것이 아니었을지도 모르지만 그러나 히틀러가 대중운동을 건설하고 그리고 유럽에서 가장 진보되고 문명화된 사회의 하나를 통제할 수 있었던 이유를 설명해준다. '마르크스주의의 과학적 가르침'에도 불구하고 이 개념들은 마르크스주의 지도자가 권력을 잡기 위해 사용한 방법이었다. 다음 장에서는 좌익과 우익의 이론을 실천하는 과정에서 맞본 성공과 실패를 고찰할 것이다.

# 제2부 실천

"유럽전체가 혁명 정신으로 가득차있다."라고 로이드 조지(Lloyd George)[26]가 1919년에 주장하였다. 일차세계대전 이전의 여건에 대비해 볼 때 노동자들 사이에선 불만족뿐만 아니라 분노와 반란의 깊은 감정이 존재한다. 정치적, 사회적, 경제적인 측면에서의 모든 기존 질서가 유럽의 한 끝에서 다른 끝에 걸쳐 있는 많은 수의 군중들에게는 의문의 대상이 되었다(31).

그것은 사회의 기존 질서에 대한 놀라운 서술이며 또한 하나의 눈에 띌만한 변화였다. 일차세계대전 전야에 파업과 정치적 데모에 가담한 노동계급의 불만이 매우 컸을 지라도, 전쟁 발발 그 자체는 국제사회주의를 하나의 혼란에 빠뜨렸다. 그러나 트로츠키의 표현을 빌리자면, 전쟁이란 역사의 기관차이다. 그의 말을 완전한 결정론자들의 암시로 받아들이지 않는다면, 전쟁은 사회의 힘과 응집력에 대한 하나의 중요한 테스트임은 명백하다. 국가안전이 위험에 처해졌을 때 즉각적인 반응은 애국심 고양이다. 이것은 영국, 프랑스, 독일에서뿐만 아니라, 차르(황제) 니콜라이 2세가 군대의 지휘자로 그리고 국민의 아버지로서 덧없고 익숙지 않은 인기를 누리고 있었던 전제주의 러시아에서도 나타났다. 하지만 일차대전에서의 패배, 많은 수의 사상자 그리고 긴축경제로 말미암아 전쟁이 주는 고통이 가중됨에 따라 충성심은 약화되고 그리고 갑자기 사라질 위험이 있었다. 이것은 일차대전이 막 끝날 무렵에 독일에서 일어났고, 1917년에 러시아에서도

26) 영국의 정치가(1863~1945)인데, 자유당 소속 하원의원으로 1916년에 총리가 되어 연립내각을 조직하여 제1차 세계대전을 승리로 이끌었다. 저서에 『대전 회고록』이 있다.

일어났다. 로버트 브루스-록하트 경(Sir Robert Bruce-Lockhart)의 직접 증언에 의하면, "혁명은 러시아국민의 인내가 참을 수 없을 정도로 비효율적이고 부패한 시스템 아래에서 폭발해버렸기 때문에 일어났다"는 것이다.

전쟁이 없었더라면 러시아 혁명은 아마도 일어나지 않았을 것이다. 혁명이 일어났을 때 혁명은 그 초기의 개념에 비추어 볼 때 전적으로 사회주의적이었던 것은 결코 아니었지만 곧 사회주의적으로 되었을 뿐이다.

브루스-록하트는 계속해서 "그 혁명이 처음부터 인민에 의한 혁명이었다"고 주장하였다. 혁명의 첫 순간부터 의회인 두마(Duma)도 인텔리겐치아[27]도 그 상황을 통제하지 못했다는 것이다. 둘째, 혁명은 토지, 빵 그리고 평화를 위한 것인데 무엇보다도 평화를 위한 혁명이라는 것이다. 볼셰비키[28]의 길로부터 러시아를 구출해 낼 단지 유일한 방법

---

27) 인텔리겐치아라는 말 자체는 분별력, 이해, 지능 등을 의미하는 라틴어의 intelligentia를 러시아어로 발음한 것에 지나지 않는다. 이 용어가 러시아에 처음 도입된 것은 19세기 중엽, 1860년대에 들어서부터였으나, 이러한 인텔리겐치아의 집단을 논할 때 역사학자들은 그 기원을 1830~40년대의 지식인에서 그 뿌리를 찾고 있다.
일반적으로 서구에서의 인텔리겐치아라는 개념은, 항상 특수한 사회적 힘을 행사하면서 직업적으로 지적 활동에 종사하는 인간들의 집단을 의미한다. 그러나 러시아에서의 인텔리겐치아는 하나의 사상적 집단이지, 다양한 계급으로부터 형성된 직업적, 혹은 경제적 집단은 결코 아니다. 따라서 그 범주에 있어서 일정계급으로 한정지을 수 없고, 실제로 처음에는 귀족 계층에서부터 출발했으며, 이후 성직자와 집사의 자제, 하급관리와 소시민, 농노 해방령이 공포된 후에는 일부 농민계층으로 확대되었다. 이것은 바로 사회적 성격이 강한 이념과 사상으로 특수하게 결합된 러시아 인텔리겐치아의 다양성을 의미하는 것이다.
28) 볼셰비키는 소련공산당의 전신인 러시아사회민주노동당 정통파를 가리키는

이 있었다. 그 방법은 러시아에 평화를 가져다 줄 것이었다. 케렌스키가

말로 멘셰비키에 대립된 개념이며, 다수파(多數派)라는 의미를 지니지만 과격한 혁명주의자 또는 과격파의 뜻으로도 쓰인다. 1898년 G.V.플레하노프를 중심으로 민스크에서 조직된 러시아사회민주노동당은, 1903년 영국 런던에서 개최된 제2차 당대회에서 마르크스의 기본적인 여러 명제를 공식적으로 받아들였다. 그러나 이 당대회에서 당원자격 및 투쟁방식을 둘러싸고, N.레닌을 중심으로 하는 혁명적인 의견과 L.마르토프를 중심으로 하는 온건적인 의견이 대립하여 내적 갈등이 첨예화하였다. 이때 레닌파가 다수였으므로 볼셰비키라 하게 되었다. 그 뒤로 다수파인 볼셰비키의 이념적 입장은 볼셰비즘이란 개념으로 집약·표현되었다. 정통적 서구마르크스주의의 영향을 크게 받은 멘셰비키(소수파)가 부르주아민주주의혁명을 당면과제로 삼아 민주적 투쟁방식을 강조한 데 반하여 볼셰비키는 민주적 자유주의의 단계를 거치지 않는 무산계급에 의한 폭력적 정권탈취와 체제변혁을 위하여 혁명적 전략전술을 안출(案出)하였다. 볼셰비키는 무엇보다 의식 있는 소수정예의 직업적 혁명가들에 의한 중앙집권화된 당조직의 필요성을 역설하며, 이들 첨병들로 구성된 혁명당에 의한 폭력혁명과 독재정치의 이론을 펼쳤다. 민주적 중앙집권제라 불리는 당조직 이론은 훗날 공산주의 체제의 관료독재의 이론적 모태가 되었다. 이 볼셰비즘은 러시아라는 특수한 역사적 상황에의 적용을 위한 마르크스주의에 대한 레닌주의의 해석을 기초로 한 것이며, 무엇보다 사회주의 이상을 향한 가혹성과 대중을 대수롭지 않게 여기는 비민주적 엘리트주의, 인위적 폭력론 등이 두드러진다. 이것이 후에 그 외연(外延)을 확대하여 세계혁명이론으로 보편화 과정을 밟았다. 많은 이들이 지적하는 바에 따르면, 레닌은 실제로 마르크스에게서 혁명운동을 정당화하는 신화(神話)를 취하였으나, 혁명의 전략 ·전술은 오히려 그의 활동무대였던 러시아의 암울한 사회와 무정부주의자 M.A.바쿠닌으로부터 습득하였다는 것이다. 여기서 마르크스사상이 러시아적 상황에 맞추어 급진적으로 변용된 것이다.

볼셰비키는 멘셰비키와 별개의 조직을 가지고 있었으나, 1912년 프라하 당대회까지 같은 당 내에 있었다. 그러다가 1912년 마침내 조직적으로 독립한 정당이 되었다. 볼셰비키가 그들의 혁명원칙을 적용할 수 있었던 최초의 기회는 1904~1905년 러·일전쟁에 수반하여 발생한 혼란기였다. 볼셰비키는 이때 최초로 '소비에트'라는 노동자평의회를 상트페테르부르크를 비롯한 전국의 모든 산업도시에 조직하였다. 소비에트는 시간이 지날수록 혁명사상의 요람으로, 또 그 실천조직으로 인식되기 시작하였다. 제1차 세계대전이 일어나자, 볼셰비키는 '제국주의 전쟁'을 부르주아적 전제정부에 대한 국내전으로 변모시키는 데 주력하였다. 그들은 1917년 2월혁명 이후 차르의 퇴위가 몰고온

권좌에서 쫓겨난 것은 그가 평화를 가져다주지 못했기 때문이다. 레닌이 집권한 것은 그가 전쟁을 끝낼 것이라고 약속했기 때문이다.

레닌이 러시아의 핀란드역에 내렸을 때[29] 그가 혁명에 가져다 준 것은 이미 언급된 특성들이다. 이 특성들은 혁명이 공산주의 방식을 따라야 한다는 이데올로기적 확신과 결의였고, 혁명조직에 대한 일사불란한 지지, 그리고 유동적이지만 혁명적인 상황을 이용할 수 있는 정치적 판단이었다. 그 규율은 불완전하였는데, 그 이유는 볼셰비키 분파들이 레닌의 충고에 배치되고 그리고 일시적으로 그의 재추방을 초래한 1917년 여름에 시도된 쿠데타를 시작하였기 때문이다. 그런데

---

정치사회적 진공 속에서, 망명에서 돌아온 레닌의 주도 하에 역사적인 10월혁명을 성공시켰다. 그리고 정권을 장악한 볼셰비키는 인류 최초의 소비에트 사회주의국가를 수립하였고, 1918년 3월 당대회에서 당명을 정식으로 러시아 공산당이라 고쳤다. 소련의 건국과 더불어 볼셰비키의 주장은 거대한 일당독재체제를 정당화시키는 관제(官製) 이데올로기로 굳혀졌다. 볼셰비키는 특히 혁명 이후 취약한 대중적 지지기반 때문에 그 체제수립과정 속에서 당독재이론을 더욱 무자비하게 적용시켰다. 세계 최초이자 최강의 사회주의국가인 소련은 그 뒤로 볼셰비즘을 세계혁명이론으로 보편화·세계화시키는 데 앞장섰다.(출처 : http://ko.wikipedia.org/wiki)

29) 레닌은 혁명운동에 투신하여 체포와 유형의 세월을 거친 뒤 1900년 국외로 망명, 1903년 브뤼셀과 런던에서 열린 러시아 사회민주당 제2차 대회에서 당원 자격문제로 마르토프와 맞서 직업혁명가주의를 관철시킴으로써 볼셰비키(다수파)가 되었다. 1905년 제1차 러시아혁명 직후 일단 귀국하였으나, 1907년 다시 망명하여 주로 스위스에 머물면서 연구와 저술에 종사하다가, 1917년 2월혁명 직후 독일이 제공한 봉인열차(封印列車)로 러시아의 핀란드역에 도착하여 귀국하였다. 같은 해 11월 7일 무장봉기로 과도정부(過渡政府)를 전복하고 이른바 프롤레타리아 독재를 표방하는 혁명정권을 수립한 다음, 러시아의 공산정권을 지키기 위하여 1919년 제3인터내셔널인 공산주의자 인터내셔널(약칭 코민테른)을 결성하였다. 1922년 뇌일혈 발작으로 와병, 마지막 1년은 실어증(失語症)까지 겹쳐 병상에서 지내다가, 1924년 사망하였다.

도 레닌의 정치적 판단은 대담하였다. 레닌은 도착하자마자 다음 사항을 요구했다.

"위에서부터 아래까지, 멀리 떨어진(외진) 마을에서부터 상트페테르부르크[30]의 거리에 이르기까지 국가의 모든 권력은 노동자, 군인 그리고 농민 대표의 소비에트에 속해야만 한다... 인민에게 책임을 지지 않고 인민 위에 군림하는 어떠한 경찰과 관료도 없어야 한다 ; 어떤 상비군도 없어야 하며, 오직 소비에트[31]에서 무장을 하고, 단결된 무장 인민만이 국가를 경영해야 한다.[자료4b 참조]

---

30) 상트페테르부르크는 인구가 469만 4000명(2000)이다. 러시아 제2의 도시다. 제정(帝政) 러시아 때는 페테르스부르크라는 이름으로 불렸고, 1914년 페트로그라드(Petrograd)로 개칭되었다가, 1924년 레닌이 죽자 그를 기념하여 레닌그라드라 불렀다. 그 후 1980년대의 개방화가 진전되면서 1991년 러시아어(語)의 옛이름인 상트페테르부르크를 되찾았으며, 페테르부르크로 약칭하기도 한다. 네바강(江) 하구의 101개의 섬과 함께 강 양안(兩岸)에 계획적으로 건설되었다. 말라야(小)네바강 · 볼샤야(大)네바강을 비롯한 수십 개의 분류(分流)에 놓인 500여 개의 다리로 연결된 정연한 거리는 '북방의 수도(水都)'로 불려왔다. 북위 60°의 고위도 지역이면서 온화한 해양성 기후를 보여, 남쪽의 모스크바보다 기온이 높다. 1월 평균기온 −7.6℃, 7월 평균기온 18.4℃이며 6~7월에는 백야(白夜) 현상이 나타난다. 겨울에 네바강과 해안의 바다가 얼지만, 쇄빙선(碎氷船)에 의해 항로는 거의 연중 유지된다.

31) 원래 소비에트라는 말은 평의회 · 대표자회의를 의미하는 러시아어였지만, 러시아혁명 때에 자연발생적으로 노동자 · 군대 · 농민 대의원 소비에트가 형성된 후로부터 특수한 의미를 가지게 되었고, 마침내 국가제도로 확대되어 간 것이다. 그 구조는 전연방공화국 · 자치공화국 · 지방 · 주 · 자치주 · 관구(管區) · 지구 · 시 · 촌의 각 단계에서의 대의원 선출과 동시에 하급소비에트 집행기관의 상급소비에트 집행기관에 대한 종속을 특징으로 하였으며, 사실상 당의 정책 즉 '위로부터의 지도'를 관철하기 위한 충실한 전달기구로서의 기능을 담당하였다.

레닌이 이와 같이 주장했을 때 임시정부는 전쟁을 계속하자는 정책에 대한 인민의 지지를 얻으려는 조처를 여전히 취하고 있었다. 볼셰비키는 농민들 사이에서 단지 소수의 따르는 세력이 있었고, 상트페테르부르크 소비에트나 한 달 후에 소집된 전러시아소비에트대회 양자 모두를 결코 통제하지 못했다. 그러나 권력이 임시정부를 인수하기 위해 준비하고 조직하는 자들에게 넘어가는 경향을 띠게 됨에 따라 사건들은 레닌의 손에 의해 좌지우지 되었다. 전선에서의 잇따른 패배와 탈주 그리고 국내에서 계속 이어지는 물자부족에다가 정치적인 무능이 가중되었고, 여름이 지나가자 상트페테르부르크와 모스크바의 대중들은 점점 과격해졌다. 7월 쿠데타는 실패했지만 제정러시아의 장군인 코르닐로프(Kornilov)[32]가 상트페테르부르크로 진군한 것은 일반대중을 경악케 하였고, 케렌스키[33]로 하여금 볼셰비키들의

32) 코르닐로프는 제정러시아의 군인(1870~1918)으로 1917년 2월 이후 러시아군 최고 사령관을 역임하였다. 1917년 8월과 10월 이후 두 차례 반혁명을 기도하였으나 실패하고, 곧 전사하였다.

33) 케렌스키는 1904년 상트페테르부르크대학을 졸업하고, 변호사가 되어 정치범으로 고발당한 혁명가들을 변호하는 정치재판을 맡아 명성을 얻었다. 1912년 제4대 의회의원으로 선출되었으며, 근로당 당수로서 사회혁명당 온건좌파에 속하였다. 제1차 세계대전 때는 국토방위를 주장, 러시아의 참전을 지지하였다. 1917년 2월혁명에서 상트페테르부르크 노동자·병사대표 소비에트 부의장이 되어 당시 대중운동의 지도권을 놓고 국회의장 로장코와 쟁탈전을 벌였다. 임시정부에 처음에는 법무장관으로 들어갔고, 이어 육군장관 겸 해군장관, 7월혁명 후 총리 겸 러시아군 총사령관이 되었다. 내정에서는 온건정책을, 외교에서는 연합국과 협조, 전쟁 수행정책을 취하였다. 그러나 결국 L.G.코르닐로프 반란을 유발시켜 사태를 수습하지 못하고, 10월혁명 때 여자로 변장하여 가까스로 탈출, 전선의 카자흐부대를 이끌고 수도 탈환을 꾀하였으나 실패하고 프랑스로 망명하였다. 1940년 이후 만년에는 미국에 있으면서 『회상록』을 집필하였다.

권리를 회복시키고 적위대의 재무장을 허용하도록 만들었다. 가을에 케렌스키의 연합정부는 붕괴되었고, 볼셰비키당은 상트페테르부르크 소비에트 내에서 대다수의 지지를 얻었다. 레닌은 혁명의 때가 왔다고 판단했다. 임시정부는 힘이 가장 약화된 상태였고, 볼셰비키들은 제2차 소비에트대회가 소집되자말자 종식될지도 모르는 일시적 상승기류를 타고 있었다.

신속하고 거의 무혈에 가까운 볼셰비키의 권력 장악은 레닌의 판단이 맞음을 확인해 주었다. 제2차 소비에트대회는 그 상황을 인정하였고, 1918년 1월에 소집된 제헌의회는 총구 앞에서 해산되었다. 평화, 식량, 토지라는 선전 문구는 러시아의 새로운 지도자들로 하여금 대중의 지지를 받게 해주었고 그리고 당의 조직과 영웅주의는 뒤이은 내전을 통하여 새로운 체제를 가져다주었다. 비마르크스주의 역사가는 이러한 사건들이 역사의 논리와 아무 상관이 없다는 것을 지적할지도 모른다. 러시아의 공산주의 혁명은 일종의 쿠데타였다. 허나 그것이 충실하게 따랐던 원칙은 레닌이 발전시키고 이전 몇 해 동안에 자신의 당에 강요하고 그 사건 이후 자신의 저서인 '좌익공산주의(*Left Wing Communism*)'에서 요약한 혁명의 원칙이었다.

> 정치 기술과 그 과업에 대한 공산주의자들의 올바른 이해는 프롤레타리아 계급의 공산주의 지도자가 성공적으로 권력을 장악하고, 그 이후에 광범한 노동자계급과 비프롤레타리아 노동대중으로부터 충분한 지지를 받는 게 가능해질 때, 그리고 나중에 훨씬 더 광범한 노동대중들을 교육하고, 훈련시키고 그리고 끌어들임으로써 그 지배를 유지하고, 공고히 하고 그리고 확대할 수 있게 될 때의 조건과

순간을 정확히 판단하는데 있다.(11)

심지어 레닌은 러시아 혁명에 뒤이어 유럽대륙에서 일련의 혁명이 발생할 것이라고 자신있게 예견했다. 공산주의자의 폭동이 빈과 베를린에서 일어났으며, 소비에트 체제는 부다페스트, 뮌헨 그리고 북부이탈리아의 몇몇 지역에서 정권을 장악하였다. 이런 성과의 어느 것도 일시적인 것 이상임이 드러나지 않았다. 실패한 이유는 여러 가지이지만, 그 이유들을 종합해보면 역사는 이데올로기의 지시를 따른다기보다는 그 자체의 길을 취한다.(6, 35)

실패한 여러 가지 이유들 중 첫 번째는 일차세계대전[34] 이전에 이미 유럽의 사회주의자들을 갈라서게 하고 그 이후로도 계속 분열시킨 바로 그것이며, 이는 이미 제2장에서 언급한 것이다. 당시 유럽대륙의 국가들에는 너무나도 다양한 사회구조 및 정치구조가 있었다. 이와 같은 다양성은 당시 후진적이었던 러시아의 상황을 좌파혁명이 성공할 수 있는 거의 유일한 기회로 만들었다. 그것은 두 가지 중요한 효과를 갖는다. 첫 번째 효과는 정부들이 대다수 인민들의 지지를 계속 받을 정도로 충분히 오랫동안 성공적으로 존재했다면 전복될 가능성이 훨씬 적었을 것이라는 점이다. 만일 그것이 사실이라면, 심지어 가장 어려운 경제상황은 인플레이션이나 실업의 형태로 대륙의 거의 모든 국가에서 존재하였는데, 그 정부들을 타도하기에는 불충

34) 일차세계대전은 1914년 7월 28일. 스트리아가 세르비아에 대한 선전포고로 시작되어 1918년 11월 11일 독일의 항복으로 끝난 세계적 규모의 전쟁이다. 이 전쟁은 영국・프랑스・러시아 등의 협상국(연합국)과, 독일・오스트리아의 동맹국이 양 진영의 중심이 되어 싸운 전쟁이다.

분함이 입증될 수 있을 것이다.

두 번째 효과는 유럽의 많은 국가에서 특히 서유럽에서 사회주의 좌파가 러시아의 경우보다 기존 정치 체계에 더욱 긴밀히 뿌리를 내리고 있었다는 점이다. 이 두 번째 효과는 볼셰비키에 반대하는 정부의 적극적인 개입정책에 대항하는 시위가 있었지만 그러나 노조 운동이 대체로 어떠한 종류의 혁명적 행동과는 동떨어져 있었고 또한 큰 실패로 끝난 총파업에도 마지못해 이끌렸던 영국의 경우에 입증된다. 정치 전선에서 당시 영국노동당은 혁명사상을 받아들이기를 거부하였을 뿐만 아니라 과격파의 입당도 거부하였다. 혁명 사상은 그 때부터 정치적 급진파에 맡겨졌다.(41)

러시아와 서유럽 사이의 차이는 독일에서 가장 극적으로 정의된다. 독일에서 일차대전 이후의 사건들은 처음에는 러시아에서 목격된 사건들과 놀랄 정도로 닮았다. 왕정은 붕괴하여 불안정한 임시정부에 의해 계승되었다. 노동계급의 경제 상황은 여기저기서 식량부족으로 인해 절망적이었다. 전독일 노동자 · 병사평의회가 소집되었고, 그리고 그 평의회 내부에서 다수파가 제헌의회의 소집을 결정하고 의회주의 공화국을 수립하기로 결정한 사실은 혁명적 마르크스주의자들에게는 볼셰비키의 경험에 보다 유사한 경험을 단지 제공하는 것처럼 보였다. 이들 혁명적 마르크스주의자들은 새로운 헌법을 승인하려는 다수파 사회주의자들의 결정을 거부하였고 그리고 1918년 12월에 독일공산당을 창당했다. 임시정부 각료의 절반이 사임했을 때, 공산주의자들은 거리에 뛰어 나왔으며, 거기서 그들은 정규군 부대에 의해 그리고 위기 시에 정부가 사용할 준비가 되어 있었던 전직관리의 자원세력인 이론적으로 불법적인 의용단(Freikorps)에 의해 살해당하였다. 특히 그 지도자인 카알 리프크네히트(Karl Liebknecht)[35]와 로자 룩셈부르크(Rosa Luxemburg)도 살해당하였다. 로자 룩셈부르크[36]는 처음부터 혁명의 성공 가능성에 대해 의구심을 품었다. 볼셰비키 평론가인 카알 라덱(Karl Radec)처럼 그녀는 정치권력의 장악이 단지 노동계급의 다수파에 의해서만 가능할 것이라고 믿었다. 이 노동계급 다수파

---

35) 카알 리프크네히트는 라이프찌히 출생이다. 그는 법학박사가 된 뒤 변호사가 되었다. 사회주의청년운동의 좌파를 이끌고, 1907년 청년인터내셔널의 간부를 지냈다. 독일사회민주당의 극좌익에 서서 총파업과 대중행동에 의하여 독일의 민주화를 강행하여야 한다고 주장하였고, 제1차 세계대전에는 반대 입장을 취하였으며, 1914년 12월 당의 결의를 어기고 군사예산(軍事豫算)에 대하여 반대투표를 하였다. 그 뒤에도 반전(反戰)운동을 계속하였기 때문에 당의원단(黨議員團)에서 제명되었고, 또 작업병(作業兵)으로 소집되어 고역을 치렀다. 제국주의 전쟁을 내란과 사회혁명으로 끝내야 한다고 주장하며, 로자 룩셈부르크와 함께 비합법적 스파르타쿠스단(團)을 조직하여 1916년 5월 1일 베를린에 1만 명의 반전시위대를 조직하였다가 체포되어 투옥되었다. 독일혁명가의 대표로서 국제적으로도 유명해졌으나 독일혁명 직전에 석방되었고, 독일혁명에 임해서는 "모든 권력을 노병평의회(勞兵評議會:레테)로"라고 주장하였다. 독일공산당을 결성하고 1919년 1월 혁명파의 쿠데타에 참가하였다가 학살당하였다. 저서 『군국주의와 반군국주의』(1906)는 반전(反戰)주의의 바이블이라고 일컬어졌다.

36) 로자 룩셈부르크는 러시아령 폴란드 자모슈치 출생이다. 중산층 유대 가정에서 태어나 고교 시절부터 폴란드 노동운동에 참여하였다. 1889년 스위스로 망명하여 정치학·정치경제학을 배웠다. 구스타프 뤼베크와 결혼하여 독일 국적을 취득하고 독일에 정주하였으며, 1898년 독일 사회당 내 좌파 지도자의 한 사람이 되었다. 1905년 러시아혁명이 일어나자 바르샤바로 가서 혁명투쟁에 가담하여 투옥, 1907년 감옥에서 풀려난 후, 1914년까지 베를린에 있는 사회민주당학회에서 활동하면서 대중혁명을 선동하기 시작하였다. 그 후 사회민주당과 결별하고, 1917년 리프크네히트 등과 함께 독일공산당의 전신인 스파르타쿠스단을 조직하였다. 이듬해 독일공산당을 창설하였으나, 1919년 1월 정치적 봉기 때 체포되어 처형되었다. 주요저서로는 『자본축적론 Die Akkumulation des Kapitals』(1913) 『사회민주주의의 위기 Die Krise der Sozialdemokratie』(1916) 『러시아 혁명 Die russische Revolution』(1922) 등이 있다.

는 1월에 공산당의 편에 확실히 서 있지 않았다.(31, 38)[자료10a 참조] 사실 독일노동계급은 입헌적, 정치적 방법에 충실했던 사회민주당의 지도자들을 추종하였다. 그렇게 함으로써 사회민주당 지도자들은 러시아에 있는 미숙한 사회혁명당 지도자들보다 훨씬 더 사회적으로 정치적으로 의미 있는 계급인 독일 부르주아지들의 태도를 확실히 대변하였고, 위기 속에서도 그 권위를 지속적으로 유지하고 그리고 독일정치에서 역사적으로 강력한 역할을 지속적으로 해 온 군부의 고위층으로부터 지원을 또한 받았다.

독일공산당의 역사는 1919년에 끝나지 않았고 그리고 행동을 하고 있는 유럽 좌파에 대한 연구에 지속적으로 지침이 되고 있다. 여전히 러시아의 상황에 의해 이끌리면서 공산주의자들은 정부가 그 충실한 노동조합주의 지지자들의 총파업 때문에 존속시킨 1920년의 캅 푸치(Kabb Putch)를 독일의 코르닐로프 쿠데타로 간주하였다. 그들은 초기의 실패를 이제 독일 볼셰비즘의 7월의 날들로 간주하였고 그리고 1921년에 새로운 파고의 파업과 폭동으로 나아갔다. 이 기회를 맞이하여 공산주의자들은 자신들의 직업을 지키기를 원했던 노동대중의 저항에 직면하였고 그리고 경찰과 군대에 의해 분쇄되고 체포되었다. 독일공산당의 당원은 이러한 대실패 이후 3/5나 감소하였다.

1928년과 1932년에 이르는 경제 위기 동안 공산주의자들이 총선에서 얻은 득표수는 수백만 표에 달하였다. 그들은 권력을 다시 장악하는데 실패하였다. 몇 년 전의 상황과 그들의 대중성을 비교해 본다면 기본적인 약체성에 지속적으로 관심을 가지게 된다. 공산주의자들은 득표에서나 당원들에게서 어떠한 광범한 토대를 둔 지속적인 힘을 가지고 있지 않았다. 히틀러가 우익의 반격 시에 국가의 전권을 행사하기 시작하였을 때인 1933년에 사회민주주의자들은 7백만 표에 달하는 지지층을 유지하였다. 공산주의자들이 얻은 표는 실업자들로부터 그리고 적어도 노동계급의 정치적으로 세련된 구성원들로부터, 심지어 공산주의자들에게 관심을 결코 가지지 않았던 자들로부터 나온 것처럼 보였다. 당원들에 대한 분석은 유사한 모습을 보여주었다. 단지 소규모의 소수파가 숙련된 노동자들을 대변하는데 그쳤다. 대다수 당원들은 실업상태에 머물렀고 그리고 늙은이였다기보다는 젊은이였다. 독일의 공산주의는 덧없는 사회 부류들로부터 잠깐 동안의 지지를 얻었다고 네일 맥이네스(Neil McInnes)가 결론지었다. 공산당은 지속적인 지지를 얻지 못했고 그리고 좌익의 주도적 정당으로서 온건 사회민주주의자들을 축출하려는 위협을 결코 가하지 못하였다.(35)

일시적이지만 1928년과 1932년 사이에 독일에서 공산주의에 대한 어느 정도의 지지가 있었다. 이 기간 동안 혁명을 성공시키지 못한 또 다른 요인은 공산당의 정치적 판단이 문제가 있었다는 점이다. 1919년과 1921년에 공산당은 지나치게 자신감에 가득차있었다. 일차대전 이후 시기의 제2차 경제적, 정치적 위기 동안 공산당은 자족하였다. 공산주의자들은 실업율과 정치적 불만의 정도가 매우 높아서 이번에는 혁명이 자신들의 개입 없이도 발생할 것이라고 믿었던 것처럼 보인다. 확실히 그들의 전술은 전적으로 오류가 있었다. 공산주의자들은 히틀러의 정치적 대두를 무시하였고 그리고 민주적 정부를 유지하려는 사회민주당의 투쟁을 분쇄하는데 주된 관심을 기울였다. 바이마르 공화국의 사회민주당정부가 힌덴부르크 대통령의 임시정부의 지시에 따른 군대의 개입으로 권좌에서 물러나게 되었을 때인 1932년에 공산주의자들은 사회민주당의 붕괴를 목격하였다. 그 해 가을에 공산주의자들에 의해 주도되고 그리고 노동조합의 권고에 대항하여 취해진 베를린의 운송노동자의 파업이 발생하였다. 나치는 경찰을 공격하는데 가담하였다. 공산주의자들은 일부 노동계급의 지원을 얻었으나 그러나 기존 정부체제의 파괴를 위해 취한 그들의 모든 조처는 그 궁극적인 후계자인 나치당의 이익에만 기여할 뿐이었다.(6, 35)

왜 공산주의자들은 자신들의 적인 나치 세력을 과소평가하였나? 그 이유는 거의 확실히 히틀러의 선전이 하나의 계급 이데올로기의 범주에만 한정되지 않았기 때문이다. 공산주의자들은 그들이 사회파시즘이라고 비판한 사회민주당의 권력의 타도에만 더욱 관심을 가졌기 때문이다. 공산주의자들은 히틀러가 대변하는 세력을 파악하지 못했다. 히틀러는 그들에게 그 이데올로기의 극단적 표출자인 것처럼 보였다. 공산주의자들은 부르주아지들이 히틀러의 권력 장악을 저지할 것으로 보았다. 히틀러가 공화국의 수상이 되기 하루 전날 공산주의지도자 타엘만(Thaelmann)은 리히텐베르크(Lichtenberg)에 가서 스키틀(skittles: 작은 볼링 비슷한 놀이)을 하러 가자고 제안하였을 정도로 상황 파악을 못하고 있었다.(6)

독일 공산주의자들은 자신들의 이데올로기적 편견으로 인해 시야가 좁아졌다. 그들의 편협해진 시야는 다른 공산주의 좌익에게서도 발견된다. 의회사회주의를 사회파시즘이라고 정의한 것은 스탈린이었다.[자료10b 참조] 공산주의자들은 스탈린의 실수를 반복함으로써 국제공산주의 운동의 충실한 당원임을 보여주고 있었다. 제3차 인터내셔널 즉 코민테른[37]이 전후 좌익의 혁명 열정이 최고조에 이르렀을 때인 1919년에 창설되었다. 러시아를 제외하곤 사회혁명의 기반을 세우고 유지할 나라가 없었기에 그들은 모스크바를 그들의 집합지로 삼았다. 이데올로기적 그리고 전략적 지도력을 위해 레닌과 러시아 정당에 기대하는 것은 동일한 이유들로 인해 자연스러운 것이었다. 이 초기의 단계에서 조차 몇몇 대표들은 그들의 전술에 대한 견해가 국가적 · 정치적 · 사회적 상황에 상관없이 우세함에 틀림없다는 러시아 동료들의 주장에 대해 불평을 하였다. 레닌은 그 당시에 항상 그래왔듯이 규율의 강조와 그 순간에 대한 그의 견해가 타당함을

---

37) 코민테른(Communist International) 즉 제3인터내셔널은 레닌의 발기에 의해 1919년 3월 창설되어 1943년 5월 15일 해체된 마르크스-레닌주의당의 국제적 조직체이다. 러시아에서 10월혁명이 승리한 이후 일련의 나라들에서 창건된 공산당들이 아직 장성하는 혁명운동을 독자적으로 지도할 수 있을 정도로 충분히 준비되어 있지 못한 상황 속에서 각국 공산당들을 통일적으로 지도할 수 있는 국제적인 조직체가 요구되었다. 국제공산당은 이러한 요구를 반영하여 창건되었다. 국제공산당은 레닌에 의하여 준비되고 실현되었다. 1914년 11월 기회주의에 빠져버린 것으로 보았던 제2 인터내셔널과의 결렬을 선포한 레닌은 사회민주당들의 대표회의(1918년 1월 상트페테르부르크)와 각국 공산당의 좌익조직들의 대표회의(1919년 1월 모스크바)를 소집하고 국제공산당창건문제를 토의하였으며 창건될 당의 목적, 전략, 전술, 조직원칙 등을 밝혔다. 1919년 3월 2일부터 6일 사이에 레닌의 지도 밑에 모스크바에서 30개 나라의 35개 공산당, 좌익정당들에서 온 52명의 대표들이 참가한 가운데 국제공산당창건대회가 열렸다. 대회는 국제공산당창건을 선포하고 그 정강을 심의채택하였다. 국제공산당의 목적은 각국 공산당들 사이의 연계를 강화하고 그들의 활동을 통일적으로 지도함으로써 자본주의제도를 전복하고 프롤레타리아독재를 세우며 사회주의, 공산주의를 건설하는 것이었다. 국제공산당규약은 레닌주의적 당생활원칙에 근거하여 국제공산당의 기구와 지도기관들의 기능을 규정하였다. 국제공산당의 최고기관은 대회이고 대회와 대회사이의 지도기관은 집행위원회였으며, 당의 일상사업은 집행위원회가 선거한 상무위원회가 지도하였다. 매개 나라에는 1국1당의 원칙에 따라 국제공산당지부를 두었다. 국제공산당은 창건되어 해산될 때까지 7차례의 대회를 개최하였다.(출처 : http://ko.wikipedia.org/wiki)

천명하였다.(31, 34, 35, 37)[자료10b 참조].

소련공산당은 백군과 그 개입하는 열강들로부터 공격을 당시에 받고 있었던 러시아 혁명의 안전 확보에 가장 커다란 관심을 기울이고 있었다. 만일 러시아의 내전으로부터 적대적인 자본주의 국가들의 관심을 단지 분산시킬 수만 있다면 어느 곳에서든지 혁명을 조장하는 것이 소련공산당의 관심사였다. 불행한 독일 공산주의자의 반란은 이 정책에 영향을 받았다. 1921년에 소련의 내전이 끝났다. 본국에서 레닌은 신경제정책(NEP: New Economic Policy)[38]에 착수하였고 그리고 해외에서 러시아 무역의 재개를 모색하였다. 혁명가들은 레닌이 좌익 공산주의를 소아적인 망상이라고 비난한 것의 배후에 있는 그와

38) 신경제정책이란 10월혁명 후 국민경제의 안정을 위해 소련에서 실시한 경제정책의 체계이다. 1918년 여름에 시작된 내전과 외국의 군사간섭에 대처하기 위하여 소련은 무자비한 전시공산주의(戰時共産主義) 체제를 채택한 결과, 극단적인 민중수탈정책에 반발한 농민은 인공기근(人工飢饉)으로 대항하여 극심한 식량난을 가져 왔고, 생산은 위축되어 소련 경제는 파탄에 직면하게 되었다. 이에 레닌은 『공산주의에 있어서의 좌익소아병(左翼小兒病)』을 저술하여 극좌적 경향을 억제하고, 1921년 전시공산주의를 중단한 다음, 경제파탄을 수습하기 위하여 자본주의 경제정책을 대폭 도입하는 정책을 실시하였다. 이 정책은 전시공산주의 체제하의 식량징발제(食糧徵發制)를 중지하고 식량세제(食糧稅制)로 바꾸는 한편, 잉여농산물의 자유판매, 사적 소경영(私的小經營)의 영리활동의 허용, 국영기업의 부흥, 외국자본의 도입 등으로 이루어졌으며, 이 정책으로 말미암아 소련 경제는 1925년에 이르러 대체로 제1차 세계대전 이전의 수준을 회복할 수 있게 되었다. 이 정책의 실시로 이른바 네프맨(NEP로 인해 파생된 부자)과 크라크(부자)가 발생하게 되자 스탈린은 1928년에 제1차 5개년계획을 착수하면서 이들을 소탕하였다. 소련의 신경제정책은 상술한 바 국민경제의 부흥·재건기(1921~1928)와 농업의 집단화(사회주의적 개조)와 사회주의적 공업화를 주 내용으로 하는 5개년 계획기로 대별(일부 학자는 부흥·재건기만을 NEP로 규정하기도 한다)되며, 또한 1936년 스탈린 헌법의 채택에 의해 NEP의 종료, 사회주의 경제의 건설완료가 법적으로 확인되었다. (출처 : http://ko.wikipedia.org/wiki)

같은 정책에 당황했다. 올바른 전술은 이제 온건 사회주의자와 그리고 노동조합운동과의 협력정책으로 재정의되었다.(11)

몇 년 후에 스탈린은 큰 노력을 요하는 극좌파 전술로의 복귀와 비공산주의적 요소로부터 분리를 요구하면서 당노선을 변경시켰다. 도이체(Deutscher)(36)는 이러한 생각의 변화가 스탈린이 국제운동에 대한 호소로 그 자신의 지위를 강화할 수 있었던 소련공산당 내에서 온건파들과 스탈린 자신의 투쟁으로부터 생겨났다고 주장하였다. 그 이유가 무엇이었든지 간에 사회 민주주의자들은 이제 사회 파시스트(Social Fascists)[39]가 되었고, 독일공산당은 다른 정당들과 더불어 그들에 대한 상호 파괴적 공격으로 쉽게 전환하였다.

---

39) 사회파시스트란 1920년대 중반에서 1930년대 전반까지 국제공산주의운동 진영에서 사회민주주의자를 일컫던 용어이다. 제1차 세계대전 때 각국의 사회민주당은 전쟁을 조국방위전쟁으로 규정하고 정부의 제국주의적 정책에 협력하였다. 이에 반대하여 유럽의 주요 사회민주당과 사회당에서 분열한 공산당들은 1919년 러시아의 볼셰비키의 지도 아래 코민테른을 창립하였다. 코민테른은 1923년까지 이탈리아와 독일의 혁명세력을 이용하여 사회주의 혁명을 실현하려고 하였으나 실패하였다. 코민테른은 혁명의 객관적 조건이 존재함에도 불구하고 사회민주주의가 마르크스주의적 사회주의의 가면을 쓰고 노동자계급을 현혹하였기 때문에 혁명이 실패하였다고 분석하였다. 그리고 1922년 이탈리아에서 파시즘이 정립되고 1923년 독일에서도 잠시 사회민주당의 지지를 얻은 군부독재가 수립되자 사회민주주의를 사회파시즘으로 규정하였다. 사회파시즘에 대한 논쟁은 1924년 코민테른 제5차 대회에서 처음 제기되었고, 1928년 제6차 대회에서 공식적으로 채택되었다. 그러나 이 논쟁은 공산주의운동에서 사회민주당계 노동자들을 배제함으로써 노동자계급운동의 분열을 초래하였고, 공산주의자들의 고립을 가져왔다. 그 결과 1930년대에 들어서면서 유럽의 공산주의운동은 쇠퇴하고 파시즘의 전면공세에 직면하였다. 결국 사회파시즘에 대한 논쟁은 1935년 코민테른 제7차 대회에서 디미트로프 테제가 채택되어 파시즘에 반대하는 소부르주아까지도 포함하는 통일전선이 수립됨으로써 전면 부정되었다.

그러나 통일전선[40]이 독일 사회주의를 구할 수 있었는지는 의심스러웠다. 사회민주주의자들과 공산주의자들이 얻어낸 득표율은 나치가 권력을 잡기 이전의 중요한 선거에서 40.4%에 그쳤다. 좌익이 실패한 최종적인 이유는 행동을 하고 있는 우익의 힘과 성공에 기인하였다. 코민테른의 지시를 받은 독일 공산당의 전술은 나치의 성공에 기여하였다. 공산주의자들은 같은 좌익의 사회민주주의자들을 약화시켰고 그리고 불신하였다. 깜짝 놀란 우익에게 공산당과 사회민주당의 노선 차이의 미묘함과 그 이데올로기적 형성은 잘 알려져 있지 않거나 또는 중요하지 않다. 혁명적 사회주의는 그들의 상상력을 사로잡은 유령이다. 그러한 분위기 속에서 의회주의적 사회주의자들과 공산주의자들 사이에서 선택의 여지가 거의 없었다. 나치의 선전은 이러한 감정적 선전을 배가시켰다. 마찬가지로 유럽의 모든 곳에서 그러하였

---

40) 통일전선은 공동전선이라고도 한다. 이 전술은 공산당이 어떠한 목적을 달성하기 위하여 일시적으로 연합하는 데에서 출발한 것이다. 통일전선전술을 사용함에 있어서는 항상 공산당이 주도할 수 있거나 그 결과가 공산당에 유리하도록 유도할 것을 염두에 두고 전개한다. 만일 통일전선이 형성되어 공산당이 주도할 수 없을 경우에는 지체 없이 분열시키며 상호 대립시키려고 한다. 코민테른은 1919년 창립 이래 각국 지부의 공산당에 사회민주당계를 공격할 것을 요구하였다. 그러나 1920년대에 들어와 세계혁명의 파도가 퇴조하자 사회당과 공산당의 협조, 통일전선의 형성을 요구하였다. 사회민주당계는 여기에 냉담하였다. 1920년대 말부터 1930년대 초에 걸쳐 코민테른은 '사회파시즘'으로서 사회당 공격을 재개하였다. 그 결과 독일에서 나치스의 진출을 초래함으로써 코민테른으로서는 큰 전략적 과오를 범하였다. 1934년부터 각국 공산당은 사회당계와의 관계개선을 시도, 1930년 중반에는 반전(反戰)·반파시즘의 물결로써 보수파의 일부까지 포섭한 통일전선을 형성하였다. 특히 프랑스에서는 '인민전선'으로서 큰 성과를 거두었다. 독·소(獨蘇) 접근의 한 시기를 제외하고는 그 이후에도 통일전선 방식은 제2차 세계대전 후인 1940년대 말의 냉전이 시작될 때까지 계속되었다.

다. 심지어 영국에서조차 자유주의적 유권자들이 우익으로 몰렸기 때문에 1924년 선거에서 노동자들이 대패한 것이다.

권력을 잡고 있는 사회주의자들의 실패는 나중의 장에서 다룰 것이다. 이 장을 결론지으면서 러시아에서 볼셰비키의 승리는 유럽 좌익의 진로에 이상하게도 그리고 아이러니하게도 혼합된 축복이었다. 그렇지만 그것은 이론이 사실이 될 수 있다는 것을 보여주었기 때문에 거대한 영감이었다. 그 승리는 종종 하나의 치명적인 장애물이었음이 입증되었다. 볼셰비키혁명이 러시아에서 성공한 것은 어느 곳에서든 혁명이 성공해야 한다고 결론짓도록 유도하였다. 그 성공은 이데올로기적 꿈을 혁명의식 속에까지 고양시켰다. 러시아 공산당이 확립한 주권은 이러한 경향을 강화시켰고 그리고 공산주의와 비공산주의 좌익을 동시에 약화시켰다. 무엇보다도 볼셰비키 혁명은 아마 유럽 전역에 걸쳐 두려움을 불러일으켰다. 이 장의 제일 앞에서 시작한 영국 수상 로이드 조오지의 견해에 따르면 독자는 좌파의 열망을 위한 동정심의 기록을 발견하게 될 것이다. 그렇다면, 이것은 하나의 공통되는 반응이 아니다. 볼셰비키의 승리는 공산주의라는 유령을 다시 걷게 하였을 뿐만 아니라 육체와 피를 덧입혔다. 이는 20세기 우익을 고무시키는 결과를 초래하였다.

## 제5장 행동하는 우익

일차세계대전은 현대 공산주의의 출현을 알린 것과 마찬가지로 파시즘의 시작을 알린다. 대전은 볼셰비키 혁명에 결정적인 기여를

했던 것과는 사뭇 다르게도 민족주의적 감정을 전례 없는 수준에까지 끌어올렸다. 그것은, 아마도 지속적으로, 경제적 안정과 그에 따른 사회생활의 안정을 파괴하였다. 대전 동안 대부분의 정부들은 전쟁 노력에 재정지원을 할 필요성에 직면하자 국가의 기축통화로서 금본위제를 포기하였다. 전후 국제무역 침체기 동안 아주 명백해진 지속적인 인플레이션이 시작되었다. 1929년에서 1932년까지의 세계경제대공황[41)]은 이와 같은 변화에서 비롯되고 있다. 인플레이션이 중간계급에 불리했던 것처럼 실업은 노동자에게 불리하였다. 인플레이션은 고정수입의 가치를 하락시켰으며, 또 최악의 경우에 저축마저 가치 없게 만들어버린다. 인플레이션은, 비록 급진주의가 좌익에게 보다는 더욱 우익에게로 기우는 경향이 있다 할지라도, 전통적으로 가장 충실한 지지자인 부르주아지들을 불만에 찬 급진파로 만들 수 있다.

일차세계대전은 또한 개인들에게 급격한 심리적 영향을 끼쳤다. 정치가들은 정상으로 돌아올 수 있을 것이라고 예상했지만, 젊은 사람들에게는 계속 변하는 세계에서 모든 것이 가능해보였다. 그래서 변화

---

41) 1929년 10월 뉴욕증권시장의 주가 폭락은 20세기의 제1차 세계대공황으로 발전했는데, 주요 선진자본주의국들은 자기 나라의 시장부족과 실업증대를 해결하기 위해 식민지와 종속국을 묶어 자급자족적인 블록경제를 형성함으로써 블록 상호간의 무역거래를 사실상 중단시켰다. 이리하여 세계시장은 점점 더 축소했고 경쟁이 치열해지면서 각국 경제의 회복이 더욱 어렵게 되었다. 일본은 식민지 조선을 기반으로 중국 동북지방(만주)을 침략하면서 '대동아공영권'을 꿈꾸었고, 제1차 세계대전의 패배로 식민지를 잃고 전쟁배상금을 물고 있던 독일에서는 나치스가 등장하여 '생활권'을 확대하기 위해 대외침략을 감행했다. 다른 한편으로 식민지와 종속국을 거의 가지지 않은 미국은 뉴딜정책으로 공공투자사업과 노동조합 합법화를 통해 국내시장의 확대를 도모했다. 그렇지만, 미국이 1929년 공황에 뒤이은 장기불황을 극복하게 된 것은 1941-45년의 제2차 세계대전 덕택이었다.

하는 세계로부터 중간 세대의 많은 사람들이 추방되었다. 전직 군인들은 민간인의 삶이 품위가 없고 실망스럽다는 것을 알게 되었다. 급진우파는 그들 중 많은 사람에게 동지애와 대의를 제공했다. 무솔리니의 파시스트단(Fascist Squads), 독일의 자유단(Free Corps), 오스트리아의 하임베어단(Heimwehr) 그리고 프랑스의 불의 십자가단(Croix de feu)[42]이 이러한 경향의 몇몇 실례이다.

무솔리니가 정치력으로 이러한 모든 요소들을 최초로 통일하였다. 이탈리아는 전승국의 편에 가담하여 승전을 맞이하였으나 승리를 과시하기에 적합한 전리품은 거의 얻지 못했다. 일차대전은 무솔리니의 변덕스런 마음을 흥분시켰다. 그리하여 무솔리니는 이탈리아가 전쟁에 개입하도록 가장 강력하게 밀어부친 자들 중의 한 명이 되었다. 그 결과 무솔리니는 자신을 추방하였기 때문에 결코 용서할 수 없었던 불개입주의를 표방한 사회당과 더욱 고통스런 불화에 처했다. 그는

---

42) 프랑스 최초의 파시즘 단체로 평가받는 '페소(Faisceau)'와 1930년대 최대의 극우파 세력이었던 '불의 십자가(Les Croix de Feu)'의 분석을 통해 프랑스 파시즘이 프랑스의 지적, 문화적 배경에서 탄생한 자생적 이데올로기이자 광범위한 지지를 확보한 대중적 이데올로기임을 알 수 있다. 1925년 공식 출범한 페소는 발루아(Georges Valois)에 의해 창설되었는데, 그의 사상적 토대가 반민주주의와 반의회주의를 표방한 소렐(Georges Sorel)의 사회주의 그리고 왕정복고를 강력히 주장했던 국가주의자 모라스(Charles Maurras)의 민족주의였다는 사실은 프랑스 파시즘의 사상적 기원이 프랑스 내에 있음을 증명한다. 또한 1927년 퇴역 군인 라 로크 스베락(Francois de La Rocque de Severac)이 창설한 불의 십자가는 반의회주의, 반마르크스주의와 극단적 민족주의를 표방했던 파시즘 정당으로서 최대 당원 수가 125만 명에 달했을 만큼 광범위한 대중적 지지를 확보하고 있었다. 요컨대 페소의 예는 프랑스 파시즘이 프랑스의 지적, 문화적 토양에 뿌리를 둔 자생적인 현상임을 입증하고 있으며, 불의 십자가는 프랑스 파시즘이 상당한 정도의 대중적 호소력을 행사한 결정적인 증거로 간주되기도 한다.

지지자가 없는 독선적인 지도자였지만, 조직원들과 주요 이슈들을 손아귀에 장악하고 있었다. 귀향군인여단의 지도부를 차지한 단눈치오(D'Annunzio)의 피우메(Fiume)[43] 행군은 무솔리니로 하여금 새로운 민족주의를 내세우고 그리고 파시스트당을 결성하도록 영감을 불어넣었다. 하지만 싸우려 한 그들은 누구인가? 일차세계대전 이후 2년 동안 물가가 두 배로 상승하고 실업이 만연했던 이탈리아에는 혁명이 발생할 수 있는 여건이 무르익어 있었다. 무솔리니는 전후 선거에서 좌파들의 지지를 얻으려고 시도하였으나 실패하였다. 노동계급은 코민테른 가입 문제를 둘러싸고 분열의 고통을 겪고 있었고 그리고 무정부주의적 전통에서 공장과 농촌의 부동산들을 장악하고 있었던 사회당에 여전히 충실하였다. 이미 지적되었던 성급하고 이상스러운 전환에 의해서 무솔리니는 호전적 좌파들과 맞서 싸우기로 결심하였다.(46, 49).

무솔리니는 이전에 그를 외면했던 지지자들을 거의 즉시 발견하였다. 2년 후에, 2천명이 넘는 파시스트단이 결성되었고, 지주 및 자본가들로부터 지원을 받아 공산주의 코뮌과 단체들을 공격하기에 이르렀다. 무기는 정규군에 의해 제공되었다. 1920년에 전쟁장관은 파시스트단에 가담한 전직 관리들에게 그들이 이전에 받았던 급여의 80%를

43) 피우메는 아드리아해(海)에 면한 유고슬라비아의 항구도시로, 현재는 리예카(Rijeka)라고 부른다. 18세기 말 이후 헝가리 치하에 있었으나, 19세기 말경부터 이탈리아인 이민이 늘어났다. 제1차 세계대전 때 이탈리아는 이 땅을 포함한 달마티아의 영유를 약속받고 연합군측에 참전하였으나, 베르사유조약에서는 그 약속이 실현되지 않았다. 이탈리아는 이런 결과에 불만을 품고 시인 단눈치오에 의한 피우메 점령 등의 사건을 초래하였다. 1920년 이탈리아·유고슬라비아간의 라팔로조약으로 피우메는 자유시(自由市)가 되었으나, 24년 로마조약에서 이탈리아령(領)이 되었다. 제2차 세계대전 후 이탈리아와의 강화조약에서 유고슬라비아의 크로아티아공화국령이 되어 오늘에 이르렀다.

제공하였다. 1921년의 총선에서 파시즘은 경력이 많은 중도파 수상인 지올리티(Giolitti)와 맺은 선거동맹으로 35석을 확보하면서 대중적 정치세력이 되었다.

자국과 다른 나라의 의회주의 정치가들과 더불어 지올리띠는 만약 파시즘의 권력 가담이 허용된다면 그것이 이용당할 것이라고 추론해 왔던 것으로 보인다. 대부분의 다른 사람들이 그랬던 것처럼 그의 경우 이 추론은 오산임이 증명되었다. 이탈리아 파시스트 방식은 무법적인 우익의 전통이 되었다. 이탈리아 파시스트는 소렐(Sorel)이 주장했던 방식에 따라 소요를 일으키면서 정치적인 폭력을 사용하였다. 1922년에 파시스트들은 잔혹스런 폭력을 행사하고 총파업을 일으키면서 사회주의를 분쇄하였고 그리고 나서 그들의 행렬을 로마로 향하게 하였다. 로마행군[44] 덕분에 무솔리니는 반좌파연합정부에서 권력

---

44) 1922년 10월 27일 무솔리니는 4만 명의 병력으로 결성된 『검은 셔츠대』를 이끌고 『로마진군』을 결행하였다. 당시의 『검은 셔츠대』는 비에 젖어 허기진 배를 졸라매는 참상이었으며 정규군이 마음만 먹었다면 그것을 해산시켜 쫓아버리기란 문제도 아니었을 것이다.(무솔리니 자신은 조금 뒤늦게 기차로 로마에 들어갔다). 로마 진군에는 영광이라고 부를 만한 것은 조금도 볼 수 없다. 오직 반파시즘세력의 힘이 얼마나 약했던가 하는 사실만 노출시켰을 뿐이다. 무솔리니를 정권에 앉히기 위한 준비는 금방 진행되었다. 당시 수상이었던 팍타와 정계원로인 조릿티는 무솔리니를 이용하려고 생각했다. 말이 없고 도량이 좁았던 국왕 빅토리오 엠마누엘 3세는 무솔리니에게 조각의 대명을 내렸다. 이에 자유당은 재빠르게 정권에 참가할 의향을 표명하고 그 중에서도 살란도라는 맨처음으로 국제연맹에서 파시즘정권의 대표가 되는 것을 수락했다. 육군은 제1급 장교자리를 의용군에게 공급하고 유명한 카도나를 비롯한 장군들은 거의 공공연하게 파시즘에 동조하는 말을 하게 되었다. 기독교민주당도 파시즘에 협력할 것을 약속하고 신정부에 4인의 각료를 보냈다. 프리메이슨 회원이 대거 파시스트당에 입당하고 베네디트 크로체 같은 지식인들이 입을 모아 파시즘을 찬양하기 시작한 것도 이 시기이다. 오직 사회당만은 어디까지나 파시즘을 적대시하는 자세를 포기하지 않았지만, 그때에 정권에 불참

을 잡을 수 있었다.

<사진 2> 1922년 무솔리니의 로마행군(이 행군 직후 왕인 빅토르 에마누엘레 3세가 무솔리니를 수상으로 지명하였다.)

많은 역사학자들은 이러한 행군의 규모가 적고 장비가 열악한 점에 대해 그리고 검은 셔츠에 중절모자를 쓰고 밀란(Milan)으로부터 기차를 타고 왕을 만나기 위해 도착한 그들 영웅인 무솔리니의 어울리지

---

하고, 후에 조릿티가 당에 복귀하는 것을 거부하는 등 실책을 거듭하여 결국 스스로 무덤을 파는 결과를 초래한 것이다. 파시즘이 정권을 잡을 수 있었던 것이 반드시 당시의 이탈리아가 공황상태에 있었기 때문이라고 만은 할 수 없다. 그보다 오히려 파시즘이 지배계급이나 그 당시의 정부와 같은 유력자를 고스란히 자기 편에 끌어들이는데 성공했다는 것, 게다가 파시즘에 대항하는 반대세력이 판단을 그르친데다가 분열되어 있었기 때문이다.(출처 : http://ko.wikipedia.org/wiki)

않는 모습에 대해 논평해 왔다. 아마도 이탈리아 파시즘은 허세로 시작해서 심지어 허세로 지속되었는지도 모른다. 아마도 무솔리니는 결코 독재자가 되기를 원하지 않았는지도 모른다. 기발한 허세를 통해 초기의 파시스트들이 권력을 장악할 수 있도록 하기 위해 이탈리아 사회의 기존 질서에 대한 공포와 편견을 이용하였다. 그들의 대두를 고찰하고 그들을 지지했던 사람들을 주목하면서, 학생들은 파시즘을 처음으로 전적으로 성공한 우익 반혁명 중의 하나로 분류해야 한다. 이 주제에 대한 배타적인 요구를 내세운 파시즘의 유일한 라이벌은 부다페스트에서 단기간에 걸쳐 존속한 소비에트 체제를 붕괴시킨 후에 섭정이 된 헝가리의 해군제독 호르티(Horthy)이다. 호르티 체제[45]의 몇몇 특징은 파시즘에 대해 우익 운동이 내세우는 보다 배타적인 요구를 한 것으로 주장될런지도 모른다. 그것은 자유주의와 마르크스주의 양대 세력에 대항하여 도덕적 회복을 요구하는 하나의 세력으로서 교회의 성직자들에 의해서 지지를 받았을 정도로 공개적으로 기독교적이었고 그리고 말에서는 물론 행동에서도 극도로 반유대주

45) 제1차 세계대전이 발발하자 헝가리는 독일 · 오스트리아 동맹 쪽에 서서 참전하였다. 대전 말기인 1918년 10월에는 좌익 계열의 카롤리가 임시정부를 구성하고 오스트리아로부터의 분리와 공화제 실시를 선언하였다. 그러나 카롤리 정부는 휴전 처리에 실패하여 단명으로 끝나고, 그 대신 벨라 쿤을 중심으로 하는 헝가리소비에트 공화국이 수립되었다. 그러나 쿤 정부도 루마니아군의 침입으로 수개월 만에 붕괴되고 구(舊)제국의 해군제독인 M.호르티 등 우익세력이 정권을 장악하였다. 헝가리는 제1차 세계대전 후인 1920년 6월 트리아농 조약으로 옛 영토의 약 72%, 인구의 60% 이상, 경제력의 80% 이상을 상실하였는데, 이것은 실지회복을 목적으로 하는 정치운동을 조장하였고 나아가서는 독일 · 이탈리아 중심 구도에 접근하는 길을 열어놓았다. 제2차 세계대전 중 독일 · 이탈리아 측에 가담한 헝가리는 전쟁 말기가 되자 국토가 전쟁터화 되었으며, 전후에는 소련의 세력권에 들어갔다.

의적이었다. 그것은 또한 트리아농조약(Treaty of Trianon)으로부터 그들이 얻었던 것보다 오스트리아 · 헝가리 이중왕정(Dual Monarchy)의 파멸로부터 훨씬 더 많은 것을 얻어내기를 희망했던 헝가리인의 실망감을 악용하면서 극도로 민족주의적이었다. 무엇보다도 그것은 반볼셰비키적이고 그리고 부다페스트에서의 공산주의 지도자 벨라 쿤(Bela Kun)[46] 체제의 공포에 대한 호르티 체제의 설명에서 그 체제의 특징을 잘 알 수 있다. 이탈리아 우익의 기원과 마찬가지로 헝가리 우익(호르티 체제)의 기원은 좌익으로부터의 도전에서 비롯되었다. 뒤이은 지난 수년 동안 헝가리 우익은 이탈리아 우익보다 훨씬 큰 정도로 적극적인 정책의 부재를 노정시켰다. 아마도 헝가리 우익은 그렇기 때문에 이 두 우익 체제 중에서 보다 순수하게 반동적이었다. 다른 한편 이 시기에 유럽정치의 모순을 강조하기 위해서 헝가리 우익은 이탈리아 파시즘이 권력을 보다 확고히 장악함에 따라 곧 폐지하였던 의회주의 선거의 외양을 유지하였다.(47, 67)

46) 벨라 쿤은 트란실바니아 출생. 유대계 출신으로 클루지대학을 졸업하였다. 재학시절부터 트란실바니아의 사회민주당지하운동과 노동운동에 참여하였다. 후에 부다페스트에서 사회민주당 기관지의 기자가 되었다. 제1차 세계대전에는 오스트리아 군인으로 출정하여 러시아군의 포로가 되었으나, 1917년 러시아혁명이 일어나자 볼셰비키에 입당하였다. 1918년 레닌의 도움으로 헝가리로 돌아와 공산당을 창당하였다. 대통령 M.카로이 정권에 의하여 투옥되었다가 석방되어 1919년 3월 공산당과 사회민주당의 연립정부를 수립하고 총리가 되었다. 그러나 그가 이끈 헝가리-소비에트공화국의 정책이 사유제의 폐지로 인한 중산층의 불만 증대와 루마니아의 무력간섭 등으로 실패로 돌아가자 오스트리아를 거쳐 1920년 모스크바로 망명하였다. 그 후 한때 코민테른 집행위원으로 있었으나 스탈린의 대두로 트로츠키파로 몰려 숙청되었다. 1937년 이후 소식이 끊겼다가 1956년 N.S.흐루시초프의 비밀보고에서 그의 죽음이 처음으로 밝혀졌다.

무솔리니의 로마행군(1922년)은 1923년 히틀러의 뮌헨 폭동을 고무시켰다. 이 폭동은 또한 베를린행군으로 발전하고 그리고 히틀러가 매우 싫어했던 사회민주당정부의 완전한 타도로 발전하도록 의도되었다. 독일 공산주의자와 마찬가지로 히틀러는 이 경우에 잘못 생각하고 있었다. 맥주홀 정치의 자극적인 웅변과 멍청한 영웅 루덴도르프의 히틀러 진영에로의 가담은 그로 하여금 자신의 단체의 히스테리적 감정이 대체로 독일의 감정이라고 생각하도록 그를 현혹시켰다. 실제로 그 히스테리적 감정은 그 당시에 바바리아(Bavaria)인들이 지닌 감정이 아니었다. 1923년의 인플레이션 위기에도 불구하고, 1919년 크르트 아이즈너(Krut Eisner)의 단기간에 걸친 뮌헨소비에트의 경험에도 불구하고, 정부 당국이 아마도 정치적 일격을 가하기 위해 그들의 계획을 조장하였기 때문에 히틀러의 시위대는 뿔뿔이 흩어졌다. 히틀러의 시위는 오랜 기간 영향을 주었다. 몇 년 후 두 번째 경제위기가 독일 사회 및 정치의 기초를 위협하게 되었을 때, 히틀러는 불만을 품은 유권자들에게 전국적으로 알려진 인물이었다. 히틀러 자신은 스스로 실패를 교훈삼고, 당의 호소력을 강화하기 위해 당조직을 확대하고 규율을 강화하면서 그리고 새로운 슬로건을 내세우면서 이른바 레닌 식으로 집권을 위한 노력을 기울였다.

마침내 히틀러에게 권력을 가져다 준 일련의 사건들은 매우 복잡하고 독자들에게 너무 잘 알려져 있어 다시 상술하지 않기로 한다.(54) 경제위기는 사회민주주의자들이 이끄는 연합정부의 정치적 위기를 재촉하였다. 나치와 공산당원의 거리폭력은 증가되었고, 선거에서 그들 각각의 득표력도 증가되었다. 힌덴부르크 대통령의 첫 번째 수상 지명자인 카톨릭 중도파인 브뤼닝(Bruning)은 경제침체를 종식시키거나 극단주의 흐름을 저지하는데 실패했다. 그는 민족주의자 귀족 파펜공(Von Papen)에게 자리를 내주기 위해 해임되었다. 복잡한 과정의 음모를 거치면서 1933년 1월 민족주의 나치 블록 형성과 히틀러의 수상임명에 의해 상황이 마침내 해결될 때까지 군인인 쉴라이허공(Von Schleicher)이 일시적으로 파펜공을 대신하였다. 그의 지위는 독일 제국의회 건물의 방화에 뒤이은 선거에서 신속히 확증되었다. 나치는 좌파의 표를 결합시킨 것 이상인 44%의 지지표를 얻었고 민족주의자들은 8%의 지지표를 얻었다. 독일의 나치화는 시작되었다.

이 사건들을 둘러싼 역사적인 논쟁은 히틀러가 권좌에 오르게 만든데 대한 책임문제에서 비롯된다. 프랑스에서처럼 비례대표제는 무수한 정당들의 연합을 조장하였고 그 정당들에게 어떠한 책임도 강요하지 않았다. 독일이 연합정부를 결성해야만 할 운명에 처하지 않았더라면, 그 위기는 결코 일어나지 않았을 런지도 모른다. 이데올로기적인 동시대인에게 있어서와 마찬가지로 이데올로기 사가들에게 있어서 독일 바이마르공화국의 몰락에 관한 그러한 비인격적 설명은 부적절하다. 이데올로기 사가들은 악당들을 필요로 한다. 좌파에게 그 악당들은 힌덴부르크 대통령을 둘러싼 음모가 히틀러의 수상지명을 초래한 음모를 꾸민 많은 자본가적 군부의 귀족적인 갱단의 일원으로 보였다. 우익에게는 대중 민주주의 그 자체는 비난을 받아야 하는 것이었다. 왜냐하면 선동가의 대두는 민주주의의 헌법 체제 하에서를 제외하고는 가능하지가 않다. 좌익과 우익의 이 두 관점은 이데올로기 논의에서 통상 그러하듯이 과장되고 지나치게 단순화 되었을지라도 분명히 진리의 요소들을 포함한다. 그것은 민주주의공화국 설립을 결코 기꺼이 받아들이지 않았고 그리고 그것이 몰락하고 사회주의가 파괴되는 것을 목격하는 것에 대해 유감스러워하지 않았던 지배계급의 음모였다. 반면에 이들은 심지어 히틀러가 현존하는 체제 내에서의 강력한 정치적인 힘을 가진 지도자가 아니었다면 그 목적을 위해 히틀러를 이용할 수 없었을 것이고 또한 그들의 목적을 달성할 수도 없었을 것이다. 민족주의자들은 히틀러에 대한 지지표를 필요로 했다. 라쿼르가 보여주었듯이, 독일 자본가들은 소수였고 히틀러가 권력을 잡는 바로 그 순간까지 그를 단지 조심스럽게 지지하는데 그쳤다. 히틀러로 하여금 권력의 후보로 만든 것은 대중의 투표 중에서 그의 몫인 44%였다. 이에 더해 공산주의자들이 많은 폭력을 자행하고 또한 바이마르공화국[47]의 사회민주주의 정부의 몰락을 선동함으로써 최종적인 결과인 히틀러의 집권에 그들 스스로가 크게 기여하였다. "누가 히틀러에게 찬성표를 던졌겠는가?"라는 최종적인 물음이 남는다.

놀랍지 않게도, 이 주제는 지금까지 고려된 어떤 주제보다도 더 논쟁적이다. 아무도 독일이나 유럽에서 나치즘을 비난하기를 원하지 않았고, 또한 그 당시에 그가 살아있고 그리고 거기에 참석했더라면 나치당을 지지했었을 자로 간주되기를 원하지 않았다. 요약하자면 그 증거는 이제 꽤 분명해 보인다. 노동계급의 일부 구성원들은 결정적

---

47) 바이마르에 소집된 국민의회(國民議會)에서 그 골격을 규정한 바이마르 헌법이 채택되었기 때문에 이 이름이 붙었다. 1919년 1월 19일의 총선거에서 민주공화파(民主共和派:사회민주당 · 민주당 · 중앙당)가 대승을 거두어 F.에베르트(1871~1925)가 대통령이 되고, 이어 P.샤이데만(1865~1939)이 총리가 된 민주공화파 3당의 연립내각(聯立內閣)이 성립되어 8월 11일에 바이마르 헌법, 즉 독일민주공화국 헌법이 반포됨에 따라 바이마르 공화국이 출범하였다. 이 헌법은 국민주권을 확인하고, 국민의 기본권을 상세히 규정한 민주적인 헌법이었으나 대통령에게 긴급명령권(緊急命令權)을 부여한 제48조는 뒤에 히틀러가 독재정권을 수립하는 길을 열어 주는 근거를 마련하기도 하였다.

시기에 나치였고, 적어도 실업자와 관료층은 아니었다. 그러나 투표 행태 분석은 사회민주주의자나 민족주의자 그리고 카톨릭 중앙당 그 어느 것도 그 중요한 선거에서 많은 지지표를 잃었음을 보여준다. 작은 지방 마을에서 일하는 소농, 전문직업인 그리고 피고용인을 대변하는 보다 작은 규모의 정당들을 지지했던 대중들은 나치당을 지지하게 되었다. 일부 역사학자들은 나치를 지지한 투표자들은 이전에 결코 투표를 해본 적이 없는 남자나 여자라고 가정했다. 그러나 그들의 다수가 신교도층과 지방의 소부르주아지 출신임에 틀림없다고 결론짓는 것은 합리적인 것처럼 보인다.(5)

이 일반적 결론은 탈부르크(Thalburg)라고 불리는 하노버 근처의 소도시에서의 나치즘 대두를 연구한 윌리엄 셰리던 알렌(William Seridan Allen)의 전폭적인 지지를 얻었다. 이 연구에서 히틀러가 수상이 되었을 때 실행된 독일제국의회 선거에서 탈부르크 주민들은 세 표 중 두 표의 비율로 나치당을 지지하여 나치가 이 도시에서 1928년과 1933년 사이에 다수당이 되었다고 주장한다. 이 지지표의 일부는 아마도 민족주의자 또는 사회 민주주의자의 지지표를 잠식함으로써 생긴 것이다. 말하자면 일부는 어느 지지층에서도 비롯되지 않았다. 그러나 선거 무대에서 실제로 사라진 두 지역 정당인 하노버당(Hanoverian Party)과 소부르주아인민당(People's Party)의 지지자들이 나치당을 지지한 것이다. 통계연구에서 시작하여 탈부르크시 주민의 정치행태에 대한 연구에 이르기까지 알렌은 다음 세 가지 요소가 나치당이 지지를 얻게 된 결정적인 요인으로 들 수 있다고 결론지었다. 그 첫째는 일차 세계대전이 결코 끝나지 않은 것처럼 행동한 독일의 위대함을 나치가 내세웠기 때문이다. 둘째로 경제위기가 중산층의 생계를 파괴하지 않았지만 그들을 '두려움과 절망으로' 몰아넣었기 때문이다. 셋째로 이것과 관련된 것인데, 공산주의자들과 사회민주주의자들을 분간할 수 없게 된 사회혁명에 대한 두려움이었다.

히틀러는 나의 투쟁에서 이 사회계급(중산층)의 희망과 두려움에 대한 예리한 통찰력을 보여주었다 :

> 경제적으로 결코 유복하지 않은 중산계급을 육체노동계급으로부터 분리시키는 간극은 종종 사람들이 생각하는 것보다 종종 더 깊다. 우리가 대개 증오라고 부를 수 있는 이 구분의 이유는 육체노동자보다 더 높은 수준으로 상승해온 하나의 사회집단인 중산층이 육체노동자들과 동일하게 취급받을지도 모른다는 두려움에 있다. 게다가 그 하층계급의 문화적 빈곤과 보다 상위계급인 자신들에 대한 하층계급의 무례한 태도에 반발하고 있다. 중산층은 자신들이 빠져나온 문화수준 및 생활수준과 어떠한 접촉을 하도록 강요받는 것을 참을 수 없다고 생각하게 된다. 중산층이 겪는 어려운 투쟁은 그들의 정상적인 동정심을 파괴한다. 생존하기 위한 중산층의 투쟁은 뒤에 남겨져 있는 하층민의 괴로움에 대한 그들의 동정심을 없애버렸다(18).

히틀러의 이와 같은 분석은 공산주의자들이 성취한 어떤 것보다도 하나의 진보된 사회에 대한 훨씬 더 미묘한 분석이다. 알렌의 연구성과와 더불어 그 분석은 나치즘이 우익의 한 세력이라는 점을 강조한다. 나치즘은 민족적 위대함이나 도덕적 회복에 대한 모호한 약속을 하였으며 그리고 몇 년 후에 농산물 가격을 보장하고 국민차를 생산하기 위한 적극적인 노력을 하였다. 그러나 본질적으로 그것은 부정적인 반사회주의에 호소하였고, 이 덕분에 그 선거에서 성공하였다. 물론 중간계급도 노동자 또는 부자의 권리만큼이나 침범할 수 없는 꿈과 두려움에 대한 권리를 가졌다. 역사적인 목적을 위해 구별되어야 할 것은 나치즘이 20세기 정치의 이데올로기적 변형에서 자본주의나 공산주의만큼 중대한 하나의 역할을 하였다는 점이다.

동일한 사회세력의 균형은 오스트리아와 중유럽의 정치에서 볼 수 있다. 유겐 베버(Eugen Weber)는 루마니아 파시즘에 관한 그의 연구에서, 비록 사회의 중간계층들이 훨씬 덜 발전된 경제 속에서 파시즘을 지지하였고 그리고 강력한 공산주의나 다른 좌익의 도전이 없는 경우에 노동계급의 일부 수준에까지 지위가 하락할 지라도, 그들 중간계층의 파시즘에 대한 지지가 중요함을 강조한다.(7, 47) 반유대주의는 그러한 영역들에서 우익을 결속시키는 접합제 역할을 한다. 반유대주의는 헝가리와 독일은 물론 오스트리아에 전파되었다. 유럽에서 유대인의 독특하고 역사적인 사회적 지위는, 그들이 유럽대륙의 대부분에서 토지소유자가 되지 못하고 그리고 공직에서 배제되었을 지라도 그들로 하여금 실질적으로 사업 및 전문직에 뛰어들게 하였다. 그 제약된 여건 속에서 유대인들은 번창하였고 그리고 경제생활에서 많은 중요한 순간에 소부르주아지들과 경쟁하고, 이들의 길을 막거나 이용하는 것처럼 보였다. 빈과 베를린에서 유대인들은 우익이 도덕적인 이유로 극도로 증오하였던 직업, 언론, 예술 그리고 오락세계에서 두각을 나타내었다. 유대인들은 덜 공업화되고 그리고 덜 도시화된 보다 작은 공동체에서 소규모 자본주의 기업가였다. 즉 소상인, 금리생활자, 농장 관리인, 제분 및 목재산업에서 중간계층에 속한 자들이었다. 유럽의 더욱 후진적인 부분들에서, 그들은 전통적인 의상과

헤어스타일을 하면서 그리고 중유럽 유대인이 사용하는 헤브라이 언어인 이디쉬(Yiddish)어를 계속 말하면서 더욱 자신들의 배타성을 유지하였다. 모든 곳에서 그들은 위기에 대한 사회적 분노의 자연적인 대상이 되었다. 그들은 우익 이데올로기 선전의 저항할 수 없을 정도로 매력적인 공격대상이었다. 전후의 유럽에서 몇몇 공산주의 정권들도 유대인을 공격대상으로 간주하는 동일하게 손쉬운 감정을 공유하거나 이용한 것처럼 보인다.

유겐 베버는 또한 프랑스 극우단체인 악시옹 프랑세즈의 지지자들을 연구하였다. 그 연구 결과 밝혀진 것은 다른 곳에서 나타나는 것과 매우 유사한 양상을 띠고 있다.(62) 그들은 프랑스의 금리생활자, 소규모 재산 보유자, 농민, 상점주인, 화이트 칼라노동자, 학교교장, 그리고 의사, 중간 및 하층 계급 사람들이었다. 이들은 인플레이션과 프랑스 경제를 통제하고 있다고 주장된 2백 가문의 대자본가들에 의해 위협받고 또한 사회혁명의 공포로부터 위협받은 중하층계급이다. 조르쥬 발르와(Georges Valois)는 이들이 역동성을 결여하고 있다는 사실에 염증을 느끼고 이들을 떠나 프랑스 파시스트운동을 창건하였다. 파리 북부 교외 도시인 생 드니의 시장이었던 르네 도리오(Rene Doriot)도 마찬가지로 프랑스공산당을 떠나 프랑스 인민당(Parti populaire francaise)을 창당하였다(7). 하나는 좌익에서 비롯되었고 다른 하나는 우익에서 비롯된 이 두 변절은 종종, 그들이 비록 실천을 제대로 못하고 그리고 도리오가 모라스처럼 나치의 협력자로서 끝났을 지라도, 파시즘의 역동적 성격을 강조하기 위한 실례로 들어졌다. 그들의 실패가 강조하는 것은 프랑스에서 정치적 극단주의의 실패이다. 비록 프랑스 헌법이 이미 확립되어온 무모한 극단주의에 대한 모든 약점을 지녔고 그리고 프랑스의 정치적 분열이 1940년 국가의 몰락에 기여했을지라도, 양차 대전 사이에 극단주의에 대해 결코 굴복하지 않았다.

설명이 가능한 그 이유들은 흥미를 돋우지만 명확하지가 않다. 프랑스공산당은 파리의 공장노동자들로부터는 물론 농민경작자들로부터도 지지를 받으면서 서유럽에서 가장 규모가 큰 공산당이 되었다. 프랑스공산당이 소련에 대한 충실한 추종자였는데, 이 사실은 초좌익주의가 공산당을 무기력하다는 이유로 비난하는 것처럼 보인 때에 공산당이 초좌익주의 원칙을 유지하였기 때문에 도리오와 공산당간의 불화를 재촉하였다. 우익이 스타비스키 사건(Stavisky Affair)[48]이라는 모라스식의 용어로 공화파의 스캔들을 비난하면서 그리고 민주적 정부에 대해 폭력으로 위협하면서 1934년과 1935년 파리에서 가두시위를 전개하였을 때, 새로운 반파시스트 스탈린주의적 전술에 의해 명백히 지도된 공산주의자의 반응은 1936년에 단 기간에 권력을 잡게

---

48) 1933년 12월 러시아 출생의 유대인 S.A.스타비스키(Stavisky: 1886~1934)가 프랑스 서남부의 소도시 바욘(Bayonne)에서 공설전당표로 하여금 불법채권(不法債券)을 발행하도록 하여 거액의 돈을 사취한 사건이다. 당시 급진사회당 내각의 다리미에가 이 사건에 관련되고, 경시총감(警視總監) 캬프가 스타비스키의 도피를 도와준 사실이 드러나 정계의 부패를 비판하는 소리가 높았다. 게다가 주범인 스타비스키가 스위스와의 국경 샤모니에서 시체로 발견되어 의혹은 한층 짙어지고 국내 여론이 비등하였다. 우익 파시스트 세력은 이 사건을 공화주의적 의회제도를 반대하는 데 이용, 급진사회당 정부를 맹렬히 공격하고 시위운동을 벌였다. 1934년 1월 27일 쇼탕 내각이 퇴진하고, 뒤를 이은 달라디에 내각도 2월 6일 콩코드 광장에서의 우익 폭동에 의한 소요사건을 일으켰다. 이로 인해 프랑스공화정은 한때 위기에 처하였다. 파시즘에 위협을 느낀 노동자 계급은 총파업으로 파시스트에 대항하였는데, 이것이 좌익(공산당, 사회당, 급진당)에 큰 충격을 주어 인민전선운동의 출발점이 되었다.

된 사회주의자와 급진파와의 인민전선을 형성하는 것이었다. 프랑스 공산주의자들은 좌익에서 급진파를 계속 실망시켰다. 나치의 점령에 대한 그들의 저항은 다른 자들의 저항의 영웅주의를 결코 인정하지 않았고 그리고 그들이 노동조합을 통하여 휘두른 파업의 힘은 엄청난 것이었다. 그러나 이전의 경우에서처럼 1968년에 그들은 기존 체제를 대신할지도 모르는 것을 아마 두려워하면서 기존 정치제도를 전복하는데 가담하기를 거절했다.

분석에 의하면 프랑스공산당의 리더십은 항상 시대에 뒤떨어진 것이었다. 사실 양차대전 사이의 시기에 공산당 지도부는 전체적으로 노쇠했기 때문에 프랑스 생활의 모든 측면에서 시대에 뒤졌다. 그러므로 아마 프랑스가 위기에 직면했을 때 베테랑인 페텡(Petain)[49]과 드골(De Gaulle)[50]에 기대를 걸었던 것과 마찬가지로, 프랑스에서 민주주의

49) 페텡은 2차대전 시 독일에 의해 통치되지 않은 프랑스 남부의 비시 정부의 수반이 된 후, 독일과 항복문서에 서명했고, 이후 프랑스의 유일한 합법 정부임을 주장하며 나치 독일과 협력했다. 그러나 연합군이 횃불 작전으로 프랑스령 북아프리카(모로코)에 상륙한 직후인 1942년 11월 11일에 나치가 안톤 작전이란 작전 명으로 비시 프랑스를 점령하자 모든 권력을 상실했다(비시 프랑스는 명맥은 유지했으나, 아무 것도 할 수 없었다). 1944년 9월 7일, 페텡과 그의 내각은 독일 남부의 도시인 지그마링엔(Sigmaringen)으로 끌려갔고, 그곳에서 은퇴했다. 전쟁이 끝난 1945년 4월, 지그마링엔에서 프랑스로 돌아온 페텡은 전범으로 체포되어 재판에 회부되었다. 이미 89세의 고령이었던 페텡은 총살형 대신에 종신형을 선고받았다. 페텡은 이후 대서양 연안의 섬에서 수감생활을 하던 중 사망했고, 그곳에 묻혔다.

50) 2차 세계대전이 발발하자 드골은 제5군 소속 기갑여단을 지휘했고 1940년 5월에는 제4기갑사단을 지휘하게 되었다. 6월 6일 드골은 폴 레노 내각의 국방차관이 되었고 전쟁 수행 가능성을 타진하기 위해 수차례 영국 정부와 접촉을 가졌다. 독일과의 휴전을 모색하고 있던 페탱 원수가 레노를 대신하게 될 무렵 영국으로 망명한 드골은 6월 18일 런던에서 동포들을 향한 최초의 라디오 방송을 내보냈고 자신을 중심으로 대(對) 독일 항전을 계속하자고 호소했다.

를 구출한 것은 좌익과 우익 양측에서의 노인 정치다. 이미 언급된 바와 같이 프랑스에서 극단주의의 상대적인 실패는 이해하기 어려운 현상이다. 극단론은 다른 어느 곳보다 프랑스에서 덜 성공적이었다. 앵글로색슨족은 종종 프랑스 사회와 정치에 대한 그들의 지나치게 단순화된 생각에서 프랑스의 극단주의의 실패를 무시하는 경향이 너무 자주 있다. 좌익과 우익의 이데올로기의 특성과 마찬가지로 정치적 극단주의의 성공 또는 실패는 지배적인 정치적 사회적 시스템에 의해 바뀐다.(40, 47)

이것은 영국 그 자체의 역사에서 가장 잘 입증된다. 영국은 이 시기에 실업과 인플레이션을 경험했고, 그 선거시스템의 조직에도 불구하고 연합 정권의 불확실성을 경험하였다. 이 불확실성은 공산당과 영국파시스트연맹을 만들어 내었다. 오스왈드 모슬리 경은 1920년대에 영국 노동당에서 떠오르는 별이었으나, 그는 경제문제 해결을 위한 급진적인 케인즈주의 이론을 내세웠고 게다가 이 문제에 관한 노동당의 소극적인 자세를 공개적으로 비판했기 때문에 노동당에서 추방당한 후 파시스트 연맹을 결성하였다. 무솔리니처럼 그는 자신의 새 정당의 불명예스러운 선거 패배 이후 더욱 극적인 방법으로 더욱 폭넓은 추종자에게 호소하기로 결정했다. 무솔리니처럼 그는 기존 정치・경제 체제의 급진적인 개혁을 제안하였는데,

---

드골은 엄청난 부담을 안고 이제는 정치지도자로서 전쟁을 맞이하게 되었다. 그의 주위에는 나중에 '자유 프랑스 위원회'를 형성하게 되는 무계획적으로 충원된 정치적 후원자와 자원자들이 있을 뿐이었다. 1943년 드골은 자유 프랑스 위원회를 알제리로 옮겨 프랑스 국민해방위원회로 개편하고 앙리 지로 장군과 함께 공동위원장에 취임했다. 1958년 12월 21일 드골은 공화국 대통령으로 당선되었다.

그 체제의 두드러진 특징은 앞에서 설명된 바 있다. 그러나 무솔리니처럼 모슬리는 자신의 추종자로 하여금 검은 셔츠를 입게 하고 그리고 공산주의자의 위협에 점점 더 관심을 갖게 하였다. 그는 반유대주의를 천명했다는 이유로 고발당하였다. 그의 시위는 1936년 런던의 케이블 거리(Cable Street)에서 거리 폭력으로 끝났다. 보수파, 국민자유당(National Liberal Party) 그리고 전국노동당이 주도하는 대연합의 반응은 이탈리아 정부의 그것과 크게 달랐다. 그 주된 이유는 주로 그 대연합이 대중의 공개적 지원을 확신하였기 때문이다. 유니폼과 가두시위는 금지되었고 그리고 파시즘은 쇠퇴하였다. 유럽에서 긴장의 고조와 전쟁 발발로 그 대연합은 하나의 정치세력으로의 생명이 끝나버렸다.(63, 64)

우익의 행운이 극적으로 달랐던 에스파니아의 사례는 다음 장에서 보다 쉽게 고찰할 수 있다. 영국의 실례는 우익과 행동의 기록에 관한 이 장의 결론을 강조하는데 상당히 기여할 것이다. 이 결론들은 좌익에 대한 검토 결과 이끌어낸 결론에 영향을 미친다. 확실성이 사라지고 그리고 사회문제가 의회주의 정부들이 풀 수 있는 능력을 넘어서는 것처럼 보였던 일차세계대전 이후의 혼란스런 사회적 상황에서 프롤레타리아혁명 그 자체를 위해서는 물론 비공산주의적인 정치적 급진주의의 구축을 위한 여건이 성숙되어 있었다. 비공산주의 극단주의자들은 적어도 이론상 기존의 상황에 대한 비판과 비난을 할 때 마찬가지로 급진적일 수 있었다. 그들을 공통으로 좌익과 구분 짓는 것은 그들의 반공주의이다. 이 반공주의는 그 동기가 무엇이든 간에 모든 계급사회에서 지원을 얻어내는데 있어서 가장 잠재적인 슬로건이었다.

세이무어 립셋(Seymour Lipset)과 같은 사회학자들은 에스파니아에서 그리고 이탈리아에서 어느 정도까지 예시된 우익의 파시즘과 독일의 중도파 파시즘을 구별하였다.(5) 그러나 이데올로기적 용어에서 파시즘과 나치즘을 구분하는 특징은 그것이 반공이었고 그리고 파시즘이 권력을 장악하는데 성공한 대부분의 원인을 반공 정책의 덕분으로 돌릴 수 있었다.

좌익이 보기에, 우익의 권력 쟁취는 정치적인 환경과 정치적인 판단의 문제였다. 만일 기존의 시스템 또는 기존의 충성이 영국에서와 같이 프랑스에서도 깊이 뿌리를 내렸다면 그 성공은 성취되지 않을 것이었다. 이탈리아와 독일에서 그 시스템은 보다 약했고 그리고 다른 곳에서는 거의 존재하지 않았다. 그러나 시스템의 전복은 그럼에도 불구하고 그 계승을 위해 성공적인 후보가 펼쳐보여야 하는 특질의 혼합에 달려 있었다. 이러한 특질들은 레닌에 의해서와 마찬가지로 히틀러에 의해서 잘 활용되었다. 그들은 조직과 규율, 능숙하고 끈질긴 선전, 파업할 순간에 대한 기민한 판단, 끝으로 저항을 쓸어버리기 위한 정치적 폭력의 무자비한 사용을 포함하였다. 이러한 성공의 비결이 매우 유사했기 때문에, 좌익과 우익이 권력을 행사할 때 그렇게 유사하게 행동한 것은 별로 놀라운 일이 아니다.

## 제6장 권력을 잡은 좌익

비록 러시아 혁명의 정도와 효과가 그 혁명 이데올로기가 구상한 것보다 덜 심원했다 할지라도 권력을 장악한 러시아 공산체제는 2차대전 이전의 시기에 그 권위를 공고히 유지하고 그리고 사회혁명을 이끄는데 성공한 급진 좌익체제의 유일한 실례이다.

엥겔스는 국가의 소멸에 대해 언급하였다. 프롤레타리아트는 봉건주의와 자본주의의 마지막 아성에 대한 그 계급 지배를 확립하기 위해 국가권력을 행사할 필요가 있다. 지배계급의 조직이 그러하듯이, 계급 없는 사회가 확립됨에 따라, 국가는 하나의 역사적 기능을 완수하고, 그래서 그 존재이유를 상실하게 된다는 것이다.

이것들은 이론적인 마르크스주의의 가정이다. 레닌이 1917년 볼셰비키의 권력 장악 전야에 '국가와 혁명(State and Revolution)'(10)을 저술하였을 때, 이론적인 마르크스주의의 가정은 실질적인 것이다. 레닌은 그의 성품에 관해 이미 알려진 것으로부터 기대되는 바와 같이 전술의 요구와 전통적 이데올로기의 표현을 조화시키는데 관심을 기울이는 동안 현저히 실용적인 방법으로 그 문제에 접근하였다. 그는 계급에 토대를 둔 사회에서 계급 없는 사회로의 이행 과정의 속도에 대해 어떠한 약속도 하지 않았지만 그러나 볼셰비키들이 뻗어나가는데 집중하였다. 그는 다른 좌익 정당들이 옹호한 것과 같은 민주적이고 의회주의적인 체제들에서 볼셰비키가 무시당함을 깨달았다. 따라서 이데올로기 논쟁 차원에서 프롤레타리아 독재는 마르크스주의 가르침의 바로 그 본질이 되었으며 그리고 계급투쟁의 수용을 독재의 수용으로 확대한 진정한 마르크스주의 교리가 되었다. 실질적인 수준에서 프롤레타리아 독재는 볼셰비키당의 독재가 되었다. 그것은 규율을 갖춘 혁명가조직에 대한 레닌의 이론으로부터 전적으로 일관성 있는 발전이었다.[자료4b 참조].

그럼에도 불구하고, 레닌은 그러한 독재가 덜 탄압적이어야 하고 그리고 그것을 대신한 차르 체제보다 더욱 민주적일 것을 의도했다고 주장했고 그리고 그렇게 의도한 것으로 보인다. 전개된 사건들은 그와는 다른 하나의 패턴을 강요하였다. 1917년 혁명 이후 거의 4년 동안 볼셰비키는 사회혁명가들이 러시아에 대한 통제권을 둘러싸고 백군과 쟁투를 하고 그리고 서구의 국가들이 볼셰비키 체제를 전복시키기 위하여 적극적으로 개입한 필사적인 내전에 직면하였다. 광범한 기근이 있었고, 산업생산은 파국적으로 격감하였다. 그러한 상황에서 강력한 정부는 그 체제의 존속에 필수적이다. 그래서 트로츠키[51]는 정치위원을 적군(Red Army)에 급파하여 적군이 백군에게 탈주하는 것을 막았

---

51) 트로츠키는 남우크라이나의 비교적 부유한 농가에서 유대인의 아들로 태어났다. 오데사대학에 입학하였으나 마르크스주의운동에 참가하여 1898년 체포되어 투옥된 뒤 시베리아로 유배되었다. 1902년 탈주에 성공하여 영국으로 망명, 런던에서 레닌에 협력하였으나 1903년 러시아사회민주노동당 제2차 대회에서는 멘셰비키에 가담하였다. 이어 1905년 러시아로 돌아와 혁명의 혼란 속에서 상트페테르부르크의 소비에트 의장이 되었으나 1906년 다시 체포되고 1907년 탈주하였다. 국외에서 멘셰비키와 볼셰비키의 통일을 도모하였으나 실패하고 1914년 미국으로 망명하였다. 2월 혁명 후 1917년 5월 귀국하여 볼셰비키와 공동투쟁을 벌였으며, 7월 정식으로 입당하였다. 9월 상트페테르부르크의 소비에트 의장이 되어 10월혁명 때는 무장봉기에 공헌하였다. 혁명 후 외무인민위원이 되었다. 독일과의 강화를 놓고 레닌과 대립하게 되어 1918년 사직하였다. 그 해부터 1925년까지 군사인민위원, 1919~1927년 정치국원으로 있었다. 레닌 사후 당의 노선을 놓고 스탈린과 대립하여 1927년 제명, 1929년 국외로 추방되었다. 각국을 전전하다가 1936년 멕시코에 정착하였으나 1940년 8월 암살되었다. 그의 1905년 혁명 이래의 주장은 '영구혁명론'으로 불리는데, 이는 러시아와 같은 후진국의 혁명에 있어서는 프롤레타리아 독재가 불가결하며, 또 그것을 유지하는 데에는 세계혁명, 적어도 유럽 제국(諸國)의 프롤레타리아혁명의 지원이 필요하다고 보는 생각으로, 러시아만으로도 사회주의 건설이 가능하다고 주장하는 스탈린의 '일국사회주의론'과 대립하였다. 추방 후 그가 소련 주도의 제3인터내셔널(코민테른)에 대하여 제4인터내셔널을 조직한 것도 이 주장에 입각한 것이다. 주요 저서에 『영구혁명론 Permanent Revolution』(1930) 『배반당한 혁명 The Revolution Betrayed』(1937) 등이 있다.

다. 당대표들은 적대적인 농민들로부터 곡식을 취하기 위하여 농촌에 갔으며 그리고 생산을 독려하기 위하여 공장에 갔다. 당원들은 1918년에 레닌 살해 기도 이후 체제에 대해 알려진 그리고 의심의 대상이 된 적에 대항하여 적군의 테러(Red Terror)를 제도화한 비밀경찰인 체카(Cheka)를 조직하고 이끌었다.

이러한 당원들의 영웅주의와 무자비함은 혁명을 구했고 그리고 당조직에 관한 레닌의 이론과 프롤레타리아 독재에 관한 그의 해석을 옹호하였다. 만일 당이 그러한 전권을 주장하지 않았다면, 내전에서 패배하였을 것이다. 일단 내전이 끝나자 1921년 3월에 크론슈타트 군항 폭동사건[52]과 공산주의자들의 요구와 방법에 대항하는 광범한 반동이 있었다. 그들 이전의 쟈코벵[53]과 마찬가지로 볼셰비키

52) 크론슈타트는 상트페테르부르크 서쪽, 핀란드만 안의 섬에 있는 요새도시로, 발틱함대의 주력기지이다. 혁명 후의 내전과정에서 공산당 일당 지배체제가 강화되는 한편, 경제적 피폐는 그 전년에 이미 절정에 달해 있었으며, 농민은 곡물의 강제할당 및 징발에 불만이 고조되어 몇몇 지방에서 폭동을 일으켰고, 노동자도 상트페테르부르크 등에서 동맹파업을 감행하였다. 이에 자극받은 크론슈타트의 수병과 시민은 3월 1일 비공산당인 여러 당파의 자유로운 활동 등을 요구하는 결의를 1만 5000명이 참가한 대집회에서 채택하였다. 이튿날 임시혁명위원회를 결성하여 '볼셰비키 없는 소비에트'의 슬로건을 내걸고 궐기하였다. 이에 대하여 소련정부는 대규모의 진압부대를 파견하여, 격전 끝에 3월 18일 이를 진압하였다. 반란 측의 약 8,000명은 핀란드로 탈출하였으나, 사망자 600명, 부상자 1,000명을 냈고, 2,500명이 투옥되었다. 정부군 측에서도 약 1만 명의 사상자와 행방불명자를 냈다. 이 사건은 공산당이 전시공산주의에서 네프(NEP : 신경제정책)로 전환하는 계기가 되었다.

53) 1789년 7월 14일 파리의 시민들이 바스티유감옥을 습격함으로써 프랑스 대혁명이 시작되었다. 바스티유 감옥의 함락은 전국적인 농민 폭동의 발생으로 이어지는데 농민들은 자치위원회(Commune)와 민병대를 조직하여 영주의 저택을 습격하는 등 과격한 모습을 보여 전국적으로 '대공포(Grande pear)'가 확산된다. 1789년 8월 26일에 채택된 인권 선언은 '인간과 시민의 권리의 선언'이라는 제목을 가지는데 인류 역사상 인간의 권리를 가장 존엄한 것으로 서술

는 새로운 테르미도르 반동의 위협에 직면한 망명자들과 방데인(Vendeans)의 반혁명[54]에서 살아남았다. 유럽의 다른 모든 곳에서 공산주의 혁명의 실패는 그들의 고립을 가중시켰다. 레닌의 반응은 양보하기로 전술을 변화시킨 것이다. 코민테른의 정책이 엄격한 혁명주의에서 좌익의 다른 정당들과 협력하는 방향으로 바뀌었을 때, 러시아에서 레닌은 좌익의 다른 정당들의 협력뿐만 아니라 붕괴된 경

하였다. 이것은 또한 구체제의 사망 진단서라 할 수 있으며 이 선언을 통해 시민의 권리를 보장하고 자유·평등·박애라는 혁명 이념을 제시한 의의를 지닌다. 10월 5일에는 '10월 폭동'이 일어나는데 봉기한 파리 시민들은 베르사이유궁으로 가서 왕인 루이 16세를 파리 시내로 데려온다. 이 시기에 Jacobin 수도원에서 전체 계층의 사람들이 모인 결사가 이루어지는데 이것이 Jacobin Club의 효시이고 최초로 나타난 정당이라 할 수 있다. 혁명기에 프랑스에 나타났던 정파들은 크게 4개가 있는데 먼저, 초기에 다수를 점유했으며 상층 계급의 친왕당파적 성격을 가진 평원파(Feuillant)가 있고 온건한 지롱드현 출신인사가 주를 이룬 지롱드파(Girond), 혁명을 주도한 자코뱅파로서 과격한 혁명부르조아지로 구성된 산악파(Montagnard) 그리고, 도시의 숙련 수공업자들로 구성된 상퀼로트층이 있었다. 최초는 페이앙파가 정권을 차지했고 다음으로 지롱드파가 권력을 장악하나 이들은 온건적인 성격으로 인해 비판을 받고 곧 물러나게 되고 산악파가 권력을 잡아 상퀼로트와 연합하여 귀족에 대항하는 공포 정치를 실행하였다.

54) 1763년 루이16세의 처형으로 충격을 받은 프랑스 서부 방데지역의 귀족들은 혁명정부에 대하여 반란을 일으켰다. 반란군은 정부군을 격파하는 등 기세를 올렸다. 그러나, 국민총동원령이 선포되고 대군이 징집되어 반란은 진압되게 된다. 1793년 8월 1일 국민공회는 방데 지방의 파괴를 명령했다. 방데 지방의 주민들이 비록 지방자치주의를 표방하긴 했지만 특별한 사람들은 아니었다. 그러나 자코뱅 이데올로기는 그들을 인민의 품 속에서 내쫓으면서 그들을 특별한 사람들로 간주했다. 그리고 이 '비적떼 종족'은 동화될 수 없고, 인민과는 무관한 인민의 적이므로 이들의 생식능력까지 파괴해야 한다고 주장했다. 방데의 학살에서는 젖먹이들도 포함되어 있었고, 여자들은 '생식의 밭고랑'이라는 이유로 학살되었다. 방데 반란군이 한 명이라도 빠져나갈지 모른다는 걱정 때문에 이 지역(방데) 출신 공화국 군인조차도 학살되었다. 약 18퍼센트의 주거지가 파괴되었고, 반란지역 인구의 30퍼센트인 25만 명이 학살되었다.

제를 회복하기 위해 사기업의 입장을 지지하는 몇몇 조처들을 채택함으로써 농민과 기업가들의 협력을 촉구하는 신경제정책으로 되돌아왔다.

역사가들은 레닌이 1924년 이후에 살아남았더라면 러시아에서 무엇이 일어났을 것인가라는 질문을 해본다. 신경제 정책은 확대되었을 것이고 그리고 스탈린 체제를 특징지운 엄격한 전제주의와는 아주 다른 점진적인 유형의 공산주의로 발전했을 것인가? 그러한 모든 역사적 질문과 마찬가지로 이것은 대답할 수 없는 것이다. 레닌이 개인의 권력에 대한 스탈린의 개인적 권력욕에 반대하여 당에게 경고를 한 것은 사실이다. 그러나 심지어 레닌이 생존하고 있는 공산당의 신경제 정책은 그 권력을 확립하고 확대하였다. 1920년대 초기에 야당은 금지되었고, 공산당 자체 내에서 반대하는 분파들과 더불어 청산되었다. 노조들은 재조직되어 정치적 통제 하에 놓이게 되었다. 정치경찰은 여전히 활발히 활동하였다. 따라서 공산주의 정책이 과거에 있었던 것으로부터 현재 남아있는 것으로 일관성 있는 발전을 유지하는 것은 합리적이다 ; 전적인 내부의 충성심과 전적인 외부의 권력을 요구하는 하나의 조직이 바로 남아 있는 것이다. 어떤 다른 것도 전술의 한 변화이다. 그 진정한 신뢰자는 이것에 대해 논쟁할 것이며, 그러나 심지어 그의 믿음조차 이데올로기적 슬로건과 당규율의 힘을 보여주기 위하여 취해질 수 있다.[자료14 참조]

스탈린주의를 고찰해 본다면(32, 33, 34)[자료10c 참조] 동일한 질문들이 다시 제기된다. 러시아에서 스탈린 통치의 오랜 기간은 두 가지 측면을 제시한다. 그 첫 번째 측면은 러시아를 먹이고, 일자리를 주고 그리고 근대화하려는 즉, 마르크스주의의 용어를 사용하자면, 가능한

한 빨리 생산력 전체를 증대시키기 위한 대규모의 성공적인 노력에 관한 것이다. 또한 스탈린주의가 소련 내에서 전례 없는 수준으로 문자해독과 사회부조를 제공하였다는 점이 덧붙여져야 한다. 서유럽의 논평가들은 때때로 러시아 공산주의의 그와 같은 긍정적인 성취물을 무시하였다. 그럼에도 불구하고 스탈린주의의 제2의 특성은 검열, 비밀경찰, 강제노동 그리고 정치적 구금으로 특징 지워지는 전제주의이다. 그 양자 사이의 관계는 어떠한가? 탄압 정책들이 상황의 요청에 따라 강제될 수 있다고 주장할 수 있다. 공업은 압력을 받지 않고서는 급속히 발전할 수 없으며 그리고 도시를 위한 식량과 인력 그 어느 것도 기꺼이 생산하려 하지 않는 농민경제로부터 고립되어서는 전혀 발전할 수가 없었다. 서유럽국가들이 매일 최초의 사회주의 국가가 붕괴하기를 바라는 동안 비판의 자유는 하나의 위험한 사치품으로 보인다는 것이다. 이 시기 동안 러시아가 서유럽에서 산업혁명[55]을 수반했던 변화들과 유사한 새로운 변화를 경험하였으며 또는 심지어 최악의 경우에 스탈린은 표트르 대제(Peter the Great)[56]의 전통적인

55) 영국에서 일어난 산업혁명은 유럽 제국(諸國), 미국 · 러시아 등으로 확대되었으며, 20세기 후반에 이르러서는 동남아시아와 아프리카 및 라틴아메리카로 확산되었다. 이런 의미에서 산업혁명을 광의로 해석하여 농업중심사회에서 공업사회로의 이행이라고 보는 한 산업혁명은 인류 역사에서 아직도 끝나지 않았다고 할 수 있다. 이 광의의 산업혁명은 흔히 공업화라고 부르는 것으로서, 이를 간단히 정의하기는 곤란하지만 물질적 재화의 생산에 무생물적 자원을 광범하게 이용하는 조직적 경제과정이라고 할 수 있다. 따라서 공업화의 기원을 18세기 산업혁명에서 구하지만, 산업혁명은 A.토인비가 말한 바와 같이 격변적이고 격렬한 현상이 아니라 그 이전부터 시작하여 온 점진적이고 연속적인 기술혁신의 과정이라고 보는 것이 지배적이다.

56) 알렉세이의 14째 아들이다. 알렉세이 황제의 후처(後妻) 나타리아의 아들로 태어났는데, 10세 때에 궁중혁명(宮中革命)으로 크렘린궁에서 쫓겨나 모스크

문제에 직면하고 그리고 그 문제들에 대처하는 그의 방법을 모방함으로써 마지막 차르에 불과했다고 주장될 수 있다.

다른 한편 마르크스-레닌주의는 그것이 생겨난 초기 산업화의 비참한 여건으로부터 자유로운 사회적 발전 즉 새로운 역사적 경험을

---

바 근교 프레오브라젠스코에 마을로 이사하였다. 정규 교육이라고는 거의 받지 못하고 자랐으나, 어린 시절부터 총명하고 건강하여, 초인적이라고 할 수 있을 만큼 정력적인 방법으로, 러시아에 주류하던 외국인들로부터 포술(砲術)·조선술(造船術) 등 필요한 지식과 기술을 배워 익혔다. 1682년 이복형(異腹兄) 이반 5세, 이어서 이복 누나 소피아와 병립(竝立)하여 정무(政務)를 보다가, 소피아가 그에 대한 음모를 꾸미다가 실패하자, 1689년 정치의 실권이 그에게로 돌아갔다. 1695년 돈강(江)의 하구(河口)에 있는 터키의 요새 아조프를 공격하다가 실패하자, 많은 외국인 기사(技師)들을 초빙하는 한편 전국의 장인(匠人)들을 소집하여 함대(艦隊)를 편성하고, 이듬해 다시 터키를 공격하여 아조프를 차지하였다.

1697년에는 터키에 대한 서유럽 기독교국들의 동맹 체결이라는 표면적 이유를 내세워 서유럽에 사절단(使節團)을 파견하면서, 자기 자신도 사절단의 일원으로 변장하여 러시아의 군주로서는 최초로 서유럽 각국을 여행하여 견문을 넓히고, 스스로 직공(職工)이 되어 포술·조선술 등을 익혔다. 그의 서유럽 여행은 본국의 총병대(銃兵隊)가 반란을 일으켰다는 급보를 받음으로써 중단되었으나, 귀국 후 즉시 반란을 진압함과 동시에 러시아인의 복장을 비롯하여 수염을 기르는 습관에 이르기까지의 모든 관습·풍속에 일대 개혁을 단행하였다. 1700년 스웨덴과 북방전쟁이 벌어져 21년이나 싸움이 계속되었으나, 니스타트의 화의(和議)로써 잉그리아·에스토니아·리보니아 등을 손에 넣어 러시아가 목적한 바를 거의 달성하였다. 1721년 원로원(元老院)은 그에게 '임페라톨'(황제)이라는 칭호를 보내고, 또 '대제(大帝)'라고 부르게 되었는데, 이로써 러시아의 절대주의왕정이 확립되었다. 1703년부터 네바 하구(河口)의 삼각주에 새로운 수도(首都) 상트페테르부르크(표트르의 도시라는 뜻)를 건설하여, 이곳을 '유럽에 대한 창구(窓口)'로 사용함과 동시에 발트해(海) 지배를 위한 기지로 삼았다. 부국강병책(富國强兵策)으로서 군사·행정·산업·교육·종교 등 각 분야에 걸친 개혁을 단행하였으나, 그 대부분이 즉흥적인 착상에서 나온 것이고, 중심 사상이 결여된 것이었기 때문에 오래 계속되지 못하였다. 그러나 그가 세운 14의 '관등표(官等表)'는 경찰제도와 함께 제정(帝政)이 몰락할 때까지 존속하였다.

약속하였다. 차르주의의 관료적 수단과 농촌 인구의 유출 그리고 공장의 강요된 규율로 복귀함으로써 그것은 좌익의 이데올로기를 배반하고 있지 않았는가? 스탈린 체제하에서 고통을 겪은 모든 러시아인들 중에서 당원들은 수적인 비율에 있어서는 물론 1934년에 시작된 일련의 숙청에 따르는 정신적·육체적 고문 속에서 개인적으로 고통을 가장 많이 겪었다. 당은 당원들의 의식과 러시아 인민들의 생활을 모두 지배하였다. 당은 러시아에서 일어난 것을 기준으로 평가되어야 하며 그리고 도이체(Deuscheur)가 말한 이른바 '끝나지 않은 혁명(the unfinished revolution)'에 대한 부담에 직면하여야 한다.(36) 권력을 장악한 이데올로기적 좌파는 많은 것을 성취했지만 그러나 성취된 것은 약속한 것보다 훨씬 적었다. 이데올로기적 좌파는 유럽, 세계 그리고 아이러니하게도 우익에게 프롤레타리아 독재의 모델을 제공하였다.(44) 그렇게 함으로써 그것은 레닌의 충성스런 계승자로 남아 있다.

양차 대전 사이의 시기에 온건 좌파에 속한 사회민주주의 정부들의 성공과 실패에 대한 논의는 그 활동범위를 정치적 극단주의에 대한 연구로 정의한 하나의 책에 부합하지 않는 것처럼 보인다. 이들 사회민주주의 정부들은 그러나 몇 가지 이유로 주목을 받을 만하다. 그 정부들은 심지어 온건파 좌익이 19세기에 하나의 정부를 형성하지 않았기 때문에 20세기 유럽정치에서 하나의 새로운 현상을 제시하였다. 그들의 실패는 왜 의회민주주의가 붕괴하였는지를 설명하는데 도움을 주었다. 그들은 또한 볼셰비키혁명이 유럽에 미친 영향을 보여주었다. 그들이 권력을 장악하거나 권력을 분담하는 모든 곳에서, 이러한 정당들은 잔인한 딜레마에 직면하였다. 만일 그들이 급진적으로 좌익의 정책들을 채택했다면, 사회민주주의 정부들은 우익으로부터의 반발을 불러일으켰을 것이다. 만일 사회민주주의 정부들이 노동운동을 탄압했다면 그들은 사회적 파시스트(Social Fascists)로서 급진 좌파의 조소와 증오를 자극하였을 것이다. 그들의 딜레마는 20세기의 가장 중요한 문제의 하나이다. 진보하고 변화하기 위해 그리고 동시에 보존하기 위해서뿐만 아니라 방어하기 위한 시도를 하면서 사회민주주의 정부들은 위기의 시대에 의회민주정치의 장점과 폐단 양자 모두를 보여주었다. 그 정부들은 아마도 인내와 냉철한 용기의 어떤 우수성에 대한 많은 칭찬을 받을 자격이 있다. 또한 그 정부들이 일부의 급진파들에게 절망의 대상이 되고, 다른 이들에게 경멸의 대상이 된 이유를 살펴보는 것은 가능하다.

독일은 다시 한번 그러한 경향의 명확한 실례를 제공하였다.(35) 제국의회 안에서 가장 큰 단일 정당으로 사회민주주의자들은 독일제국의 남아있는 유산수령자로서 1918년 일차대전 휴전협정 체결 전야에 권력을 떠맡았다. 그들의 첫 번째 결정은 자신들이 직면한 문제의 성격을 드러내는 것이다. 의회정치의 존속을 받아들임으로써 사회민주주의자들은 독일공산당의 결성을 촉진시키고 그들 자신을 좌파의 적으로 만들었다. 그러나 베르사유조약을 수용함으로써, 그러한 결정이 불가피했을 지라도, 그들은 민족주의적 우익의 불만을 초래했다. 전통적으로 독일정치의 배후세력인 군부는 그 시기의 대안이 공산주의혁명인 것처럼 보였기 때문에 사회민주주의들을 지지하였다. 그 대신에 사회주의자들은 베르사이유 조약에 의해 공식적으로 아무것도 아닌 존재로 전락한 군부로 하여금 히틀러의 권력장악 때까지

10년 동안 독립된 정치적 존재로 존속하도록 허용하였다. 그 사이에 사회민주주의자들은 우익을 더욱 고립시킬 지도 모르는 세금인상계획의 위험을 무릅쓰기보다는 인플레이션이 가속화되는 것을 방치하면서 급진적인 정책을 삼갔다.

사회민주당은 청년 조직원들로 구성된 일종의 자체 방위 조직인 '제국 깃발'(Reichsbanner)을 만들었다. 그러나 사회민주당은 그 조직을 오로지 방어용으로만 생각하였다. 즉 나치당이 헌정을 파괴할 때 사회민주주의자의 어려움은 전적으로 그들 자신이 초래한 것이 아님은 명백했다. 사회민주당은 또한 중도좌파연합에서 보다 큰 역동성을 보여주거나 또는 더 큰 성공을 맛보지 않았다. 독일 사회민주주의는 분명히 급진적이지 않았다. 한 역사가의 표현에 따르면 사회주의의 내적인 발전은 세 가지의 중요한 특성 즉 보스화(bossification), 고착화(ossification) 그리고 부르주아계급화(bourgeosification)를 보여주었다.(35) 이러한 비영웅적인 미덕들은 그 여러 해 동안 특히 견고한 파업적 행동이 히틀러의 뮌헨 시위[57]를 고립시키는데 도움을 주었더라면 바이마르 공화국을 유지하는데 기여할 수 있었을 것이다. 그러나 1929년 사회민주주의자는 경제위기에 대한 해결책으로 복지혜택 축소를 지지하기보다는 오히려 연합정부로부터 발을 뺌으로써

57) 전후의 혼란 속에서 나찌를 부추긴 결정적인 계기가 된 것은 1923년 독일의 전쟁배상 지불이 이행되지 않은 보복조치의 일환으로 프랑스군이 독일공업의 심장부인 루르지방을 점령한 사건이었다. 이미 상당한 추종자를 확보한 나찌들은 굴욕적인 항복을 한 바이마르 정부를 격렬하게 비판했다. 나찌 행동대인 '갈색셔츠단(SS)'은 무솔리니의 로마진격을 모방하여 1923년 뮌헨에서 맥주홀 폭동을 일으켰다. 이는 실패로 끝나고 히틀러는 체포되어 5년형을 선고받았으나 1년도 못되어 석방되었다. 바이마르 공화국의 무능과 극단적인 보수파가 히틀러를 지지하고 있었기 때문이다.

공화국의 파멸을 초래하는데 일조하였다. 그들의 현실외면은 히틀러가 수상으로 등장하게 되는 대통령제 정부의 비상사태 시기로 이어졌다. 1932년 프로이센의 사회민주주의 주 정부는 비록 청년 조직원들로 구성된 '제국깃발'의 군사적 조직화를 촉구하려고 노력하였을 지라도, 무력 위협에 굴복하여 폰 파펜(von Papen)에 의한 그 단체의 해산을 받아들였다. 그러면서도 제국깃발을 권력에 복귀시키기 위하여 다가오는 선거에 기대를 걸었다. 1933년에 사회민주당은 여전히 700백만에 달하는 지지표를 얻었고 그리고 상당한 정도의 완고한 영웅주의를 보이면서 수권법과 나치 전제정의 확립을 위해 찬성투표를 강요한 모든 공개적인 압력에 저항하였다. 사회민주당원들은 추방 또는 강제수용소로 쫓겨나게 되었다.

독일 사회주의자들이 달리 무엇을 할 수 있었겠는가? 선거에서 일정한 수의 지지자들을 확보했지만 그러나 민주주의적 방법으로 나치를 격퇴하기에는 충분하지 않았다는 것을 보여주는 통계는 이미 인용되었다. 알렌은 탈부르크시에서 사회민주주의자의 자체 방위 조직인 '제국깃발'의 전투성을 강화하려는 어떠한 시도도 사회민주주의와 공산주의에 대한 인민의 혼동을 확인시켜주고 그리고 대중이 우익에 대거 가담하는 것을 강화하는데 기여하였음을 보여준다. 공산주의자들이 독일에서 적극적으로는 물론 소극적으로도 사회민주주의의 실패에 크게 기여했다는 것은 유럽의 민주주의를 파괴시키고 있었던 세력들이 누구인지를 아이러니컬하게도 설명해준다.

이미 지적된 바와 같이, 이웃인 오스트리아에서 유사한 세력들이 활동하고 있었다.(47, 68) 사회민주주의자들은 일차대전 이후 정부를 별 어려움 없이 형성했다. 그들은 공산주의 좌익의 숙청과 뒤이은 공격을 경험하고 그리고 베르사이유조약의 굴욕적인 조건들을 자신들이 수용한데 대한 우익의 분개를 자극할 정도로 충분히 오랫동안 집권하였다. 그러나 빈의 사회민주주의자들은 베를린의 사회민주주의자와 비슷한 확고한 위치를 누렸고, 무장 세력과 민간 준군사단체인 슙츠분트(Schutzbund) 양자 모두를 이용하였다. 빈의 사회주의는 확실히 급진적이었다. 노동자를 위한 교육 및 주택 공급 프로그램에 자금을 조달하기 위해 자산가와 은행 및 기업들에 세금이 부과되었다.

대체로 농촌인 오스트리아에서 빈과 몇몇 다른 도시들은 카톨릭 보수주의라는 검은 바다에 떠있는 붉은 섬과 같았다. 기독교 사회주의자들은 보다 광범한 추종자를 가졌고 그리고 극우 준군사단체인 하임베어단은 슬럼가의 인간청소와 전혀 관계가 없는 하나의 과정에 의해 빈을 청소하기를 약속하면서 지방에서 조직원을 충원하였다. 1929년에서 1934년까지 이 상황은 이 책의 시작 부분에서 설명한 바와 같이 비극적인 투쟁으로 악화되었다. 빈은행(Creditanstalt)의 파산과 더불어 시작된 그 가장 위험한 국면인 유럽의 경제위기는 노동계급의 생계와 복지에 위협이 되는 정부정책을 초래했던 것이다. 국경을 넘어선 나치즘의 성공적 대두는 우파의 극단주의 분위기를 경쟁적으로 조장하였다. 기독교 사회주의자 돌푸스(Dollfuss)는 아마도 그가 민족통합을 호소할 때 첨예한 투쟁 속에서 온건파로 보이는 것을 목표로 하였다. 그러나 그의 조처는 좌익의 요새에 대한 공격으로 보였다. 그는 철도역을 점거하고 철도원 사이의 임금과 연금을 삭감함으로써 촉발된 파업을 분쇄하라는 명령을 내리면서 계속해서 준군사 단체를 해체시키고, 노동조합에 대한 정부통제를 주장하고 그리고 빈의 자치권을 폐지하였다. 하임베어단은 최초로 린쯔(Linz)에서 사회주의에 타격을 가하기 위해 이 정책들을 이용했다. 빈 사회주의들은 이제 파괴된 자신들의 합법적인 지위에 대한 모든 희망을 걸면서 총파업을 촉구하였다. 그 결말은 이미 설명한 바가 있다. 권력을 잡은 좌파는 우익에 저항하기가 마땅치 않음을 다시 알게 되었다.

이 시기 동안 영국노동당의 운명은 덜 극적이었지만 그러나 마찬가지로 불명예스러웠다. 두 내각이 통치한 기간은 자유주의자 연합내각의 좌절 아래 갑자기 끝이 났다. 첫 번째 내각 시기에 공산주의자에 의한 정부의 온건책에 대한 비난은 먼저 그 연합정부의 체념과 뒤이은 1924년 선거의 패배를 야기시켰다. 두 번째로 실업 혜택을 감소시키기 위해 독일사회주의자들이 내세운 것과 유사한 요구는 내각과 당의 분열을 초래하였고 그리고 보수주의자들과의 민족연합에 가담하려는 내각 지도자들의 결정을 초래하였다. 재정정책에서 정통파들보다 더욱 전통적이었던 필립 스노우던(Philip Snowden)[58]과 당내 투쟁을 종식시키려는 열망에서 부르주아지보다도 더욱 부르주아적이었고 그리고 거의 귀족적인 자신의 사회적 야망을 지녔던 람제이 맥도날드(Ramsay Macdonald)는 이러한 항복에 대한 좌익의 비판에 정면으로 맞섰다. 그들의 반론에서, '그들이 다른 어떤 무엇을 할 수 있었는가?'라는 동일한 질문이 제기될 것이다. 그들은 사회주의를 존경받을 수 있도록 만들려고 노력하였고 그리고 지속될 예정이었던 주택정책을 도입하였다. 영국의 공식적 좌익을 더욱 전투적으로 만든 것은 장기적으로 볼 때 제2의 주요 정당으로서 영국노동당의 출현을 여전히 더욱 지연

58) 필립 스노든(1864~1937)은 영국 정치가로서 재무상을 지냈으며 자유무역주의를 주장하였다.

시켰다. 단기적으로는, 공식적 좌파는 1926년의 총파업 동안 좌・우 양측에서 그들 자신들을 이미 분명히 구분하였던 정치적 극단주의에 대한 경향들을 보다 폭력적으로 자극하였다. 그 온건화를 통해 노동당은 영국에서 민주주의를 강화하는데 기여하였다.

프랑스에서 좌파는 영국에서 여태 발생하였던 것보다 극단주의에 더욱 근접하였을지라도, 사회주의 운동과 의회주의 공화국 양자의 안정을 여전히 유지한 특이한 노선을 취했다. 1920년 뚜르 전당대회(Congress of Tours)에서 프랑스 좌파는 코민테른에의 가입문제를 둘러싸고 분열되었고 그리고 공산당이 창건되었다. 다음 해 공산주의자들은 유사한 방식으로 노조운동을 분열시켰다. 프랑스 공산주의운동의 특별한 성격은 이미 언급한 바 있다. 의회주의적 사회주의자들은 젊은이에 대한 연장자의 우세 그리고 급진주의에 대한 신중함의 우세를 보여주었다. 급진주의는 프랑스의 정치적 중도파의 명칭이었으나, 역사가들이 보기에 그것은 1924년 연합내각을 형성한 좌익카르텔(Cartel des Gauches)로 설명하는 오류를 범하는 것일 수 있다. 좌익카르텔은 자본의 도피와 부르주아적 국민블록(Bloc national)의 회복을 제외한 어떤 것도 성취하지 않은 급진사회주의 그룹이다. 프랑스 보수주의자들도 연립내각이 유지하는데 어려움이 있고 내란의 가능성이 상존하고 있는 상황에서 마찬가지로 신중하였다.

1930년대에 우익의 극단주의는 이미 설명한 상황 가운데서 파리의 거리들에 나타나게 되었다. 왕당파(Camelots du Roi), 애국청년단(Jeunesse Patriotes) 그리고 불의 십자가단(Croix de Feu)이 그들 사이에서 좌파만큼 분열되어 있었을지라도 이들의 권력은 역사가들에 의해 논의되어 왔다. 프랑스인의 조심성은 이른바 그 변덕스러움과 마찬가지로 중요한 하나의 민족적인 특성인데 잠재적인 도전에 직면하여 좌익에서 다시 나타났다. 1936년 선거에서 인민연합(Rassemblement Populaire)은 급진파는 물론 공산주의자들의 지지를 받으면서 사회주의자인 레옹 블룸(Leon Blum)의 주도 하에 내각을 구성하게 되었다. 이 인민전선은 적극적인 좌파동맹이라기보다는 소극적인 좌파동맹이었으나, 그것은 그 당시 노동노합회원 수의 증가에서 나타나듯이 노동계급의 단호한 의지를 반영하고 있고 그리고 노동 분야에서 긍정적인 성과를 달성하였다. 마티뇽(Matignon: 수상관저)협약은 고용주의 단체협상권 인정, 즉각적인 7%~15%의 임금인상 그리고 주당 40시간노동제를 보장하였다. 마지막의 주당 40시간노동제를 제외하고는 이러한 개혁들은 인민전선이 붕괴한 이후에도 살아 남아있다. 인민전선 이전과 마찬가지로 그 이후의 경우에도 프랑스 노동운동은 최초의 통합을 달성하였을 때 그 스스로가 성취할 수 있었던 것을 보여 주었다.(7)

프랑스에서 파시즘동맹은 불법화되었다. 그러나 그때부터 인민전선의 성과는 끝이 났다. 자본 및 금의 새로운 국외유출이 뒤이었고 그리고 상원은 그것을 막을 수 있는 힘을 수상인 블룸에게 부여하려하지 않았다. 블룸은 급진파의 행동과 우익의 새로운 정치적 활동 사이에서 진퇴양난에 처했다. 더욱 적절하게도, 아마도, 그는 한 자본주의 사회에서 권력을 잡고 있는 좌익을 규칙적으로 쇠약하게 만든 하나의 상황 즉 금융계가 보여준 신용부족에 직면하였다. 몇몇 다른 사회주의 온건파와 마찬가지로 그 이전과 이후에 그는 자신의 사회개혁 강령의 실천을 주저하였고 그리고 프랑화를 평가절하 하였다. 외교정책은 그를 유사한 딜레마에 빠뜨렸다. 그의 좌익 지지자들은 에스파니아 내전에서 사회주의적 공화국의 편에 개입하도록 그에게 촉구하였다. 중도파는 내전개입을 관용하지 않을 것이었고 그리고 영국의 국민정부는 블룸과의 관계를 단절하였고 파시스트 유럽에서 프랑스 인민전선정부를 고립된 채로 남겨두었다. 블룸은 사임하였다. 인민전선은 성공한 측면도 있다. 정말로 그것은 내란으로부터 프랑스를 구하였을지도 모른다. 그러나 인민전선은 권력을 장악하고 있는 온건파 좌익의 모든 문제에 직면하였고 그리고 그 문제들에 의해 압도당하였다. 그 때부터 프랑스 좌익과 아마도 몇몇 영국 보수주의자들은 블룸보다는 히틀러가 더 낫다고 속삭였다. 1939년에 공산주의자들은 독소불가침협정[59]을 뒤이은 혁명적 패배주의(revolutionary defeatism)라는 새로운 정책을 시작하였다. 이 변화는 왜 프랑스가 1940년에 독일군의 손에 넘어갔는지를 설명하는데 도움이 된다.

왜 무정부주의적 전통이 에스파니아에서 성공했는가에 대한 단순한 설명은 파악하기가 어렵다. 제임스 졸(James Joll)(42)은 에스파니아 무정부주의의 성공 이유를 적은 리스트를 만들었다. 이 책의 앞에서 20세기 초 에스파니아의 후진적인 상태에 특히 관심을 가졌는데, 이러한 후진적 상태는 이탈리아와 러시아가 공통으로 지니고 있던 것이었다. 농민의 빈곤은 낡은 봉건체제 하에서는 매우 극심하였다. 노동계

59) 제2차 세계대전이 일어나기 1주일 전인 1939년 8월 23일 모스크바에서 독일과 소련 사이에 조인된 양국간의 상호불가침조약. 모두 7개항으로 된 이 조약의 체결은 대외적으로 큰 반향을 초래하였다. 양국은 조약의 유효기간을 10년으로 정했으나, 독일은 1941년 6월 이 조약을 파기하고 소련을 침공하였다. 사실상 소련은 독일의 침공이 결국에는 불가피한 것으로 예측했으면서도 이 조약을 체결, 그들 나름대로의 이득을 보았다. 즉 이 조약을 통해 1년 반 사이에 독일의 침범에 대항하기 위한 준비를 했으며, 이어 반침략전쟁을 승리로 이끌기 위해 반파시즘 통일전선을 준비한 것이다.

급의 분파들은 가장 초보적 조직형태 하에서 산업화과정에 직면하였다. 그러한 상황은 더욱 진보된 국가들의 의회주의적 사회주의나 또는 심지어 공산주의보다도 덜 정교한 하나의 사회저항 유형을 만들어낼 것으로 생각될 것이다. 에스파니아의 무정부주의는 교회가 엄청난 세속적인 부와 권력을 지속적으로 장악하고 있었기 때문에 철저히 반교회적이었다. 마드리드에서 파견된 지방 정부를 의심하고 분노하는 카탈로니아와 안달루치아의 분리주의적 지역주의가 또한 있었다. 그 충분한 설명이 무엇이든 간에, 무정부주의자의 경제적 · 정치적 행위는 에스파니아에서 19세기에 시작되었고[60] 그리고 1909년의 비극적 주간(semana tragica) 동안 바르셀로나에서 격렬하게 표출되었다.

무정부주의자의 행동은 에스파니아 내전[61]에서 다시 나타났다. 이

---

60) 에스파니아는 16세기 이래 왕정 하에서 귀족, 교회 등 대토지 소유자의 전제적 지배가 행해져 국민의 대다수는 빈곤을 면치 못하고 있었는데, 세계 공황에 직면하여 민중 사이에서 반왕정적인 움직임이 높아져 1923년 이래의 푸리모 데 리베라(Primo de Rivera)의 독재 정치는 붕괴되고, 1931년 부르봉가의 왕정은 폐지되어 공화국이 되었다. 그러나 공화국 정부는 농민의 요망에 반하여 토지개혁을 실시하지 않았으며, 대토지 소유가 지속되었기 때문에 악화된 민중의 불만을 배경으로 좌우 양측이 격렬하게 충돌하였다. 1936년 2월 선거에서는 좌익 정당에 의한 인민전선이 승리하여 아시냐를 수반으로 하는 인민전선 내각이 성립하였다.

61) 에스파니아내전은 1936년 2월 19일 에스파니아 제2공화국의 인민전선(人民戰線) 정부가 성립된 데 대하여 7월 17일 군부를 주축으로 하는 파시즘 진영이 일으킨 내란이다. 좌익의 인민전선 정부는 정교(政敎) 분리 · 농지개혁 등의 정책을 내걸고 중산계급 · 노동자 · 농민의 지지를 얻었다. 이에 반대하는 교회 · 대지주 · 대자본의 지지를 얻은 군부 · 왕당파 · 우익 정당 진영은 프랑코 장군의 지휘 하에 모로코 주둔군을 선두로 하여 군사반란을 일으켰다. 반란군에는 독일 · 이탈리아가 군사 원조를 하였고 프랑코군측 지역에서는 공화국에 반대하는 세력이 크게 확산되었으며, 교회는 프랑코군을 '신(新)십자군'으로서 지지하였다. 공화국측에서는 노동조합을 중심으로 시민군이 결성되어 방위의 주력이 되었으며, 파시스트 재산의 몰수 · 공공사업의 정부통합 등 사회 개혁

기회에 좌익의 대두는 우익의 활동에 대한 하나의 반작용이었다. 공화국의 급진파 및 사회주의자의 연합정부에 대항하는 프랑코 장군의 반란은 바르셀로나의 무정부주의자들을 자극하여 그들 자신의 혁명으로 나아가게 하였다. 그 반란은 조르쥬 소렐이 폭력을 촉구할 때까지 살아남았다.[자료13 참조] 교회들은 불태워졌고, 감옥문은 열렸고, 500명이 죽고 3,000명이 부상당한 것으로 추정되었다. 중간계급 사람들은 프롤레타리아로 보이기 위해 자신들의 모자와 넥타이를 벗어던졌다. 뒤이은 무정부주의 체제는 조지 오웰[62]의 '카탈로니아에 대한

---

이 급속도로 진행되었고, 9월 4일 사회당 좌파의 라르고카바예로가 수상이 되었다.

독일 · 이탈리아 · 포르투갈은 프랑코군 원조를 계속하였고, 영국 · 프랑스는 불간섭이란 이름 아래 공화국으로의 병기(兵器) 수출을 거부하였다. 독일 · 이탈리아에 대항하여 소련은 병기를, 그리고 코민테른은 국제의용군을 보내어 공화국을 도왔다. 공화국 내에서는 사회당 좌파와 무정부주의자들이 항전을 사회혁명의 실현으로써 추진하였으며, 소련의 원조를 배경으로 하여 세력을 확대하였던 공산당은 민주주의 옹호를 주장하는 등 인민전선 내의 대립은 격화하였고 무력 충돌이 빈발하였다. 한편 프랑코 장군은 1937년 4월 19일 교권정치 부활을 주장하는 카를로스당(黨)과 협동국가를 내세우는 팔랑헤당을 통합하여 전선 배후의 지배를 확립하였다. 1939년 1월 26일 바르셀로나는 프랑코군에게 점령되었고, 영국 · 프랑스는 2월 27일 프랑코 정권을 승인하였다. 3월 23일 마드리드에서 프랑코군과의 화평을 요구하는 반공 쿠데타가 일어났으며, 28일 프랑코군이 마드리드에 입성함으로써 내란은 끝나고, 프랑코 체제가 성립하게 되었다.

62) 조지 오웰의 본명은 블레어(Eric Arthur Blair)이다. 인도 출생으로, 하급 관리의 아들로 태어나 얼마 안 되어 영국으로 돌아왔다. 1911년 수업료 감액의 조건으로 사립 기숙학교에 입학, 그 곳에서 상류계급과의 심한 차별감을 맛보았다. 장학금으로 이튼학교를 졸업하였으나 진학을 포기하고, 미얀마 경찰관이 되었다가 식민지악(植民地惡)을 통감하고 사직, 1927년 유럽으로 돌아와서 불황 속의 파리 빈민가와 런던의 부랑자 생활을 실제로 체험하였다. 처녀작 르포르타주 『파리 · 런던의 바닥생활』(1933)에 이어서 식민지 백인 관리의 잔혹상을 묘사한 소설 『버마의 나날』(1934)로 인정을 받았다. 그 후에 사회주의로 전향

경배 (Homage to Catalonia)'(20)에서 따온 몇 글귀들로 유명하였다. 노동자들은 공장들을 접수하고 그리고 소상인들을 노조에 가입시켰다. 도시 밖에서 집단농장을 확립하려는 시도가 공산주의자들이 러시아에서 직면한 것에 버금가는 농민의 저항에 직면하였으나, 바르셀로나 내에서 공산주의 이상의 것이었다.

소련의 지도 하에 무정부주의자들은 민족주의적 우익에 대항하여 공화국을 수호하기 위해서 인민전선에 가담하였다. 그러나 무정부주의자들은 인민전선 내부에서 그들 자신들의 규범을 강요하려 하였다. 유럽 정부들 중에서 소련의 공화국에 대한 지원은 자신들의 주장을 강화시키는 하나의 강력한 요소였다. 무정부주의자들은 법률을 신경쓰지 않고 행동하였다. 유명한 무정부주의 투쟁세력인 '두루티 칼럼'(Durruti's Column)은 마드리드의 방어를 위해 소환되었을 때 공화국정부로부터 명령받기를 거부하였다. 사실 그것은 프랑코의 대포와 처음으로 대면하였을 때 행동을 취하기를 전적으로 거부하였다. 전쟁과 민족주의자의 약진에 직면하여 무정부주의자들은 마지못해 각료직을 받아들였지만 그러나 온건파, 공산주의자 그리고 무정부주의적

---

하게 되었으며, 1937년 말경 에스파니아로 건너가 공화제측의 의용군에 투신하였고 바르셀로나 전선에서 부상당했다. 좌익 내부의 격심한 당파 싸움에 휘말렸다가 박해를 벗어나 귀국하였는데, 이 환멸의 기록이 『카탈로니아 찬가 Hamage to Catalonia』(1938)가 되었다. 1944년 러시아 혁명과 스탈린의 배신에 바탕을 둔 정치우화 『동물농장 Animal Farm』으로 일약 명성을 얻게 되었으며, 지병인 결핵으로 입원 중 걸작 『1984년 Nineteen Eighty Four』(1949)을 완성하였다. 이것은 현대 사회의 전체주의적 경향이 도달하게 될 종말을 기묘하게 묘사한 공포의 미래소설이다. 그의 공적은 주로 당대의 문제였던 계급의식과 성실·선예(先銳)의 대립을 풍자하고 이것을 극복하는 길을 제시하였으며, 또 일찍이 스탈린주의의 본질을 간파하고 거기서 다시 현대사회의 바닥에 깔려 있는 악몽과 같은 전제주의의 풍토를 작품에 정착시킨 점에 있다.

좌익의 동맹은 오래 지속되지 않았다. 1937년 5월 3일 바르셀로나에서 투쟁의 발발에 대한 책임은 공화국정부의 편에서 행동 중인 두루티[63]의 죽음에 대한 책임만큼이나 모호하고 논쟁적이었다. 프랑코의 요원들은 한편으로 공화파와 공산주의자들 사이에서 그리고 다른 한편으로 무정부주의자들과 트로츠키주의자들 사이에서 이미 끓어오르는 투쟁을 자극하면서 바르셀로나에서 활동 중이었을 것이다. 일주일 간의 투쟁에서 무정부주의자들은 패배하였다. 400명이 죽고, 1,000명이 부상당하였다. 공화국정부 내의 공산주의자들의 권력은 커졌고 그리고 그들은 분열된 좌익에 대한 탄압을 요구하였다. 그래서 그 자체로서 용어상 하나의 모순이었던 표현인 '권력을 장악하고

---

63) 두루티는 북에스파니아의 작은 도시 레옹에서 출생하여 철도 선로 노동자로 일하면서 소년기와 청년기를 보낸다. 무정부주의자들로 구성된 노동자국민연합(CNT)에 가입하여 적극적인 노조활동을 하다가 1917년 총파업 사태 이후 경찰에 쫓기는 몸이 된다. 그 후 파리로 망명하여 완전한 직업혁명가로 변신, 파업현장에 선동가로 등장한다. 물론 그는 이론적 선동가로만 머문 것이 아니라 실천적 행동가로 더 많이 활동했다. 여러 번 체포되어 수감생활을 하였고, 한 번은 에스파니아에서, 한 번은 칠레, 또 한 번은 아르헨티나에서 세 번이나 사형 언도를 받기도 했다. 그의 삶 자체가 고난의 연속이었다. 이러한 현실체험 속에서 그는 에스파니아의 1936년 혁명에서 중요한 혁명투사가 되었다. 바르셀로나가 완전히 노동자의 수중에 들어온 후에도 그는 한 지역의 노동자 해방에 만족하지 않고 사라고사를 장악한 에스파니아 파시즘의 대부였던 프랑코와 투쟁하기 위해 원정을 떠난다. 그러나 그는 사라고사의 경계선에 위치한 아라곤 지역의 전투에서 '의문의 죽음'으로 서른다섯의 나이로 노동자의 모범적 삶을 마감한다. 이 소설의 마지막 장면에 해당하는 '후세대'는 살아남은 그의 투쟁동지들이 각국에 흩어져 가난하지만 성실하게 살아가고 있는 모습을 감동적으로 그리고 있다. 현재 그의 무덤은 바르셀로나 교외 한 공장의 그늘진 구석에 초라하게 자리잡고 있다. 석공은 비석에 그의 이름을 조각해 넣지 못했다. 그러나 자세히 들여다보면 어떤 사람이 작은 칼로 서투르게 '노동자의 해방을 위해 젊음을 바친 두루티'라는 글귀를 새긴 것을 볼 수 있다.

있는 무정부주의'는 붕괴하였다. 그 상황은 빈 사회주의자들의 패배 상황을 닮았다. 그러나 이 경우에 패배 초래자는 좌익 자신들이었다.(42, 65)

이것은 권력을 장악하고 있는 좌익의 이야기 전체를 일관되게 설명하기 위해 제시되어 온 주제이다. 권력을 장악하고 있는 사회주의는 노동계급과 이데올로기적 좌익의 의지와 요구를 반영하는 정부들을 유럽 역사에서 처음으로 수립하려고 시도하고 있었다. 단지 이 과업은, 한 세기 또는 그 이상 동안 경제력과 정치권력을 행사하였던 사회집단들의 노련한 적대감에 직면하여 그들의 무경험이 적나라하게 노정되었기 때문에 성과를 거둘 수가 없었다. 공산주의자들은 이 문제에다가 좌익에서의 피비린내 나는 투쟁을 약화시키는 효과를 덧붙였다. 공산주의자들은 무정부주의를 파괴하였고 그리고 온건파 노동운동의 권위를 약화시켰다.

사회주의가 다른 곳에서 정권을 장악하는데 실패하고 있는 동안 공산주의자들은 러시아에서 하나의 국가를 건설하였다. 러시아에서 공산주의자들의 성공은 좌익을 주도하려는 그들의 주장의 근거가 되었다. 거기서 그들의 방법은 그 최종적인 형태에서 하나의 비타협적인 전체주의였다. 이러한 정부 형태는 독재정권들에게는 하나의 모델이 되었고 그리고 권력을 잡고 있는 우익에 의해 모방되었다.

## 제7장 권력을 장악한 우익

양차 대전 사이의 시기가 역사 속의 일로 잊혀져 가고 있었을 때 역사가들은 이탈리아 파시즘이나 심지어 독일의 나치즘 그 어느 것도 공산주의 러시아의 전체주의만큼이나 철저하게 광범위한 전체주의를 실행하지 않았다는 것을 강조하는 경향이 있어왔다.(58) 이것은 분명히 관점과 경험 사이의 차이의 문제이다. 이 정권들 중 그 어느 것을 살아서 경험하였던 평범한 시민 집단에게는 그리고 특히 지배 정당의 희생자들과 그 비판자들에게는 이데올로기의 이름으로 수행되고 그리고 지배자들의 이해관계 속에서 수행되었던 잔학행위들은 말할 것도 없이 자유가 없었고 또한 경찰과 당의 영향력만이 전역에 미쳤다는 사실은 하나의 침울한 광경을 묘사해주고 있음에 틀림없다. 역사가들에게는 어떤 차이가 분명하게 있을 것이다. 러시아 공산주의는 광대하고 후진적인 한 나라를 통치하였으며 대체로 문맹인 사람들이 피동적으로 익숙했던 차르 체제의 전통적인 관료주의 방법을 이용하였다. 의회주의 통치의 기원이 동유럽 국가들에서 시간적으로 더 오래되지는 않았을지라도 이탈리아는 이들 국가들보다 훨씬 더 다양하고 폭발하기 쉬운 사회였다. 독일은 목소리를 내는 사회의 다수의 압력 집단이 침묵을 지킬 수 없고 그리고 민중의 위임통치를 기반으로 집권하여 거기서 정권을 유지하려 한 체제에 의해 전체적으로 무시될 수 없는 진보된 사회였다.

무솔리니는 레닌이 '프롤레타리아 독재'라는 슬로건 아래 궁리해 내었던 것과 같은 정치적인 전략은 부족했다. 집권으로 나아가는 그의 괴짜같은 행보 뒤에는 일관된 계획도 없었으며 정당의 규율조차 없었다.(7, 46, 49)[자료6 참조] 붉은 공산주의와의 전쟁이 파시즘을 의회의석을 보유하는 민중정당으로 만든다는 무솔리니의 첫 개념은 온건사회주의 정당과 가톨릭 정당과의 연합을 이루는데 있었던 것처럼 보인다. 지역의 우익연대단(squadristi)과 그 후원자들은 무솔리니에게 민족주의 블록을 지향하도록 요청하였다. 그는 로마행진 이후에 우유부단한 모습을 보였다. 무솔리니는 로마행진의 첫 기념행사 때 즉흥적인 연설을 하면서 자신이 정권을 유지할 수 있는 기간을 5년으로 언급하였다. 그 이후 그는 말을 중단하였다가 그 수치를 60년으로 고쳐 말하였다(46)

1924년에 민족주의블록은 그 행동이 경찰에 의해 무시당한 파시스트 민병대(militia)의 적극적인 개입으로 수행된 한 선거에서 의회 의석의 2/3를 얻었다. 의회가 소집되었을 때 사회주의자 의원인 마테오티(Matteotti)[64]는 이용된 그 방법들에 반대하여 용감하게 그리고 격렬히 이의를 제기했다. 수일 이내에 그는 실종되었으며 거의 확실히 파시스트들에 의해 살해되었던 것으로 보였다. 로마 군중이 화가 나 무솔리니 자택의 창문 아래서 시위를 하였다. 수상은 동요되는 것처럼 보였고, 보다 광범위한 세력에 토대를 둔 내각을 약속하였으며 불법적인 정치적 행위를 금지할 것을 약속하였다. 이 시점에서 지역 파시스트 지도자들은 무솔리니에게 새로운 정치폭력의 위협을 가하도록 시켰다. 무솔리

64) 마테오티(Giacomo Matteotti 1885~1924)는 이탈리아의 반파시스트이며 개량적 사회주의자였고, 포레시네에서 출생하였다. 볼로냐대학에서 법률을 전공하였으며, 포레시네의 농민문제로 사회주의운동에 참가하였다가 제1차 세계대전 때 반전운동으로 투옥되었다. 1919년 사회당 국회의원이 되었으며, 1922년 사회당의 분열로 우파계의 통일사회당으로 옮겨 1924년 서기장이 되었다. 1923년 『파시즘 지배의 1년』이라는 실태조사서를 출판하였으며, 1924년 5월 의회에서 파시스트가 자행한 하원선거 부정행위와 폭행·공갈의 실상을 폭로하는 연설을 하였다. 1924년 6월 10일 납치되어 행방불명되었고, 2개월 후 사체가 로마교외에서 발견되자 파시즘을 규탄하는 여론이 높아져 정부와 파시즘을 붕괴의 위기로 빠뜨리는 이른바 <마테오티의 위기>를 초래하였다. 그의 죽음은 제2차 세계대전 후 실시된 재심재판에서 파시스트의 범행임이 판명되었다.

니는 이미 발생했던 폭력에 대한 공적인 책임을 받아들인다고 발표하면서도 권력이 파시즘의 본질을 유지시킨다고 주장하였다. 정부는 온건파를 몰아내었다. 극단주의자 로베르토 파리나치(Roberto Farinacci)는 민족파시스트당의 총서기가 되었으며, 비의회적인 전체주의 체제의 발전은 더 이상의 방해를 받지 않고 진전되었다.

무솔리니는 히틀러와 스탈린이 그들의 리더쉽을 강화하였던 것과 같이 그의 정당 내부에서 숙청을 시도하지는 않았다. 그는 또한 자신의 첫 임명을 받아들였던 왕의 수중에 실질적인 권력을 남겨두었다. 1943년에 비록 파시즘이나 군주정 그 어느 것도 그의 몰락을 여러 달 더 지탱시킬 수 없었을지라도 왕에게 그를 제거할 권위를 부여한 것은 파시스트 대위원회(Fascism Grand Council)의 불신임 표결이었다. 무솔리니는 결코 파시즘의 대가였던 것으로 보이지는 않는다 : 그러나 파시즘은 그의 카리스마적인 지도력 없이는 아무 것도 아니었다.

이탈리아의 통치에서 파시즘은 결코 절대적인 것은 아니었다. 잔존하고 있는 군주정의 권위와는 별개로 파시즘은 그의 독립성을 인식한 교황과 타협을 하게 되었고 그리고 자본주의를 손대지 않은 채 그대로 남겨두었다. 이미 언급되었듯이 협동조합적 국가의 주요한 특징은 노동자 권리의 억압이었다. 이 점에서 파시즘은 반의회주의적 성격을 띤 우익의 전체주의였다. 파시즘의 부정적인 성과는 그것이 성공한 점이다. 그 밖의 거의 모든 것은 선전물이었다. 기차가 정시에 운행되었다. 경제의 협동조합적 조직의 실질적인 효과는 임금을 떨어뜨려서 산업발전을 촉진시키는 것이었다. 1939년 경 이탈리아는 자체적으로 곡물을 자급할 수 있었다. 그러나 이탈리아의 국제수지는 지속적으로 적자였다. 그리고 남부와 북부 사이의 역사적 불균형을 바로잡으려는 노력은 거의 없었다. 마피아가 진압되었는지 아닌지는 의심스럽다. 파시스트의 외교정책은 또한 그 결과 면에서 긍정적이기보다는 부정적인 것으로 묘사될 수 있다. 선전가 무솔리니는 "오직 전쟁만이 인류의 모든 에너지를 최고의 강도로 끌어올릴 수 있으며, 전쟁에 맞서려는 용기를 가진 사람들에게 고결함의 직인를 찍어 줄 것이라고" 말했다.[자료6 참조] 그러나 이탈리아에게 있어서 전쟁은 아비시니아(Abyssinia) 와 알바니아(Albania)의 정복과 같이 쓸데없는 정복을 의미하는 것이었으며 또한 그 전쟁은 파시즘의 몰락으로 종결되었던 히틀러에 대한 굴욕적인 의존을 의미하는 것이었다.(52)

레닌과 마찬가지로 히틀러는 여전히 효능이 없는 권력이론을 개발하였다. 그 권력이론은 그의 저서인 나의 투쟁에서 설명되어 있으며, 전체주의로 나아가는 추동력과 발전된 국가이면서 민주적으로 제도화된 국가에서 권력을 얻는데 필요한 타협책을 기술적으로 잘 결합시킨다 ;

> 인민의 지지가 권위를 창출해내는데 필요한 첫 요소이다. 인민의 지지라는 토대에만 의존하는 권위는 아주 부서지기 쉬우며, 불확실하고 동요되는 경향을 지닌다. 그 자신이 인민의 지지 위에만 기반을 둔 권위를 부여받았음을 발견한 모든 사람들은 권력을 창출해 냄으로써 그 권위의 기반을 강화하는 조처를 취해야 한다. 따라서 우리는 권력 즉 힘을 사용하는 능력을 모든 권위의 두 번째 토대로 간주해야 한다. 이 토대는 보다 안정적이고 보증할만하지만, 첫 번째 토대인 인민의 지지보다 항상 더 강력한 것은 아니다. 만약에 인민의 지지와

권력이 함께 결합되어 일정한 시간 동안 지속될 수 있을 때 그 권력은 훨씬 더 강력한 토대인 전통의 권위 위에 기반을 두고 강화될 것이다. 마지막으로 만약에 민중의 지지와 힘과 전통이 하나로 결합된다면, 이 세 가지 요소에 토대를 둔 권위는 정복할 수 없는 무적의 권위로서 간주될 것이다.(18)

히틀러[65)]가 어느 정도로 민중의 인기를 누렸는지 그리고 그가 얼마

---

65) 히틀러(Adolf Hitler)는 1889년 오스트리아에서 세관 관리의 아들로 태어나서 13세에 아버지를, 18세에 어머니를 잃었다. 빈에서 화가가 되려고 하였으나 실패를 거듭하며 자신의 그림을 팔아 생계를 이어가던 중 오스트리아, 헝가리 제국 내의 격렬한 민족투쟁의 와중에서 게르만 민족지상주의자가 되어 유대인과 슬라브족을 매우 증오하였다. 그는 1913년에 병역을 기피하여 뮌헨으로 달아났다가 1차 세계대전이 일어나자 독일군에 지원하여 1급 철십자 훈장(독일군 수여 최고 훈장)을 받는 무공을 세웠다. 1919년 9월에 뒷날의 나치스인 반유대적인 독일 노동자당에 가입하였다. 그는 열정에 찬 모습으로 하는 연설에 능해 일약 당의 지도자로 부상하였으며. 제1차 세계대전에 독일이 패한 이유로 유대인을 지목하고 유대인에 대한 반감을 불러일으켰다.
나치스란 <국민 사회주의 독일 노동자당(Nationalsozialistische Deutsche Arbeiterpartei)>의 약칭으로, 나치스의 대회장 벽에는 <유대인 타도>, <볼셰비키 타도> 등의 액자가 걸려 있고, 정면에는 <하나의 민족, 하나의 국가, 한사람의 지도자> 라는 표어와 함께 히틀러의 사진이 걸려 있었다고 한다. 1차 세계대전 이후 겨우 회복되어가던 독일의 경제가 세계 공황에 휩쓸려 다시 나락에 빠지게 되자 나치스의 인기는 급속히 신장되어 1932년 7월에 실시된 국회의원 선거에서는 608석의 의석 중 230석을 차지하였다. 1933년 3월24일 수권법을 만들어 일당 독재 체재를 갖추었고 다른 정당은 모두 돌격대(SA)에 의해 해산되고, 나치스가 독일의 유일한 정치 조직이 되었다. 이후 히틀러가 SA의 지도자 룀을 제거하고 그 권력을 탈취, 1934년 8월 힌덴부르크가 죽자 히틀러는 대통령을 겸한 총통겸 수상이 되었고, 얼마 후 총통(퓌러)으로만 칭하였다. 명실상부한 독재자가 된 히틀러는 민주공화시대에 신장한 국력을 바탕으로 국가의 고도성장을 꾀하였다. 군비 확충, 외교상의 성공, 경제의 재건 등으로 유럽에서 최강국으로 발돋움하여 국민의 많은 지지를 얻었다. 이러한 환경을 바탕으로 독일민족에 의한 유럽통일을 내세워 2차 세계대전을 일으켰

나 기술적으로 민중의 인기를 얻을 수 있었는지는 앞 장에서 설명하였다. 강력한 힘의 요소는 불럭(Bullock)이 이른바 '위로부터의 혁명(the Revolution from above)' 이라고 불렀고 그리고 1933년 수권법에서 마지막 독일제국의회에 의해 수여되었던 전체주의적 제(諸) 권력들로부터 시작된 통제(Gleichschaltung)의 과정에 의해 추가되었다.(54) 히틀러는 그때부터 법령에 의해서 그리고 무력에 의해서 통치를 시작하였다. 독일제국의 통치자들은 주 정부의 기능을 인수받았고 노동전선은 고용주 조직과 노동조합(trade union) 양자 모두를 대신하게 되었다. '독일의 교회'는 종교가 국가라는 '보다 상위의 이데올로기'에 종속되도록 만들어졌다. 경찰과 정당이 다른 것에 우선하여 권력을 행사하였다. 게쉬타포(Gestapo)가 소련 비밀경찰인 체카(Cheka)의 역할을 하였다. 그리고 정당조직은 지방, 도시 그리고 지구(District) 수준에서 그리고 심지어 플랫식 공동주택 블록 내에서조차 대표되었다. 인민법정(People's Courts)에 의해 부과된 분쟁에 대한 처벌은 강제수용소에 수용하는 것이었다. 통제에 더하여 민중의 지지를 추가로 얻을 수 있는 동인들이 다양한 청년 운동과 결합되었고 그리고 볼링 클럽으로부터 양봉(bee-keeping)에 이르기까지 모든 여가를 정당과 이데올로기에 복종시켰던 문화 및 레저 조직인 '기쁨을 통한 힘' (*Strength through Joy*)에 결합되었다.(46)

---

다. 처음 프랑스와의 전쟁 등에서 승리를 거두었으나 스탈린그라드 전투에서의 패전 뒤부터 미국의 전쟁 개입과 현실을 외면한 무리한 침공 등의 결과로 패전을 거듭, 1945년 4월 30일 베를린 함락 직전 자살했다.

<사진 3> 1936년 뮌헨-짤쯔부르크 고속도로 공사에 앞서 히틀러의 연설을 청취하고 있는 독일 실업자들

제3제국(the Third Reich)[66]이 히틀러의 세 번째 '권위의 토대' 즉

66) 제3제국이란 히틀러가 권력을 장악한 시기의 독일제국(1934~45). 1933년 정권을 장악한 나치스 독일이 1934년 대통령 힌덴부르크의 사망을 계기로 사용한 명칭이다. 전체주의적 이념을 실현화하는 지도적 용어로서, 나치스가 제3제국의 완성을 부르짖은 데서 이 말을 쓰기 시작하였다. 나치스 독일은 962~1806년의 신성로마제국을 제1제국, 1871~1918년의 독일제국을 제2제국, 1933~45년의 나치스 지배체제를 제3제국이라 일컬었다. 1933년 1월 30일 히틀러는 독일공화국총리가 되어 의회를 해산하고 반대당을 탄압하여 총선거를 실시, 같은 해 3월 24일 전권위임법(全權委任法)을 성립시켜 독재체제를 수립하였다. 그리하여 보수파·군부·대자본가·관료 등의 적극적인 지지를 얻어, 대토목공사를 일으켜 실업자를 구제하고, 농업의 자급자족체제를 추진하였다. 그리고 군수공업을 크게 확장하여 준전시통제경제체제(準戰時統制經濟體制)를 확립하고, 군비를 크게 확장하여 강대한 군사국가(軍事國家)를 수립하였다. 한편, 소비물자의 생산에도 힘써 국민생활을 안정·향상시켰다. 또, 대외정책면에서는 대독일의 건설을 목표로 하여, 자르 지방을 회복하고, 라인란트의 무장을 강화하였다. 그리고 오스트리아를 병합하고, 이어서 체코슬로바키아의 수데텐 지방, 나중에는 체코슬로바키아의 나머지 전부를 병합하였다. 이와

전통의 권위를 충족시킬 정도로 충분히 오래 지속되지 않았다는 사실에 반론이 제기될 수 있다. 그러나 나치 정권이 행했던 모든 것은 그러한 권위에다가 제국 독일의 망토를 입혀주도록 구상된 것이었다. 그 운동은 과거에는 농촌과 군대에 대해 호소했으나 향후에는 일차 세계대전 동안 프레데릭 대제(Frederick the Great) 비스마르크(Bismark) 그리고 그들의 계승자의 정책이 되어왔고 나아가 히틀러가 생존공간을 찾는 아리안족의 정당한 운명으로 묘사했던 지속적인 영토 팽창을 지향하게 되었다. 이것은 베르사이유조약에서 당한 수치의 되갚음과 독일어를 말하는 모든 민족의 통일과 더불어 히틀러의 외교 정책의 기반이었다. 보다 구체적으로 말하자면, 히틀러는 자신이 집권하게 되었던 그 상황으로 인해 전통과의 연합을 받아들였다. 귀족주의적 민족주의 정당과의 연합, 힌덴부르크와 왕세자(the Crown Prince)가 참석한 포츠담에 있는 제국 예배당에서의 취임식, 블룸버그(Blumberg) 협정에 의한 군대 지지의 최종적 획득, 이 모든 단계들은 히틀러가 만들어 낼 필요가 없었던 전통을 히틀러의 정권에다가 부가시켰다.

---

같이 바이마르 공화제(共和制)의 정책을 이어받아 실천했으므로, 상당수의 국민이 열광적으로 나치스를 지지하였다. 한편, 나치스는 민주정치를 폐지하고 일당독재제(一黨獨裁制)를 확립하여, 전국민을 돌격대 · 히틀러 유겐트 · 나치스 부인단(婦人團) 등 각종 대중조직에 망라하고, '환희역행단(歡喜力行團)'에 의해서 국민의 오락까지도 조직화하였다. 또, 반항하는 사람은 강제수용소에 감금하고, 또 게르만 민족 지상주의(至上主義)를 제창하여, 유대인의 공민권, 나중에는 영업권마저 박탈하여 이들을 강제수용소에 수감하였다. 이리하여 자유로운 예술과 언론이 소멸되고, 국내는 음산한 병영국가(兵營國家)로 전락하였다. 히틀러는 게르만 민족에 의한 동(東)유럽 정복을 꾀하여 제2차 세계대전을 일으켰으나, 실패하여 제3제국은 멸망하였다.

물론 이들 연합들은 히틀러의 편에서 볼 때 타협을 의미했다. 우익 지지의 대가는 SA 중에서 깡패들의 일망타진과 나치 운동 내에서 사회주의 강령의 삭제였다. 산업계에 대해서는 지지의 대가로 산업을 구속하지 않고 그대로 두는 것이었다. 민원사무는 러시아 공산주의가 유산으로 물려받았던 것과는 아주 다른 정교한 국가를 관리하도록 요구되었다. 유권자들은 선거가 더 이상 없었을지라도 만족하고 그리고 노동계급도 그 정권을 위해 일하게 되었음에 틀림없다. 이들 다양한 압력 집단들의 지속적인 존재 때문에 역사가들은 제3제국을 히틀러가 그의 궁전에서 동양적인 전제 군주보다 더 큰 권력은 아니지만 그에 못지않은 권력을 지니며 통치했던 '이해관계와 일관성 없는 정책'을 실시하기 위해 다투는 하나의 정글로 묘사해 내었다. 그리하여 독일의 경제는 그 구조와 수지를 왜곡시켰던 과정들의 결과로서보다는 그 자체의 회복으로 인해 경제불황으로부터 회복된 것처럼 보인다. 건축, 금속 그리고 광산과 같은 주요 산업에서 경제가 회복되고 완전고용이 이루어졌다. 정부의 지출은 공공 사업 때문에 증가하였다. 또한 그 정권이 소농들을 지원한다고 약속했기 때문에 정부 지출은 증가했다.

특히 정부의 지출은 재무장을 목표로 하고 있었다. 이것이 나치즘의 고의적인 목적이었는지 아닌지는 여전히 역사가들 사이에 상당히 논쟁이 되는 문제이다. 그것은 오히려 괴링이 대변했고 그리고 제국 독일의 최초 경제장관이었던 샤흐트 박사(Dr. Schacht)가 재정절감과 국가의 자급자족을 지지하면서 반대하였던 군산복합체의 압력에 대한 하나의 반응이었을지 모른다. 뉘렘베르그 전범재판[67] 때 샤흐트 박사는 그가 전쟁 정책으로부터 독일을 구하려고 노력하였다는 사실을 반복적으로 주장하였다. 위신과 관련된 이윤은 너무나 컸다. 군대 수요는 매우 커서 자본재 산업에 종사하고 있는 기업가는 사업에 실패할 위험이 거의 없었다. 일부 철강제조업자들은 과잉생산의 가능성을 실없이 거론하였지만, 괴링의 국유화 위협에 굴복하였다. 유일한 잔존 반대 세력은 노동전선이었다. 노동전선은 다른 산업의 필수적인 감원과 노동에 대한 정책변화 등에 대해 분개하였다.

그리하여 1938년 경 독일경제는 충돌하는 목표들의 이러한 다양성으로 인해 한계상황에 처해 있었다. 히틀러의 전쟁정책이 이러한 참아낼 수 없는 상황 - 그것은 단지 전쟁, 영토 팽창, 부속된 원료들이 해결할 수 있는 - 으로부터 그리고 어떤 다른 정치적이거나 이데올로기적인 고려들로부터 비롯되었다는 주장은 가능성이 있다. 공산주의 러시아와 같이, 제3제국(히틀러의 나치체제)이 무너졌을 때의 상황은 미완성이었을지 모르는 하나의 혁명적 상황이었다. 러시아와 마찬가지로 그 혁명이 의도적으로 발발된 것이 결코 아니었다고 결론내리는

---

67) 1945년 11월10일 시작된 뉴렘베르그 재판은 11개월 걸려 종결되었다. 전쟁범죄자는 '평화에 대한 죄'를 진 A급, '전쟁 법규를 위반한' B급, '인도에 대한 죄'를 진 C급으로 나뉘어 처리되었다. 한편 일본의 전쟁 범죄자들에 대한 동경재판은 "우리들의 포로를 학대한 자를 포함한 일체의 전범에 대하여 엄중한 처벌을 가한다"는 포츠담 선언의 제10항에 의한 것이었다. A급 전범은 모두 국제 재판에서 처리되었다. 그러나 B, C급은 모두 그들이 수용된 나라에서 처리되었다. 따라서 독일의 경우 전범자들은 모두 독일 국민 자신이 처형해야 했지만 일본은 단 한 명의 전범자도 자기네 손으로 처형하지 않아도 됐다. 이것이 전쟁에 대한 반성을 안일하게 만들었는지도 모른다.

"인류 사상 최초로 세계 평화를 위협한 범죄를 재판에 붙이게 된 데 엄중한 책임을 느낀다." 수석 검사 로버트 잭슨 미국 대법원 판사의 목소리가 카랑카랑 울렸다. 잭슨은 재판에 회부된 24명의 나치 고위 관료-장성을 ▲반평화 범죄(공격적 전쟁 유발)와 ▲반인륜죄(인종 혐오) ▲전쟁범죄(전범 · 전쟁 범죄 위반) ▲범죄 음모죄 등 4개 죄목으로 기소했다.

것 또한 가능한 설명이다.

나치 독일과 소비에트 러시아 사이의 더욱 밀접한 유사성은 나치친위대(SS : Schutz Staffeln)[68]의 이력을 검토해본다면 알 수 있다. 하인리히 히믈러(Heinrich Himmler) 하에서 형성되었고 히틀러에 대한 특별한 충성의 맹세에 의해 히틀러단(Hitler's Service)에 속하는 나치친위대는 1934년에 나치돌격대(SA)를 대신하였다. 전쟁 전 여러 해 동안 그

68) 나치 친위대(SS, Schutzstaffel의 약자)는 군대가 아니라 히틀러 총통의 개인 경비대라고 볼 수 있으며, 본래 나치 돌격대(SA, Sturmabeilung의 약자)로부터 갈라져 나온 조직이다. 히틀러가 정권을 잡아 가던 당시, 독일 사회는 인플레이션으로 지폐를 양동이로 실어 나르고 젊은이들의 절반 가량이 직장이 없을 정도로 최악의 혼란기였다. 그 상황에서 나약한 민주주의 체제의 중앙정부는 아무 힘을 쓰지 못하고 있었고, 공산주의자 등의 신흥 세력들이 권력을 잡고자 싸움질을 일삼고 있었다. 나치 돌격대는 당시 넘쳐 흐르던 실업자들을 히틀러가 모아서 공산주의자 등 자신에게 반대하는 세력들을 주먹과 발길질로 찍어 누르는 일을 했던 무력 조직이다. 당시 독일은 일개 정당이 그런 시설 조직 폭력배까지 공공연히 만들어 동원하는 것이 가능했을 만큼 사회가 엉망이었다. 실업자들에게 밥 세끼를 준다니 그들이 집단에 들어오는 것을 마다할 이유가 없었다. 히틀러가 정권을 잡은 1933년에는 돌격대의 수가 200만 명 정도로 더욱 늘어나 정규군의 20배가 넘었다. 돌격대는 노상에서 유대인들을 폭행하는 등 지나치게 과격한 행동으로 문제가 되었고, 그러한 도를 넘어선 행동은 정규군과 자본가들에게 눈엣가시가 되었다. 그들의 지지를 얻어야 했던 히틀러는 1934년 나치 친위대를 이용해 돌격대 지도자들을 즉결 처형하는 등 대규모 숙청을 감행했다. 이렇게 하여 돌격대를 강제 해산시킨 히틀러는 군부에게 신임을 얻는데 성공한다. 히틀러는 입단 조건이 까다로웠던 친위대를 자신에게 충성스런 엘리트 조직으로 키웠다. 그들은 히틀러 경호 임무, 강제 수용소 관리 임무, 정규군과 함께 전투에 참가하는 임무, 경찰 업무 등을 맡았다. 비밀경찰로 잘 알려진 게슈타포(Gestapo) 역시 친위대의 한 조직으로, 주로 유대인과 공산주의자에 대한 탄압, 지식인과 노동 조합 운동가에 대한 테러 행위 등을 일삼아 사회의 공포 분위기를 조성하는데 한 몫 했다. 무장 친위대(waffen SS)는 히틀러가 기존 친위대(SS)를 10만 명 이상으로 개편하면서 만든 것으로, 육해공군과 더불어 제4군으로 인정되었다.

조직의 가장 잘 알려진 활동은 비밀경찰인 게쉬타포의 활동이었다. 그러나 전쟁 동안에 그 조직의 책임은 엄청나게 커졌다. 데이비드 쇼엔봄(David Schoenbaum)의 요약된 설명에 따르면 ;

> 나치친위대(SS)는 일종의 독립적인 내무부로서 차지한 영토를 관할하였으며, 경제적으로는 자율권을 가진 기업들과 더불어 자체를 유지해 나갔다. 국가의 여러 기능들 중 하나가 되기를 바라는 나치의 다른 기구들과는 달리 SS는 잠재적으로 국가의 지위를 대신했다. SS는 그 안에서 자체의 계급을 재생산하면서 심지어는 그것에 보다 전통적인 관례에다가 여태까지 알려지지 않은 행정적인 새로운 장치를 부여해 주면서 잠재적으로 국가의 지위를 대신했다. 하나의 흥미로운 예를 들자면 정치경찰의 핵인 이른바 보안국(Security Service)에서 계급을 부여하는 정책의 일환으로 직책은 일부러 아주 낮게 정해졌다. 이처럼 그 계급과 권능이 일치하는 것이 아니었다. 그리하여 보안대의 장교가 계급이 더 높은 SS장교보다 더 높을 수 있다는 사실이 이론적으로 뿐만 아니라 실제로도 가능한 사실이었다.(58)

나치친위대의 기능을 소련공산당의 기능 및 활동과 비교해 보는 것은 당연한 것이다. 국가 내의 국가인 정치위원 그리고 법 혹은 행정적인 일상과정에 의해서도 제한되지 않았던 권력과 책임이 양 조직의 특징이다. 나치 보안국에서는 재능에 따라 직책과 승진이 결정되었다. 보안국은 또한 나치 이데올로기의 특별한 저장고였다. 그 회원들은 아리안 인종주의를 교리로 주입받은 엘리트였다. 전후에 부르고뉴 지방에서 특별히 순수한 아리안 인종의 보안국 체제 국가의 형성을 도모하는 계획들이 마련되었다. 내전이 러시아에서 공산당을 최고의 기관으로 만들었던 것처럼 전쟁은 보안국에게 그 특별한 지위를 부여했다. 보안국은 지속적으로 독일 사회를 급진화시키고 그리고 히틀러의 이데올로기 꿈을 이행하였는가? 전성기에 이른 소련공산당처럼 보안국은 특권적이고 압제적인 관료정치 못지않게 그 자체로서 숙청이나 재충전을 할 필요가 있었는가? 전쟁이 그 보안국을 파괴하였기 때문에 그 문제는 평가할 수 없다. 낮은 서열이나 높은 권력을 가졌던 장교들 중 가장 잘 알려진 사람은 아돌프 아이쉬만(Adolf Eichmann)이며, 그의 역할 중에서 가장 잘 알려진 것은 그가 가담했던 '유대인 문제의 최종적인 해결'이었다. 역사적인 관점에서 그 SS는 '그것이 무엇을 했던가'로 판단되어야 한다.(59)

이것이 또한 전체적으로 나치즘에 대해 적용되어야 한다. 실제적인 영역에서 나치즘의 주목할만한 업적은 전쟁을 재촉하여 패전한 것이다 ; 이데올로기 분야에서는 유대인들을 처형한 것이었다. 그 행위들은 독일의 발전을 단지 왜곡시키고 지체시키는데 이바지했던 부정적인 성과들이었다. 그것들은 이탈리아와 에스파니아 그리고 그 밖의 나라에서 발전했던 파시즘과 비교될 수 있다. 에스파니아에서 민족주의연맹은 이데올로기적으로 에스파니아 경제를 위한 생디칼리스트(노동조합주의적) 강령을 가진 팔랑헤(Falangist)당과 통합하였다. 그러나 팔랑헤의 창시자인 조세 안토니오(Jose Antonio)는 감옥에서 죽었으며 선전가적 순교자로서 아주 유용한 인물이었다. 그 협동조합주의 국가는 작은 규모의 기업들과 농촌의 대토지 보유 시스템을 계속 유지하고 있던 에스파니아 경제를 회복시키지 못했다. 단지 미국의 자본이 이 시스템으로 새로운 피를 수혈해 넣고 있을 뿐이었다.

정체된 사회 및 경제를 지닌 에스파니아와 동일한 특성이 중부유럽의 체제들에서도 나타난다. 오스트리아에 세워진 돌푸스(Dollfuss)의 협동조합주의 국가는 표면적으로는 이 체제가 폐지를 목표로 삼았던 대부분의 자본주의의 관행들이 계속하여 방해받지 않고 살아남을 수 있었던 기업가들을 위한 나라였다. 새로운 시스템 속에서 성실한 신념가들에 의해 구상된 급진적 사회 및 경제 개혁들은 결코 수행되지 않았다.(47)

돌푸스는 그가 반-사회주의자였던 만큼 일관되게 반나치주의자였다. 그러나 그의 암살은 독일에 의한 오스트리아합병의 전조가 되었다. 그 결과 오스트리아의 우익은 '하나의 정치 운동으로서 생명이 끝났다. 헝가리에서 일련의 카리스마가 있는 지도자 지망생들은 호르티 체제의 확고한 보수주의 앞에서 머뭇거렸다. 그 체제의 유일한 입법적 활동성과는 독일이 유대인들로부터 기본적인 사회적 권리들을 박탈해 내었던 것과 유사한 일련의 반유대법안들이었다. 그러나 호르티는 헝가리에게 추축국 세력의 편에서 전쟁하도록 강제한 나치에 대해 그가 철저하게 실망하던 시기인 1944년까지 그 '최종적인 해결책' 즉 유대인말살정책에 저항하였다. 러시아인들에게 항복을 하자던 그의 제안은 '나치활십자단(Nazi Arrow Cross)에 의한 호르티 자신의 파면을 초래하였다. 나치활십자단은 충분히 오랫동안 지속하여 붉은 군대의 진군이 임박하여 도망하기 전에 50,000명 이상의 유대인들을 희생시켰다.(47)

급진적인 생각을 지닌 파시스트 지도자들은 동부유럽 국가들의 역사에서도 언뜻 보였다. 베버는 루마니아인 코드레아누(Codreanu)의 잔인한 반유대주의 뿐만 아니라 이상주의에 관심을 보여왔다. 그러나 코드레아누는 정부의 감옥에서 죽었으며 그리고 그의 군단은 히틀러에게 굴복하였던 보수파 장군 안토네스쿠(Antonesscu)가 체제 전복 위협을 했기 때문에 진압되었다. 불가리아, 유고슬라비아 그리고 그리스에서의 군주정과 유사한 독재체제들은 경제발달을 가져오거나 혹은 독일의 전제로부터 군주정을 구해내는데 무기력하였음이 판명되었다. 2차세계대전 말 경에 공산주의는 이 모든 국가들에서 다소 성공적으로 권력을 장악하기 위해 시도하였다.

그리하여 우익은 양차 대전 사이에 좌익과 마찬가지로 집권 기록이 거의 전무하였다. 우익의 급진주의는 그 자체로서 실제로는 아무것도 아닌 것에 이르렀다. 아마도 우익의 급진주의가 이데올로기적 프로그램의 가장 중요하고도 확실히 가장 인기 있는 특징들이었던 부정적인 결말을 거두었기 때문에 더욱 더 성공적인 것으로서 간주될지도 모른다. 우익은 좌익을 진압하였고 유대인들을 박해하였다. 아이러니하게도 이들 업적들 중 처음의 것(좌익 진압)은 아주 일시적인 것으로 판명되었다. 민주주의 사회들이 파시즘은 물론 공산주의 지배 이후까지 살아남은 반면 에스파니아와 포르투갈에서의 경우를 제외한 다른 나라의 우익 정권들은 히틀러가 그들을 끌어들였던 그 전쟁으로 휘말려 들어갔다. 이들 우익 정권의 파멸을 기회로 공산주의는 가차 없는 승리를 자축하였다.

## 제8장 투쟁하는 좌익과 우익

사회주의와 반사회주의 사이의 적대감은 이 저작의 계속되는 주제이다. 이데올로기적 관점에서 정치를 파악한 사람들의 세대가 보기에 이 갈등은 에스파니아 내란에서 절정에 이르렀다. 몇몇 사람들은 에스파니아 내전을 민주주의의 생존능력의 시험대로 간주했다. 다른 사람들은 에스파니아에서의 민주주의가 다른 곳에서와 마찬가지로 이미 실패했고 그리고 사회주의나 파시즘 중 어느 것이 미래의 조류가 되어야 할 것인지를 결정하는 것이 주된 관심사였다고 결론짓고 있다. 좌익에는 급진당원, 사회주의자, 공산주의, 트로츠키파 그리고 무정부주의자들이 한 때 하나의 공동의 대의를 위해 제휴하였던 인민전선이 있다. 우익에는 왕당파, 성직자, 지주, 자본가, 군대 장교 그리고 이데올로기적 파시스트들로 구성된 전통적으로 반동적인 동맹이 나타났다. 정의의 명쾌함과 위기에 처한 그 문제의 단순함 때문에 역사가는 좌익과 우익의 개념이 처음 나타난 유럽 역사의 초기로 되돌아가는 것처럼 보인다.

확립된 공산주의 및 파시스트 세력은 변증법적인 투쟁에 대한 선전을 하면서 그 상황을 부추켰다. 의회주의 국가들의 태도는 조심스러움, 소심함 그리고 무관심으로 점철되어 있었다. 스탈린은 이제 교역과 국방이라는 두 목적을 위해 서유럽과 다리를 놓는 정책에 착수했다. 코민테른의 용어로 정의된 그 정책은 파시즘에 대항하는 통일전선(united front)[69]이었다. 러시아 공산당원 10명 중 한 명을 제거한 숙청

69) 통일전선이란 일정한 역사적 조건이나 특정한 정치상황에서 이해관계를 같이 하는 정당·사회단체 또는 계급·계층들이 공통의 적대세력에 대항하기 위해 연합하는 것이다. 이 전술은 대체로 사회운동체들이 공동의 목적을 달성하기 위해 사용하는 전술로서 공산당은 이 전술을 사용함에 있어 자기 측이 주도권을 장악하거나 그 결과가 자기 측에 유리하게 전개될 것을 항상 염두에 둔다. 만약 통일전선의 결성 후 상황이 불리하게 전개되어 자기측이 주도권을 장악

의 음산한 대학살로부터 전 세계 좌익의 관심을 흩어놓는 것이 아마도 바람직했을 것이다. 스탈린이 두려워 한 몇몇 사람은 에스파니아에 보내어졌다.

에스파니아 공화파 전선에 대한 러시아의 효과적인 원조는 다른 문제였고 그리고 역사가들이 상이한 견해를 가졌던 문제이다. 마드리드 방어를 위해 러시아 탱크와 공산주의자가 이끄는 국제여단의 적극적인 지원은 아마도 결정적인 역할을 하였다.(20, 65). 실제로 에스파니아 공화국은 보유하고 있던 금을 러시아에 넘겨줌으로써 모든 탱크와 총에 대해 대가를 지불하였다. 정치적으로 공산주의자의 개입의 대가로 공산주의 세력이 크게 신장되었다. 이것이 좌익의 통합과 그 사기에 미친 영향은 앞서 설명했다.

다시 한번 공산주의자의 지원은 우익의 선전을 고무하는 치명적인 결과를 초래하였다. 나치 독일이 에스파니아 민족주의자들에게 폭격기 부대인 콘도어 레지옹(Condor Legion)을 파견한 동기는 부분적으로, 러시아의 동기처럼, 하나의 군사훈련이었다. 독일군 최고사령부는 전격적 공격 전술을 테스트할 기회로 간주하였다. 군사적으로 그 실험은 적절하지 않은 하나의 성공이었다. 무솔리니는 또한 선전의 성공을 희망했고 그리고 공화파의 선적을 금지함으로써 민족주의자들에게

---

할 수 없다고 판단될 때에는 공산당은 지체 없이 통일전선을 붕괴시키는 전법을 구사한다. 또한 통일전선을 통해 공동의 목적이 달성되고 난 이후에는 그에 참가했던 내부 세력들간의 기존 관계를 새롭게 재조직하게 된다. 역사적으로 유명한 통일전선의 실례로는 1936년 프랑스 사회당과 공산당과의 소위 인민전선, 1937년 이래 중국에서 형성된 국민당과 공산당의 항일통일전선(국공합작), 1946년 남한과 북한에서 각각 결성된 민주주의 민족통일전선과 북조선민주주의 민주통일전선 등이 있다.

귀중한 지원을 하였다. 선전의 관점에서 파시즘과 나치즘은 에스파니아에서 자신들의 개입의 대가로 값싼 군사적 영광 이상의 것을 얻어내었다. 1937년 11월의 반코민테른 협정의 서명으로 이데올로기 충돌은 국제적 차원으로 비화되었다. 오스트리아, 에티오피아 그리고 라인란트 지방에서 영토 확대를 위해 2년 전에 시도함으로써 여전히 유럽의 주요 열강인 영국과 프랑스의 적의를 도발한 히틀러와 무솔리니는 이제 국제적인 반공주의의 주도자로서 새로운 존경심을 얻었다. 이제 그 독재자들은 프랑스와 영국에서 최고위층 정치가들의 지지를 얻었다. 그리고 1938년에 독일과 이탈리아를 유럽협조체제에 다시 끌어들이는 것을 목표로 하는 유화정책[70]을 위한 영국과 프랑스의 결연한 시도가 이루어졌다.

이 모든 것은, 영국과 프랑스가 불간섭정책에 동의하였기 때문에, 에스파니아 공화국을 희생하고 이루어진 것이다.[71] 이 새로운 연대로

---

70) 유화정책이란 현상타파를 목적으로 전개되는 상대국의 적극정책에 대하여 현상유지정책의 테두리 안에서 취할 수 있는 타협을 행하려는 외교정책을 뜻한다. 그러나 타협이 상대국을 우쭐하게 만들어 현상타파의 결과를 가져오는 수도 있으며, 상대국은 적극정책을 조금씩 비추어 봄으로써 현상타파의 목적을 위장하는 수도 있다. 그 대표적인 예로 제2차 세계대전 발발 전 수년간의 영국의 독일·이탈리아에 대한 정책을 들 수 있다. 독일의 재군비, 라인란트 진주, 오스트리아 점령, 수데텐 귀속문제, 이탈리아의 에티오피아 침략 등 계속되는 적극정책에 대하여 영국의 수상 A.N.체임벌린은 묵인 또는 타협으로 대하였으며, 프랑스 정부 또한 이를 따랐다. 영국과 프랑스가 이와 같은 유화정책으로 시종일관하였던 것은 유럽의 평화유지라는 우선적인 목적도 있었으나, 그 이면에는 독일과 소련의 개전으로 양국이 지쳐 버릴 것을 기대하였기 때문이다. 또한 극동에서의 일본의 적극정책에 대하여 영국과 미국이 유화정책을 취한 것은 소련에 대한 견제를 위한 것이다.

71) 에스파니아 내전은 20세기 역사에서 매우 중요한 사건 중 하나이지만 2차대전이라는 큰 전쟁 속에 가려 잘 알려지지 않은 내전이다. 에스파니아 내전이

말미암아 또한 서유럽과 소련 사이에 지속적인 방어협정을 체결하려는 어떤 단호한 시도도 종식되었다. 따라서 에스파니아 내전의 외교상 승리자는 이제 자유롭게 독일의 유럽정복 야망을 추구할 수 있게 된 히틀러였다. 그러한 야망은 항상 러시아를 희생시키고 동쪽으로 팽창하는 것을 포함하였다. 히틀러는 나의 투쟁에서 독일 사람들이 지구상에 존재하는데 필요한 영토가 확보될 것을 요구했다. 그러한 동방 정책에서 이데올로기와 경제적 필요성은 결합했다. 러시아는 독일이 턱없이 탐냈던 우크라이나에 있는 영토를 점유했다. 러시아는 또한 유대인-볼셰비키의 국제적인 음모의 본거지였다. 다시 한번, 그 이데올로기 문제는 독일인들에 의해서 뿐만 아니라 공산주의 러시아에 대한 국제적인 지지자들에 의해 명백해졌다. 그렇지만 1939년 독소 불가침협정의 체결은 진정한 신뢰자들의 마음에 엄청난 충격을 가져다 주었다. 다행히도 당의 결속 정신은 굳게 유지되었다.(6) 국제 공산

---

역사적으로 중요한 것은 그것은 바로 내전 속에 나타난 두 세력 공화파(노동자, 농민, 지식인)과 국가주의자(파시스트)간의 이념적 충돌로 이 내전은 나중에 소련을 중심으로 공산주의 세력의 공화파 지원과 독일과 이탈리아를 중심으로 한 파시스트 세력의 민족주의자에 지원을 통한 전세계적 내전으로 확대되기도 한다. 공화파를 지원하기 위해 소련은 정식 군대를 보내고 유럽 각국에 있는 공산주의자와 사회주의자는 에스파니아로 가서 국제의용군에 입대를 하게 된다. 이들은 각자 사용하는 언어는 달라도 오직 한 가지 자신들의 사상과 이념을 실천하기 위해 자신의 조국을 등지고 전쟁에 참여한 사람들이다. 이런 드라마틱한 사건은 과거에는 볼 수 없었던 역사적인 사건이었다. 물론 이런 사람들이 국제의용군으로 내전에 참전하게 됐지만 전쟁을 승리로 바꾸는 데는 많은 문제점이 있었다. 특히 그들에게는 정식 군대로 볼 수 없었을 뿐만 아니라 무장과 보급도 정규군에 비해 매우 열악한 상황이었다. 결국 프랑코 장군이 이끄는 국가주의자들이 승리하였다. 이후 프랑코는 1975년 죽을 때까지 에스파니아에서 절대권력을 행사하는 독재자로 자신들에게 반대했던 공화파(노동자, 농민, 지식인)와 공산주의 세력에 대한 대대적인 탄압을 하게 된다.

주의의 정신에 미친 영향은 당시에 데일리 워커지(The Daily Worker)와 프라우다지(Pravda)의 통신원이었던 클라우드 콕번(Claud Cockburn)에 의해 다음과 같이 기록되었다 :

> 그 당시 정치적으로 의식적이었을 정도로 충분히 나이든 사람은 어느 누구도 거기서 발생했던 열정의 거품, 광적인 비난과 그에 대한 반격, 고통스럽게 하는 재평가, 믿음의 재천명 그리고 감정의 소동을 잊을 것 같지가 않았다. 그리고 물론 거기에 있었을 정도로 젊은 사람들은 이제 그 많은 흥분이 부적절하고 이해할 수 없다고 생각함에 틀림없다. 그날 저녁 그렇게 생각하기에는 실제적으로 충분하였다.

이 책의 독자는 그런 감정들이 이해할 수 없다고 생각하지 않으리라 기대된다. 좌익 공산주의와 우익 나치즘의 동맹은 이전 20년 동안의 이데올로기 정책을 완전히 그리고 냉소적으로 반전시켰다. 그것은 양측의 군사적 이익의 관점에서 설명될 수 있다. 히틀러는 독일이 하나의 국가가 되었기 때문에 모든 독일 전략가처럼 독일이 동쪽과 서쪽의 2개 전선에서 동시에 전쟁을 벌이는 상황을 피하기를 갈망하였다. 고위지도부의 숙청으로 러시아의 방어를 혼란에 빠뜨린 스탈린은 또한 시간을 벌고 있었다. 독소불가침협정은 독소관계에서나 좌익과 우익 사이의 투쟁에서 최종 국면은 아니었다. 얼마 지나지 않아 독일 기갑사단은 러시아를 침공하였다. 그리고 에블린 봐우그(Evelyn Waugh)의 소설에 나오는 카톨릭 영웅인 가이 크라우치-벡(Guy Crouch -Back)은 웨스트민스터 성당의 명예관에 걸려있는 스탈린그라드의 검을 상당히 혐오스럽게 응시하고 있었다. 1945년까지,

적군은 1943년에 결말이 난 동부 및 중부 유럽에서 공산주의 세력의 확대에 코민테른보다 훨씬 더 효과적인 역할을 하고 있었다. 이 영역에서 좌익은 우익과의 투쟁에서 최종적인 승리를 쟁취하였으며 그리고 이데올로기 투쟁의 규모와 성격은 모든 독자들이 익숙해질 냉전의 본질이 되었다.

그러므로 독소불가침협정[72]은 양차 대전 사이의 투쟁이나 정치적인 이데올로기 투쟁의 종식을 의미하지는 않았다. 그러나 그 협정은 아마도 독자의 마음에서 몇몇의 결론적인 의문을 불러일으키는데 소용될 것이다. 이러한 것들은 이데올로기 자체의 확실성과 연관이 될지도 모른다. 그들 자신들의 슬로건에 대한 이데올로기 신봉자들의 믿음이 얼마나 참되길래, 그 슬로건들 중에서 그들이 여태 실천에 옮긴 슬로건의 수가 매우 적으며 그리고 그 슬로건의 원칙들이 권력자

72) 독소불가침협정은 독일 나찌제국의 히틀러와 소련의 스탈린 사이에 맺은 독소불가침협정이다. 서유럽제국과의 전쟁을 수행하기 위해서는 후방의 폴란드를 먼저 제압해야 했던 독일은 폴란드 너머 동쪽의 소련과 상호 불가침협정을 맺은 후, 1939년 9월 1일 전격적으로 폴란드를 침공하여 단 1개월만에 폴란드를 점령하였다. 이 때 소련도 폴란드의 동쪽으로 진격하여 폴란드를 양분 점령하였는데, 이는 히틀러와 스탈린 사이에 체결한 불가침협정에 폴란드를 분할점령한다는 밀약이 있었음을 반증하는 예라고 할 수 있다. 그러나 서로 근본적으로 불신했고 정치적 성향이 정 반대였던 이들은 히틀러가 전격적으로 소련을 침공함으로써 불가침협정을 스스로 파기하였고, 이렇게 시작된 독일과 소련의 전쟁은 초기 놀란만한 공격력을 가진 독일군이 절대 우위에 있었으나 점차 보급선의 장거리, 전선의 확대 및 소련군의 초토화전술 등으로 스탈린그라드의 봉쇄가 실패하면서 점차 소련군에게 우세하게 전개되었다. 전쟁 기간 수많은 희생과 비참한 전쟁수행 과정을 겪으면서 결국 소련이 가담한 연합군이 승리하게 되었고, 연합군의 일원으로 전쟁 중 최대의 희생을 감수한 소련에게 전쟁수행에 대한 승리지분으로 연합국이 동유럽을 양도함으로써 소련의 공산주의가 동유럽으로 확대되는 계기를 마련하게 되었다.

의 요구에 대항하여 평가될 때 매우 유연함이 입증되었는가? 또 한편으로, 이데올로기적 선전의 효과는 의심의 대상이 될 수 없다. 수백만 명의 사람들이 원하든 원치 안든 간에 헌신적인 희생자로 싸웠고, 고통 받았으며 그리고 죽었다. 그들이 그들 자신이나 다른 자들의 망상의 희생자였는가 아니면 그 유일한 목적인 권력이었던 자들에 의한 희망과 두려움의 조작의 희생자였는가?

# 제 3 부 평가

제9장 결론

정치권력 장악을 목표로 하는 사상과 운동에 대한 분석, 그리고 보다 큰 힘의 외교의 명백한 이중성에 대한 규명과 더불어 시작하는 이 연구는 앞 장이 결론 맺은 것들과 같은 문제를 제기하게 된다. 파시즘, 나치즘, 그리고 공산주의의 경우에 그러한 연구과정은 전체주의 체제들의 유사성에 점차 관심을 기울인다. 남아있는 차이는 체제들이 작동하는 상이한 사회구조와 그리고 국가들의 민족적 전통의 관점에서 설명될 수 있다. 예를 들면 나치즘이나 에스파니아 파시즘은 독일과 에스파니아의 민족 역사에서의 나타나는 단계들로 보인다. 유럽공산주의는 2차 대전 이후 덜 이데올로기적이거나 또는 심지어 국제적인 하나의 음모로 보이기보다는 오히려 소련 외교정책의 연장으로 보인다.

명백히 이러한 견해에는 많은 내용을 포함하고 있는데, 그 내용은 그것을 주장하는 역사가들이 문제가 되는 체제를 직접적으로 경험한 자들일 가능성이 있다는 사실에 의해 그 무게가 더해져왔다.(1, 6) 이데올로기적 차이를 구분하기보다 공산주의와 파시즘의 모든 정부들을 마찬가지로 구분하는 것은 전체주의 정부에 대한 비인도주의와 냉소주의이다.

그러나 이러한 관점은 필연적으로 극단주의운동에 대한 편협하고 왜곡된 정의로 보인다. 그 견해는 사회적, 경제적 정책의 실질적인 차이를 무시하는 경향이 있고 그리고 동유럽이나 서유럽 그리고 발전된 유럽과 후진 유럽에 공통되는 요소들을 무시하는 경향이 있다. 이데올로기적 전제주의에 대항하여 그 견해는 대중의 광범한 지지를 얻어내는 데 있어서 이데올로기의 중요성을 무시하는 경향이 있다. 그 역사가가 그 중요성에 관심을 기울이지 않는다면, 이 시기 역사의 대부분과 이러한 운동들은 설명할 수 없게 된다.

이데올로기적 정치가 관심을 끄는 이유가 무엇인가? 세이무어 립셋은(5) 의회 민주주의가 하나의 매우 고도로 정교한 정책 수단이라고 주장하였다. 점진적인 변화를 위한 의회민주주의 전통은 대중과 그 지도자들이 종종 결여하는 지성, 자기신뢰, 그리고 규제를 촉구한다. 이러한 특징들이 없는 곳에서 하나의 더욱 조급하고, 비관용적이며 그리고 근본적으로 더욱 어리석은 정치적 견해가 생겨난다. 쟁점들은 오히려 인격화된 악마적인 관점에서 흑백 논리를 띠고 있는 것처럼 보인다. 신속하고 그리고 전면적인 행동이 촉구되었고 그리고 약속되었다.

그러한 심리적 근저로부터 생겨나는 정치적 태도는 필연적으로 개탄스러운 것은 아니다. 도덕적 견지에서 국제여단(International Brigades)[73]에 자원한 많은 영국인 지원자들은 이상주의자였다. 관용

---

73) 국제여단이란 1936년 일어난 에스파니아 내전(內戰)에서 공화정부를 위해 싸운 세계 각국의 지원병들을 가리키는 말이다. 프랑코장군이 이끄는 극우 군국주의집단의 쿠데타 기도에 맞서 에스파니아의 모든 진보세력들이 인민전선의 깃발 아래 결집하여 투쟁한 에스파니아 내전은 공화정부가 패배해 물러섬으로써 막을 내렸는데, 파시즘 침략에 대한 유럽의 모든 진보세력의 연대투쟁 역사로 기록되고 있다. 히틀러의 전쟁야욕이 노골화되고 세계대전의 전운(戰雲)이 불길한 그림자를 드리운 때 일어난 프랑코와 공화정부의 싸움은 단순히 한 나라 안에서의 갈등만이 아니라 세계의 진보적 민주주의 세력과 파시즘 세력 간의 첫 격돌이었다. 그래서 유럽대륙의 모든 양심적인 지식인과 혁명적 열정에 끓는 젊은이들은 진보와 민주주의라는 근대역사가 확보한 인류적 가치를 지키고자, 자원하여 에스파니아 내전에 뛰어들었다. 피카소와 조지 오웰 · 쾨슬러 · E.헤밍웨이 · 칸토로비치 · 네루 · P.네루다 · 브레히트와 베르나노스 같

과 제재는 찬양할만한 자질일 수 있지만 또한 사회적 시대착오성과 부정의를 향한 자기만족의 반감으로 묘사될 수 있다. 사회는 급진파를 필요로 하며, 급진파는 변화될 사회를 설명함으로써 기여할 수 있다.

그럼에도 불구하고 정치에서 이성을 찾는 것은 위험스런 것이다. 무솔리니, 히틀러, 그리고 스탈린은 특히 불안정한 자아를 가진 단순한 사람이었고 그리고 그들의 이상주의는 그 최상의 상태에서 단지 왜곡된 것으로 보일 수 있다. 그러한 지도자들이 야기시킨 대중 급진주의는, 특히 아마도 우익에서 사회를 새롭게 하는 것보다는 사회를 원시시대로 끌어가는 것을 보다 더 지향하였다. 그것이 호소하는 본능들은 좌익과 우익 모두에 적용되는데 더욱 긍정적인 감정이었다기보다는 더욱 종종 시기심이나 증오심이었다. 그들은 유럽과 유럽사회를 통합시키기보다는 오히려 분열시켰고 그리고 그 성장에 기여하기 보다는 그 발전을 지체시키거나 심지어 파괴하였다.

그러한 본능들은 모든 사회계급에 공통된다. 그러한 본능들이 야기하는 선행조건들은 경제적, 사회적 파국에서 비롯되고 있다. 일차세계대전, 계속되는 경제위기와 볼셰비키 혁명 그 자체는 주군과 농노, 자본가와 노동자의 자기안전과 그리고 가장 의미 깊게도 안정과 온건화를 위한 요구 위에 의회주의체제가 구축되었던 중간계급들의 자기 안전을 파괴시킨 사건이었다.

---

은 지식인들은 에스파니아를 위해 작품을 쓰고 그림을 그리고 혹은 몸소 전쟁터로 나갔다. 또 60개국에서 자원해 온 6만여 명의 의용군들은 국제여단을 결성하여 공화정부를 위해 싸웠다.

두 개의 민주주의체제 즉 영국과 프랑스 그리고 다른 사회들에 있는 실질적 단체들은 극단주의의 유혹에 저항하였다. 이것은 주목해야 할 정도로 중요하다. 그것은 잘 뿌리내린 충성심을 없애기가 어려울 수 있으며 그리고 민주주의가 20세기에 불가피하게 쇠퇴하지 않을 것임을 강조한다. 극단주의의 대두는 민족주의적 정치의 산물이며 그리고 산업화의 과정이기 때문에, 그것은 역사적 조건이 존재하는 한 재발할 수 있었다. 사실 아시아, 아프리카, 그리고 라틴 아메리카에서 1945년 이후 재발하였다. 그리고 좌익과 우익의 투쟁 무대는 유럽을 넘어서서 세계무대로 옮겨졌다.[74)]

---

74) 냉전은 무기를 사용하지 않는 전쟁으로, 열전과 대조되는 개념이다. 냉전이라는 용어는 미국의 평론가 W. 리프먼이 저술한 <냉전 The Cold War>(1947)이라는 논문에서 비롯되었고, 미국의 재정전문가이며 대통령의 고문이었던 버나드 바루크가 1947년 의회토론에서 이 용어를 처음 사용하였다.
제2차 세계대전 막바지인 1945년 5월 나치 독일이 항복하자 미·영 양국과 소련 사이의 불안정한 전시동맹관계는 해체되기 시작하였다. 1948년까지 소련은 동유럽 제국에 좌익정부를 건설하였으며, 미국과 영국은 독일 내 양국 점령지구의 대소(對蘇)배상을 중단하는 것으로 이에 대응하였다. 미국과 영국은 소련의 항구적인 동유럽 지배와 서유럽 및 그밖의 지역에서 소련의 영향을 받는 공산당이 집권할 가능성을 우려하였다. 한편 소련은 독일의 군사위협재발을 방지하기 위해 동유럽에 대한 지배를 계속하기로 결정하였으며, 주로 이데올로기적인 이유에서 공산주의를 세계적으로 보급시키는 데 주력하였다. 1947년 3월 "오늘날 발트해(海)로부터 아드리아해(海)에 이르기까지 유럽을 둘러싼 철의 장막이 드리워져 있다"는 윈스턴 처칠의 반공연설, 미국의 상·하 양원합동회의에서 미국이 공산세력을 저지하는데 지도적인 역할을 해야 한다는 트루먼 독트린, 이어 6월 트루먼 독트린에 발맞추어 유럽부흥을 위해 실시한 마셜원조계획 등이 초기에 자본주의가 행한 냉전이다. 이에 대해 사회주의권에서는 1947년 7월 이후 소련과 동구 제국간 또는 동구 제국 상호 간의 물자교환협정 및 통상차관협정을 체결하고, 10월 소련공산당을 중심으로 하는 코민포름을 결성하였다.
그 후 냉전체제가 고착화되어가는 과정에서 1948년 4월 서독이 독일점령지역

그것은 마르크스주의, 파시즘, 그리고 나치즘의 도래가 그들의

---

에 대한 통합을 행하고, 통화개혁을 시행하였는데, 이에 대해 소련이 베를린을 봉쇄함으로써 냉전은 극에 달하였다. 제2차 세계대전 이후 베를린은 남부(미국), 서부(영국), 서북부(프랑스), 동부(소련)의 4개 지구로 분할·점령되었고, 이의 공동관리를 위해 연합국의 베를린통치기구(Allied Kommandatura)가 구성되었다. 이와 함께 베를린을 제외한 전 독일도 4개국에 의해 분할·점령되었고 독일에 대한 공동관리를 위해 독일관리위원회(Allied Control Council)가 설치되었다. 그러나 서방측 3개국과 소련간에 의견대립이 격화됨에 따라 소련은 1948년 3월 20일 동위원회를 탈퇴하고 이때부터 단계적으로 서방측 점령지역으로부터의 베를린출입을 제한하였다. 이에 대해 서방측은 6월 중순 그들의 점령지역 내에서 통화개혁을 단행하고 이를 베를린에 적용할 것을 결정하였다. 이를 계기로 소련은 연합국의 베를린통치기구까지도 보이코트하고, 6월 25일 서방측 점령지구로부터 베를린에 이르는 모든 육로와 수로를 전면 봉쇄하였다. 서방측 3개국은 미군을 주축으로 하여 인원과 물자의 대규모 공수작전을 전개함으로써 이에 대항하였다. 이렇게 되자 9월에는 독일인에 의해 베를린시의 행정도 분열되어 동서에 각각의 시청이 생겼다. 이렇듯 베를린은 양대 진영의 냉전의 초점이 되었다. 이와 같은 위기는 1949년 4월 12일 소련의 봉쇄해제로 일단 해소되었으나, 그 동안의 봉쇄과정을 통해 서베를린에는 자본주의적 사회질서가 형성되었고, 동베를린에는 사회주의적 사회질서가 형성되었다. 그 결과 그해 가을 서독에는 독일연방공화국(Bundesrepublik Deutschland)이, 동독에는 독일민주공화국(Deutsche Demokratische Republik)이 수립되었다.

독일과 마찬가지로 한국의 분단도 냉전으로 인한 것이다. 1945년 일본의 패망과 함께 미·소 양국은 카이로회담의 내용을 이행하기 위해 위도 38도선을 경계로 하여 각각 남한과 북한을 점령하였다. 이들의 점령목적은 일본군의 무장해제와 사회질서유지를 위한 것이었지만, 38선을 경계로 북한은 소련에 의해 사회주의체제가 들어섰고, 남한은 미국에 의해 자본주의체제가 수립되어 양 체제의 대결이 첨예화되었다. 스탈린이 사망한 이후 1953~57년 냉전이 다소 완화되었지만, 양 진영의 관계는 여전히 소원하였다.

소련 블록 국가들 간의 방위동맹체인 바르샤바조약기구가 1955년에 결성되었으며, 그해 서독은 나토에 가입하였다. 미국과 소련은 아시아·아프리카·중동에서 경제·군사·외교상의 세력경쟁을 벌였다. 1958~62년 냉전의 최종단계에 들어서면서 미국과 소련의 대륙간탄도미사일의 개발이 시작되었으며, 1962년 소련은 미국을 공격할 수 있는 핵미사일을 비밀리에 쿠바에 설치하려고 하였다. 이 쿠바 미사일 위기로 두 초강대국은 전쟁의 일보 직전까지 치닫는 극한 대결을 벌였으나, 가까스로 미사일 철수에 대한 합의가 이루어졌다. 그

시기에 했던 것과 바로 마찬가지로 좌익과 우익의 정의를 확대하고 변경시켰다. 러시아 공산주의와 그 위성국의 확대가 계급 없는 사회를 향한 어떤 괄목할 만한 진보에 의해 수반되지 않은 채 무자비한 전체주의를 지속하였듯이, 좌익의 역동성은 모택동이 가장 성공적으로 대변하였던 농민사회주의로 이전되었다. 베트남은 1960년대에 에스파니아가 1930년대에 그러했던 좌익의 유명한 대의가 되어 왔다. 서유럽에서 무정부주의는 학생들 사이에서 다시 되살아났다.(45)

하나의 역동적인 좌익은 우익의 역사적 반동을 초래해 왔다. 파시즘과 나치즘은 제2차 대전과 더불어 사망했고 불신을 당했다. 반공주의적 반의회주의 정부들은 그리스, 아시아, 아프리카, 그리고 라틴 아메리카에서 생겨났다. 하나의 단순화된 흑백논리가 공산주의 국가들에서처럼 민주주의 국가들에서 전 세계에 걸쳐 냉전을 특징 지웠다. 가장 의미 깊게도, 미래를 위해 좌익과 우익의 언어들은 백인과 유색인종들과 관련을 맺었다. 아프리카-아시아 급진파는, 그들이 존재하는 어느 곳에서나, 마르크스주의적 관점에서 정치와 사회를 논의하였다.

---

후 미국과 소련은 핵보복의 결과를 깊이 인식하고 핵무기를 사용할 의사가 없음을 분명히 밝혔는데, 이것을 냉전의 종식으로 보는 경우도 있다. 이로써 양대 블럭으로 나뉘어져 극한 대립양상을 보였던 국제질서는 보다 다극화된 양상을 띠게 되었다. 또한 약소국들이 독립을 주장할 여지가 더 많아졌으며, 양대 강대국은 핵무기의 확산방지를 위해 노력하게 되었다. 1990년 9월 12일 미국 · 소련 · 영국 · 프랑스 등 제2차 세계대전 전승국들은 '대(對)독일 화해조약'을 조인, 독일의 통일을 인정함으로써 동 · 서 냉전체제는 사실상 막을 내렸다. 이어 11월 21일에는 유럽안보협력회의에서 34개 회원국들이 파리헌장에 서명하였고, 이 파리헌장에서 '대결과 분열의 시대는 유럽에서 종말을 고하였다'라고 선언하였다.(출처 : http://ko.wikipedia.org/wiki)

반유색인 감정은 가장 미숙한 형태를 띠고 나치와 파시즘의 인종주의의 개념에서 나온 용어로 나타난다. 이처럼 편견, 이상주의, 이데올로기 그리고 극단주의는 죽지 않았다.

# 문헌자료

자료 1

## 고전적 마르크스주의 : 공산당 선언

지금까지 기존의 모든 사회는 계급투쟁의 역사로 점철되어 왔다. 봉건사회의 폐허 위에서 생겨나온 근대 부르주아 사회는 계급적대감을 제거하지 못해 왔다. 근대 부르주아 사회는 새로운 계급, 새로운 압제 조건, 그리고 새로운 투쟁방식을 자리 잡게 하였다.

우리 시대는 부르주아지의 시대로서 분명한 특징을 지니고 있다. 즉 그것은 계급적대감을 단순화시켰다. 사회는 전체적으로 두 개의 거대한 적대 진영 즉 부르주아지와 프롤레타리아트라는 상호 직접 대치하는 두 개의 거대한 계급으로 점점 더 분열되고 있다. 근대산업사회는 가부장적인 장인의 소규모 작업장을 산업자본가들의 거대한 공장으로 변모시켜 왔다. 공장으로 몰려든 노동자 대중은 병사들처럼 조직되었다. 산업 군대의 병졸로서 노동자 대중은 장교와 하사관이라는 명확한 계서제의 지휘 아래에 위치하였다. 그들은 부르주아 계급과 국가의 노예였을 뿐만 아니라 매일 매시간 기계, 감독관, 무엇보다도 개별 부르주아 제조업자에 의해 노예화되었다. 이 세습체제가 이윤을 그 목적과 목표로 공개적으로 천명하면 할수록 노동자들은 더욱 증오하게 되고 그리고 더욱 고통스럽게 된다.

부르주아 계급의 존재와 지배권의 필수 요건은 자본의 형성과 증대이다. 자본증대를 위한 조건은 임(금)노동이다. 임노동은 노동자들 사이의 경쟁에 전적으로 의존한다. 주동자가 부르주아지인 산업사회의 진보로 말미암은 경쟁에 기인하는 노동자들의 고립은 그들 사이의 혁명적 경쟁으로 바뀌어버린다. 따라서 근대 산업의 발달은 부르주아지가 생산하고 그리고 그 생산물을 독점하는 바로 그 토대를 밑에서부터 무너뜨린다. 부르주아지가 생산하는 것은 무엇보다도 그 자신의 무덤을 파는 것이다. 그러므로 부르주아지의 몰락과 프롤레타리아트의 승리는 마찬가지로 불가피하다.

공산주의자들은 단지 다음 몇 가지에 사실에 의해서만 노동계급정당과 구분 된다 : 첫째, 여러 나라 프롤레타리아트의 전국적인 투쟁에서 공산주의자들은 국적에 상관없이 전체 프롤레타리아트의 공동이익을 지적하고 부각시킨다. 둘째, 부르주아지에 대항하는 노동계급들의 투쟁이 거쳐야만 하는 발전의 다양한 단계들에서 공산주의자들은 늘 전체로서 그 운동의 이익을 대변한다. 따라서 공산주의자들은 한편으로 실천적인 측면에서 모든 나라 노동계급 정당들의 가장 진보되고 그리고 단호한 지부인데, 이 지부는 다른 계급들을 앞으로 나아가게 도와준다. 다른 한편 이론적으로 공산주의자들은 프롤레타리아 대중에 비해 프롤레타리아트의 진행노선, 조건 그리고 궁극적인 일반적 결과를 명백히 이해하는 이점을 가진다.

공산주의자들의 즉각적인 목표는 모든 다른 프롤레타리아 정당들의 목표와 동일하다. 즉 프롤레타리아트를 하나의 계급으로 형성하여 부르주아지의 지배권을 타도하고, 프롤레타리아트로 하여금 정치권력을 장악하게 하는 것이 그 목표이다.

노동계급혁명의 첫 단계가 프롤레타리아트를 지배계급의 지위에까지 끌어올리고 그리고 민주주의 전투에서 승리하는 것이다. 프롤레타리아트는 부르주아지의 모든 자본을 점차 빼앗기 위하여 그리고 국가 즉 지배계급으로 조직화된 프롤레타리아트의 손에 모든 생산수단을 집중하기 위하여 그리고 가능한 한 신속히 모든 생산력을 증가시키기 위하여 그 정치적 지배권을 사용할 것이다.

그 발전 과정에서 계급 구분은 사라지고 그리고 모든 생산이 전 국가의 광대한 결사체(association)의 손에 집중될 때, 공권력은 그 정치적 특성을 상실한다. 정치권력은 단지 다른 계급을 압제하기 위한 한 계급의 조직화된 힘이다. 프롤레타리아트가 부르주아지와의 투쟁에서 승리하기 위해서는 그 자체를 하나의 계급으로 조직하지 않을 수가 없다. 만일 혁명에 의해 프롤레타리아트가 지배계급이 된다면 그리하여 폭력에 의해 낡은 생산조건들을 없애버린다면, 프롤레타리아트는 하나의 계급으로서 그 스스로의 지배권을 폐지할 것이다. 낡은 부르주아 사회 대신에 그 계급들과 그 적대감에 힘입어 우리는 그 각자의 자유로운 발전이 모두의 자유로운 발전을 위한 조건이 되는 하나의 조합(association)을 가질 것이다.

- Karl Marx and Friedrich Engels, *The manifesto of the Communist Party*에서 발췌

### 자료 2

**진보적 사회주의 : 베른슈타인**(Bernstein)

현 사회질서는 그 영원을 위해 창조된 것이 아니고 변화의 법칙에 종속된다. 법률을 제정함으로써 생산 및 교역 조건의 변화와 그리고 계급들의 발전을 도모할 수 있다면, 그 모든 공포와 폐허로 점철된 파국적 상황을 모면할 수 있다. 이것을 깨달은 자들의 수는 점차 늘어나고 있다. 사회민주주의가 진부한 말투로부터 스스로를 해방할 용기

를 가지게 된다면 그리고 민주적인 사회주의적 개혁정당으로 나타나도록 결심할 수 있다면 그 깨달은 자들의 영향력은 오늘날 그러한 것보다도 훨씬 클 것이다.

- Edouard Berstein, *Evolutionary socialism*에서 발췌

자료 3

**혁명적 신화 : 소렐**

다른 집단에 대항하여 싸우고 있는 집단들은 가능한 한 독립되고 그리고 치밀한 것으로 보여져야 한다. 이러한 결과들은 일상적인 언어의 사용에 의해 매우 확실한 방식으로 만들어질 수 없다 ; 단지 직관에 의해서만 감정을 지닌 대중들을 하나의 분리되지 않는 전체로서 환기시킬 수 있는 일단의 이미지가 사용되어야 한다. 생디칼리스트들은 사회주의의 전체를 총파업이란 드라마 속에 집중시킴으로써 이 문제를 완벽하게 해결한다.

총파업의 실제적인 실현 가능성은 많이 논의되어 왔다 ; 사회주의자의 전쟁이 하나의 단일 전투에서 결정될 수 없다고 주장되어 왔다. 나는 총파업에 대한 반대에 어떠한 중요성도 부여하지 않는다. 역사에 의해 제공되는 모델에 따라 미래 투쟁의 성격과 자본주의를 폐지하는 수단에 관한 가정들을 구축하는 시도는 유토피아주의자들의 옛 방식으로 되돌아가는 것이다. 미래가 과학적으로 예견될 수 있는 어떠한 과정도 없다. 어떤 불명확한 시간에 미래의 틀을 구축하는 것은 그것이 확실한 방식으로 이루어질 때 매우 효과적임을 경험상 알 수 있다

: 이것은 미래에 대한 기대가 사람들, 정당, 또는 한 계급의 모든 가장 강력한 성향을 그들 내부에서 드러내는 신화의 형태를 취할 때 일어난다. 그 성향들은 삶의 모든 상황 속에서 본능의 강요로 그 마음에 되살아난다.

그 결과는 수많은 실례에서 알 수 있다. 초기 기독교인들은 예수 그리스도의 재림과 그리고 재림 이후 첫 세대가 끝났을 때 천년왕국의 확립과 더불어 세속세계의 완전한 멸망을 기대한다. 이 파국은 발생하지 않았으나, 기독교인들은 계시록적인 신화로부터 크게 혜택을 입었다. 그 신화는 현재 행동하는 수단으로 판단되어야 한다.

총파업이 사실 내가 말한, 사회주의가 전적으로 포함되는 신화 즉 근대사회에 대항하여 사회주의가 떠맡은 전쟁의 상이한 표현에 상응하는 모든 감정들을 본능적으로 불러일으킬 수 있는 일련의 이미지임을 우리는 알고 있다. 파업들은 프롤레타리아트에게서 그들이 소유하고 있는 가장 고귀하고, 깊고 그리고 가장 감동적인 감정을 만들어내었다 : 총파업은 프롤레타리아트 모두를 함께 결합시키면서 그들 각각에게 최고의 능력을 발휘하게 한다.

프롤레타리아의 폭력은 피상적인 학자들과 그리고 정치가들에 의해 그것에 부여된 것과는 전적으로 상이한 의미를 지닌다. 제도와 도덕의 전적인 폐허 속에서 강력하고 새롭고 손대지 않은 어떤 것이 남아 있다.

- Georges Sorel, *Reflections on violence*(14)에서 발췌

자료 4a, 4b

**혁명적 조직 : 레닌**

4a. 새로운 형태의 당

우리는 투쟁과 당을 위해 반대 계층의 가능한 모든 지지를 얻어내는 방식으로 당의 지도 하에 보편적인 정치적 투쟁을 조직하는 과업을 떠맡아야 한다. 우리는 사회민주주의적인 실천적 노동자들이 이 보편적 투쟁의 모든 시위를 지도하고 불만이 있는 학생들, 불만이 있는 젬스토보(의회) 의원, 불만이 있는 종교 분파, 성난 초등학교 선생님 등을 위해 적절한 시기에 적극적인 행동 강령을 지시할 수 있는 정치 지도자가 되도록 훈련시켜야 한다. 당은 전 국민의 이름으로 정부에 대한 압력 즉 프롤레타리아의 혁명적 훈련과 노동계급의 경제투쟁 지도, 착취자와의 모든 자발적인 투쟁의 이용을 분리할 수 없는 하나의 전체에 결합하면서 보편적인 선동을 수행할 것이다. 이러한 것들은 우리 진영에서 프롤레타리아의 수적 증가를 초래한다.

이러한 기회주의적이며 '혁명적인 두 경향은 정치적 투쟁의 에너지, 안정성 및 지속성을 유지할 수 있는 혁명가들의 조직을 세우려는 우리의 우선적이고 가장 절박한 실질적 과업을 이해하지 않는다. 우리가 혁명가들의 강력한 조직의 견고한 토대를 바탕으로 시작한다면 전체로서 그 운동의 안정성을 보증할 수 있고 그리고 사회민주주의와 노동조합주의 양자의 목표를 실행에 옮길 수 있다. 대중에게 가장 '접근이 쉬운' 것으로 여겨지는 광범한 노동자들의 조직으로 시작하고, 사실상 그 조직이 혁명가들을 경찰에 가장 접근하기 쉽게 만들어 줄때 우리는 사회민주주의나 노동조합주의 그 어느 것의 목적도 달성하지 않을 것이다.

나는 다음 몇 가지를 주장한다. (1) 어떠한 운동도 계속되기 위한 지도자의 안정적인 조직이 없다면 지속될 수 없으며 ; (2) 대중이 더욱 광범하게 투쟁에 자발적으로 이끌리고 그 운동에 참가하면 할수록, 그러한 조직을 가지는 것은 더욱 필요하다 ; (3) 조직은 직업으로서 혁명활동에 가담하는 사람들로 주로 구성되어야 한다.

우리에게 반대하는 다음과 같은 주장이 제기될 것이다 : 자신의 손아귀에 비밀활동의 모든 끈을 집중하는 강력하고 엄격한 하나의 비밀단체 즉 필연적으로 집권화된 조직임에 틀림없는 조직은 노동계급의 정치적 불만과 분노 등등이 그것을 위해 충분히 무르익기 전에 너무 일찍 성급한 공격에 몰두하고 그 운동을 격화시키기에 이른다. 이에 대해 이론적으로 말해서, 투사 조직은 패배로 끝날지도 모르지만 다른 상황 하에서 모면되었을 지도 모르는 전쟁을 생각 없이 시작할 것임은 부인할 수 없다고 우리는 응답한다. 하지만 모든 전쟁은 그 내부에 패배의 가능성을 가지고 있고 그리고 조직화된 전쟁준비보다 이 가능성을 줄일 수 있는 어떤 다른 방법도 없기 때문에 우리는 그러한 문제에 대해 추상적인 추론을 하는데 그칠 수 없다. 하지만, 우리의 논쟁이 현재 러시아에서 우세한 구체적인 조건에 기초한다면, 우리는 강력한 혁명적 조직이 절대적으로 필요하다는 긍정적인 결론에 도달하게 됨에 틀림없다. 우리가 이미 두 가지 상반되는 극단적인 것들 즉 절대적으로 불합리한 경제주의와 중용의 설파 그리고 불합리한 '도발성 테러'를 이미 주목하는 때는 정확히 말해 어떠한 그러한 조직도 여태 존재하지 않고 혁명적 운동이 빠르고 자발적으로 확산되는 현재이다. 모든 혁명적인 본능과 노력을 충족시키는 사회민주주주의 정책을 일관되게 수행하는 집권화되고 투쟁적인 조직만이 생각 없는 공격에 대항하여 그 운동을 보호할 수 있고 그리고 성공의 희망을 지속적으로 품게 하는 공격을 하기 위해 그것을 준비시킬 수 있다.

여기서 설명된 조직에 대한 견해들이 '민주주의의 원칙'에 어긋난다는 비난이 또한 제기될 것이다. 앞서 언급된 비난은 단순히 러시아에서 비롯된 것인 반면에, 이 비난은 순전히 외국에서 비롯된 것이다. 독일사회민주당의 법칙처럼 "당 강령의 원칙을 수용하고 당을 전적으로 지지하는" 모든 자들이 비밀리에 일하는 혁명가들의 모든 행동을 통제하는 것이 러시아에서 가능한가? 노동의 바로 그 이익을 위해 이들 모든 혁명가 10명 중 9명 꼴로 정체를 숨겨야 할 때 모든 혁명가들이 그들 중의 하나를 특정 직책에 선출하는 것이 가능한가?

암담한 독재체제 하에서 당조직의 광범한 민주주의는 쓸모없고 하나의 해로운 장난감일 뿐임을 깨달을 것이다. 사실상 어떠한 혁명적인 조직이 아무리 폭넓은 민주주의를 실천하기를 매우 바랐다 할지라도 그렇게 한 적이 없거나 할 수 없기 때문에 그 민주주의는 하나의 쓸모없는 장난감이다. 대규모 공세를 취할 때 폭넓은 민주주의 원칙'을 수행하고자 하는 어떠한 시도도 경찰의 개입을 촉진하기 때문에 하나의 해로운 장난감이다. 실질적으로 생생한 실천적 활동을 할 어떠한 기회도 없는 사람들이 매우 자주 모이는 곳인 해외에서만 '민주주의의 게임'은 여기저기서 특히 작은 집단 단위로 진행될 수 있을 것이다.

- V. I. Lenin, *What is to be done?*에서 발췌

4b. 프롤레타리아 독재

계급투쟁의 원칙은 마르크스에 의해 국가 및 사회주의 혁명의 문제에 적용되었듯이 불가피하게 프롤레타리아트의 정치적 지배와 그 독재에만 직접 의존하는 권력을 인정하기에 이른다. 새로운 경제 질서 수립을 위해 모든 고통받고 착취받는 대중을 조직할 수 있는 지배계급으로 프롤레타리아트를 변형시킴으로써만이 부르주아지를 타도할 수 있다. 프롤레타리아는 착취자의 저항을 분쇄하기 위해서는 물론 거대한 대중 즉 농민, 소부르주아지 그리고 반(半)프롤레타리아트를 사회주의 경제를 조직화하는 과업에 이끌어 들이기 위해 국가권력, 집권화된 무력단체 그리고 폭력의 조직화를 필요로 한다.

노동자정당을 교육함으로써 마르크스주의는 권력을 잡을 수 있고, 전 인민을 사회주의로 이끌 수 있으며 그리고 부르주아지 없이 그리고 부르주아지에 대항하여 사회생활을 강화하는 과업에서 수고하고 착취받는 모든 자들의 교사, 인도자 그리고 지도자가 될 수 있는 프롤레타리아트의 전위대를 교육한다.

국가 즉 "지배계급으로 조직된 프롤레타리아트"라는 마르크스의 이론은 역사에서 프롤레타리아의 혁명적 역할에 관한 그의 모든 가르침과 밀접한 관련이 있다. 그 역할의 절정은 바로 프롤레타리아 독재이며 즉 프롤레타리아의 정치적 지배이다. 단지 계급투쟁만을 인정한 자는 아직도 마르크스주의자가 아니다. 마르크스주의를 계급투쟁의 가르침에만 한정하는 것은 마르크스주의를 축소하고, 왜곡하고 그리고 부르주아지들이 받아들일 수 있는 어떤 것에 한정시키는 것을 의미한다. 마르크스주의자는 계급투쟁의 수용을 프롤레타리아 독재의 수용에까지 확대한 자이다.

게다가 국가에 관한 마르크스 가르침의 본질은 하나의 단일계급 독재가 일반적으로 계급사회를 위해서 그리고 부르주아지를 전복해 온 프롤레타리아트를 위해서 뿐만 아니라 자본주의를 무계급 사회 및 공산주의사회와 분리시키는 모든 역사적인 시기를 위해서도 필요함을 이해하는 자에 의해서만 받아들여질 수 있다. 부르주아 국가들의 형태는 종류가 매우 다양하지만 그러나 그것들의 본질은 동일하다 : 이 부르주아 국가들은 어떤 방법을 쓰든 간에 필연적으로 부르주아지 독재체제로 귀결된다. 자본주의에서 공산주의로의 이행은 확실히 매우 다양하고 풍부한 형태의 정치 체제를 가져다 줄 것이다. 그러나 그 본질은 불가피하게도 단지 하나 즉 프롤레타리아 독재이다.

사회가 "각자로부터 그 능력에 따라 각자에게 그 필요에 따라"라는 법칙을 실현하게 될 때 즉 사람들이 사회생활의 근본원칙을 준수하는데 익숙하게 될 때 국가는 완전히 소멸된다. 그들의 노동은 매우 생산적이어서 그들이 자발적으로 능력에 따라 일을 하게 될 때 국가는 소멸된다. 사람들은 다른 사람보다 반시간을 더 일했든 안했든 간에 그리고 다른 자보다 더 많은 보수를 받든 안받든 간에 샤일록(Shylock : 셰익스피어 소설 '베니스의 상인'에 나오는 악덕 고리대금업자)처럼 냉혹한 계산을 강요하는 부르주아 법의 편협한 한계를 잊어버릴 것이다. 그래서 그 각각의 구성원들에 분배될 생산물의 양에 대해 사회가 정확한 계산을 할 필요가 없을 것이다 ; 각자는 자신의 필요에 따라 생산물을 자유롭게 가져갈 것이다.

부르주아지의 관점에서 볼 때 그러한 사회질서 즉 "하나의 순수한 유토피아"를 선언하기란 쉽다. 작금에 조차 대부분의 부르주아 지식인들은 한 때 자신들의 무지를 보여주고 그리고 자신들의 자본주의를 이기적으로 옹호하면서 공산주의사회의 생산 및 분배 원리에 대해 냉소적인 태도를 취하였다. 공산주의의 가장 장 높은 단계가 도래할 것이라고 약속하는 어떠한 사회주의자도 그같은 무지에 빠지지는 않았다 ; 위대한 사회주의자들은 그 도래를 예견하면서 반성없이 사회적 부의 창고를 망칠 수 있고 또한 불가능한 것을 요구할 수 있는 현재와는 다른 노동생산성을 전제로 한다.

공산주의의 보다 높은 단계가 도달할 때까지, 사회주의자들은 사회와 국가에 의한 노동의 양과 소비의 양에 대한 가장 엄격한 통제를 요구한다 ; 단지 이 통제는 자본가 소유의 몰수와 더불어 시작되어야 하고 그리고 관료들의 국가에 의해서가 아니라 무장한 노동자들의 국가에 의해서 수행되어야 한다.

- V. I. Lenin, *State and Revolution*(10)에서 발췌

자료 5

**총체적 민족주의 : 모라스**(Maurras)

프랑스는 그것을 다스리는 자들이 국가에 소속감을 지닌 사람들이 아니라 정당에 소속감을 지닌 사람들이었기 때문에 분열되었다. 정직한 자들은 단지 당의 이익을 생각한다. 정직하지 않은 자들은 자신들의 호주머니만을 채우려고 한다. 이들은 각기 프랑스의 적이다. 프랑스는 하나의 정당이 아니다.

프롤레타리아트만이 유일한 악은 아니다. 두 가지 악이 존재하는데

그것은 프롤레타리아트와 자본주의이다. 이들 양자의 대결로부터 그 악들을 치유할 공통 해독제에 대한 사상이 생겨난다. 어떤 해독제를 사용해야 하나? 자본가에게서 그들의 전제적인 권력을 빼앗아버림으로써 자본이 홀로 지배하는 것을 막을 자본가 이외의 정치적 도덕적 세력 즉 세습적인 정부, 협동조합, 종교 세력을 활용하여 프롤레타리아트를 사회에 통합시키는 것이 그 해독제이다.

민족 사상은 경솔한 무정부주의자들이 그것에 대해 얘기하듯이 하나의 망상이 아니다. 민족 개념은 구체적인 현실을 추상적인 용어로 나타낸 것이다. 민족은 견고하고 완전한 공동체적인 단체들 중에서 가장 광범한 것이다. 민족을 분쇄한다면, 개인으로서 당신은 벌거벗겨질 것이고 자신의 모든 방어, 모든 지지, 모든 도움을 상실할 것이다.

자신의 민족으로부터 자유롭다할지라도 개인은 고통, 착취, 그리고 폭력적 죽음에서 자유롭지 않을 것이다. 우리는 자연적 진리에 따라 개인이 가진 모든 것과 좋아하는 모든 것이 민족의 존재에 의해 조건지어진다고 결론을 내린다. : 스스로를 지키기를 조금이라도 원한다면, 개인은 어떤 비용을 무릅쓰고라도 자신의 민족을 보호해야 한다. 우리는 민족을 하나의 신 즉 절대적인 형이상학으로 만들지는 않는다. 그러나 적어도 어떤 점에서 국가를 옛날 사람들이 하나의 여신이라 불렀던 것으로 만들 것이다. 독일을 신처럼 받드는 독일인들은 여호와 하나님처럼 유일하고, 무한하고 그리고 전능한 그의 옛 신으로서 독일에 대해 얘기한다. 하나의 여신인 프랑스는 그 신을 제한하고 균형을 부여할 수 있는 국제적 삶의 원칙들과 자연적으로 관계를 맺고 타협한다. 한 마디로 말해, 민족은 정치 사상들의 계서제의 정상을 차지한다. 이러한 강력한 실체 중에서 민족은 가장 강력하다. 자 이것이 전부다.

프랑스의 민족주의는 우리에게서 프랑스라는 여신에 대한 한결같은 종교심을 자극하는 경향이 있다. 세습적인 군주정은 프랑스에서 자연적이고, 합리적인 구성체이며, 유일하게 가능한 중앙권력의 본질이다. 왕이 없다면 민족주의자들이 보호하기를 원하는 모든 것이 우선 약화되고, 이어서 필연적으로 망할 것이다. 왕이 없다면, 민족주의자들이 개혁하기를 원하는 모든 것은 지속될 것이고, 악화될 것이며 또는 거의 파괴될지라도 상응하는 형태를 띠고 재출현할 것이다. 모든 개혁의 조건인 왕정은 또한 개혁의 정상적이며 필수불가결한 보충물이다. 기본적으로 군주체제는 민족주의에 대한 모든 다양한 가정과 연관이 있다 : 이 때문에 군주주의는 스스로 총체적인 민족주의라고 명명되었다.

- Charles Maurras, *Mes idees politiques*, 33e edition, Libraire Artheme Fayard, Paris 1937에서 발췌

자료 6

**파시즘 : 무솔리니**

이제는 먼 과거가 되어버린 1919년 3월에 내가 '포폴로 이탈리아(Popolo d'Itavlia)지'의 칼럼을 통해 1915년 1월에 세워진 혁명적 파시스트행동단의 창설 이래로 나를 추종했던 살아남은 지지자들을 밀란에 소환하였을 때 나는 어떠한 구체적인 교리상의 계획도 없었다. 나는 1903~4년부터 1914년 겨울까지 거의 10년 동안 오직 하나의 교리

즉 사회주의 교리를 알았고 그것만으로 교리상의 부족함을 견뎌내었다. 이 점에서 나의 경험은 추종자와 지도자의 경험이었지 이론가의 경험은 아니었다. 그러나 그 시기에조차 나의 교리는 행동주의 교리였다. 보편적으로 받아들여지는 하나의 명료한 사회주의는 베른슈타인의 지도 아래 독일에서 시작된 수정주의 운동에 반대하여 하나의 극단적 혁명운동이 형성된 1905년 이후에는 존재하지 않았다. 그 극단적 혁명운동은 이탈리아에서 단순한 말로 생겨난 것이 아닌 반면 러시아 사회주의에서 그것은 볼셰비즘의 서곡이었다. 개혁, 혁명, 중앙집권화 등의 용어는 이제 영향력을 상실하였다. 반면 파시즘이라는 큰 강에서 1900~1914년 사이에 이탈리아 사회주의에 색다른 지식을 도입한 소렐(Sorel), 페기(Peguy), 라가르델(Lagardele) 그리고 이탈리아 노조주의 단체들에게서 비롯된 시내들이 발견될 것이다. 로마진군 이전 여러 해 동안 행동의 필요성 때문에 교리에 대한 문의 또는 교리의 완전한 형성은 용납되지 않았다. 전투가 도시들과 마을들에서 이루어지고 있었기 때문이다.

바로 이 시기에 파시스트 사상은 하나의 조직을 향해 나아가면서 자체를 무장시키고 세련시켰다. 개인과 국가의 문제 ; 권력과 자유의 문제 ; 정치적이고 사회적인 문제와 좀 더 구체적으로 민족적인 문제를 둘러싸고 자유주의적이고 민주주의적인 사회주의자, 프리메이슨단의 선동적인 교리들에 대항하는 투쟁이 전개되었다. 그러나 시스템이 결여되어 있었기 때문에 적들은 파시즘이 그 스스로의 교리를 만들 어떠한 힘을 가지고 있다는 것을 솔직하게 부정한 반면에 교리는 1926, 1927, 1928년의 3년 동안 그 체제의 법과 제도로 실현된 하나의 건설적 정책에 힘입어 그 중요성이 커졌다.

파시즘은 오늘날 체제로서 뿐만 아니라 교리로서 분명히 정의된다. 무엇보다도 파시즘은 그것이 현재의 정치적인 동기들을 고려하고 주목하는 한 영속적인 평화의 가능성이나 유용성 그 어떤 것도 믿지 않는다. 따라서 파시즘은 희생에 직면하여 투쟁의 포기와 겁많은 행동에서 생겨난 평화주의의 교리를 부인한다. 전쟁은 단지 모든 인간 에너지를 가장 높은 수준에까지 끌어올리고 전쟁에 대처할 용기를 가진 민족들에게 고귀함의 징표를 새겨준다. 모든 다른 시도들은 죽느냐 사느냐의 선택 앞에 결코 받아들일 수 없는 대안들이다.

파시즘은 보편적인 화해를 거부한다. 파시즘은 문명화된 민족들의 공동체 사회에 생존하기 때문에 그 눈 앞에서 주의 깊게 그리고 의심스런 눈초리로 그 민족들을 면밀히 감시한다. 파시즘은 문명인들의 마음 상태와 그들의 흥미에 있어서 변화를 따르며 일시적이고 거짓된 모습에 의해 스스로가 속아 넘어가는 것을 허용하지 않는다.

삶의 그러한 개념은 파시즘으로 하여금 이른바 과학적 사회주의 또는 마르크스주의적 사회주의의 토대를 형성하였던 구체적인 교리를 정확하게 부정명제로 만든다. 사적 유물론의 교리에 따르면 인간문명의 역사는 상이한 사회 그룹들 사이의 투쟁에서 그리고 생산수단과 생산도구의 변화에서 생겨나는 것으로만 설명될 수 있다. 원자재의 발견, 새로운 작업방법, 과학적인 발명기구 등의 경제적 진보는 그 자체의 중요성을 가지고 있어야 하지만, 그러나 경제적 진보가 모든 다른 요소를 배제하고 인간 역사의 변천을 설명해주는 유일한 요소라는 주장에 만족해야 한다는 것이 불합리함을 어느 누구도 부인하지 않는다 ; 파시즘은 이제 그리고 항상 신성함과 그리고 영웅주의를 믿으며, 달리말해 어떠한 경제적 동기도 하나의 역할을 하지 않은 행동들을 믿는다. 깊은 곳에서 실제적인 지도적 세력들이 작용하고 있는 반면에 파도의 표면에서 나타나고 사라지는 사람들이 단지 역사의 부산물이라는 사적 유물론을 거부하면서 역사의 이와 같은 경제적 개념의 자연적 산물인 불변적이고 돌이킬 수 없다는 계급투쟁 역시 부정한다. 무엇보다 계급투쟁이 사회변화의 주요한 요인일 수 있다는 사실을 부인한다.

사회주의를 본받아 파시즘은 민주주의 이데올로기 전체를 공격하고, 그 이데올로기들의 이론적인 전제에서나 그리고 그것들의 적용 또는 실제적인 표출 시에 그 민주주의 이데올로기들을 거부한다. 파시즘은 다수파가 다수파라는 단순한 사실 때문에 인간 사회를 다스릴 수 있다는 주장을 거부한다. 또한 대다수의 사람들이 주기적인 협의에 의해서 통치할 수 있다는 것을 부인한다. 그것은 보통선거와 같은 기계적이고 본질적이지 않은 사실에 의해 그 수준을 평준화될 수 없는 인간들의 돌이킬 수 없는 유익하고 그리고 도움이 되는 불평등의 존재를 단언한다. 우리에게 민주주의 체제란 사람들이 때때로 주권자가 되는 환상을 부여받는 체제를 의미하는 반면 진정한 주권은 아마도 무책임하고 비밀스런 다른 세력들에 있다. 민주주의는 한명의 왕이 없지만 그러나 한 명의 왕보다 아마도 더욱 배타적이고 포악하고 폭력적인 많은 왕들이 있는 체제이다. 이것은 왜 파시즘이 비록 편의 때문에 1922년 이전에 공화주의의 흉내를 내었을 지라도 로마행군 이전에 공화주의와 관계를 끊었는지를 설명한다.

군주제적 절대주의는 과거의 일이기에 그것은 상당한 정도로 신권정치이다. 또한 완고하고 고립적인 신분제도로 변한 봉건제도의 특권들은 번창하였다. 파시스트 권력 이론은 경찰국가와는 무관하다. 전체주의 방법으로 나라를 통치하는 당은 역사상 하나의 새로운 사실이다. 비교는 가능하지 않다. 파시즘은 자유주의적이고 사회주의적이며 민주적인 교리들의 파멸로부터 여전히 살아남은 가치를 지니는 요소들을 받아들인다. 파시즘은 확립된 역사적 사실이라고 불려질 수 있는 요소들을 보존한다. 파시즘은 그 모든 나머지 즉 어느 시대의 누구에게도 유효한 한 원칙의 사상을 거부한다. 19세기가 사회주의, 자유주의 그리고 민주주의의 세기였음이 인정된다면, 20세기가 또한 자유주의, 사회주의 및 민주주의의 세기가 되어야 한다는 것은 당연하지가 않다. 정치적인 교리는 사라지고, 사람들은 남는다. 이 세기(20세기)는 권위의 세기 즉, 우익의 세기이며 파시스트의 세기일 것으로 기대된다. 만일 19세기가 개인(자유주의는 개인주의를 의미함)의 세기였다면, 20세기는 집단주의의 세기로 여겨지며 따라서 국가의 세기로 여겨질 것으로 기대된다.

파시스트 교리의 핵심은 국가, 그 본질, 그 과업, 그 목적의 개념이다. 파시즘에게 있어서 국가는 그 앞에서 개개인들과 집단들이 상대적 의미를 지닐 것이다. 그 개개인들과 집단들은 그것들이 국가에 속하는 한에서만 그 존재를 생각해 볼 수 있는 것이다.

파시즘은 강력하면서도 조직적이며 동시에 광범한 대중적 토대 위에 설립되는 국가를 원한다. 또한 파시스트는 국가 내에서 민족의 모든 정치적·경제적·정신적 세력들이 활동한다. 그것을 인정하고, 느끼고, 따를 준비가 된 수 백만 명의 개인들 위에 세워진 한 국가는 중세 영주의 전제적 국가가 아니다. 그것은 1789년 전후로 존재했던 절대주의 국가와 공통점이 전혀 없다. 파시스트 국가에서 개인은 억압받지 않고 오히려 강화되는데, 이것은 하나의 연대에 속한 한 병사가 약해지지 않고 오히려 그 동료들에 의해 강해지는 것과 마찬가지이다. 파시스트 국가는 국민들을 조직하지만 그것은 개개인들에게 충분한 활동영역을 남긴다. 그것은 쓸모없고 유해한 자유를 제한하고 그리고 필수적인 자유를 보호한다. 이 문제에 있어서 개인이 아닌 국가만이 결정권을 가진다.

파시즘에게 있어서 제국건설 성향 즉 민족들의 대외팽창 성향은 활력의 표시이다. 그와는 반대로 국내에 머무는 것은 쇠락의 징후이다. 융성하거나 다시 융성하는 자들은 제국주의자들이며, 죽는 자들은 포기자이다. 파시즘은 이탈리아 국민처럼 외국인에게 많은 세기에 걸쳐 포기와 노예의 상태를 겪은 후 다시 부활한 사람들의 목표와 정신상태를 대변하기에 가장 적합한 교리이다. 그러나 제국은 규율, 세력의 공동조정, 의무 그리고 희생을 요구한다. 그것은 이 체제의 실질적인 작동의 많은 측면과 국가 내의 많은 세력들의 방향을 설명한다. 만약 모든 세대가 스스로의 교리를 가진다면, 이 세대의 교리가 파시즘이라는 것은 일천 가지의 징표로 볼 때 명백하다.

자료 7

### 정치적인 선전 : 히틀러

선전은 항상 폭넓은 국민 대중에게 호소를 해야 한다. 오늘날 지식계급 혹은 지식계급이라 불려지는 사람들에게 있어서 선전은 어울리지 않고 단지 과학적인 해설에 불과하다. 대중의 수용력은 매우 제한적이고 그들의 이해력은 약하다. 다른 한편 그들은 빠르게 잊는다. 이 때문에 모든 효과적인 선전은 적은 수의 필수적인 것에 제한되어야 하고 그리고 단순한 형태로 가능한 한 널리 표명되어야 한다. 이런 슬로건들은 가장 나중의 개인이 그 사상을 파악하게 되기까지 지속적으로 반복되어야만 한다. 만약 이 원칙이 잊혀지거나 추상적이고 일반적인 하나의 시도가 행해진다면 선전은 비효과적임이 드러날 것이다. 왜냐하면 대중은 그런 식으로 자신들에게 제공되는 것을 소화하거나 또는 유지할 수가 없기 때문이다. 그러므로 제시되어야만 하는 메시지가 중요하면 할수록 선전을 통해 심리적으로 가장 효율적인 그 활동 계획을 밝히는 것은 더욱 더 필요하게 된다.

지식인들을 기쁘게 할 목적에서 일련의 감정 변화를 만들어내는 것은 선전의 목적이 아니다. 선전의 가장 중요한 기능은 이해력이 느려 정보를 흡수하는데 시간이 필요했던 대중들을 설득시키는 것이었다. 그리고 단지 지속적인 반복만으로 군중의 기억 속에 하나의 사상을 각인시키는데 성공할 것이다.

선전은 무엇인가 실천될 수 있는 다양한 방법을 설명하기 위한 이론적인 강령을 정하는 자의 과제가 아니다. 그의 과업은 그런 식으로 문제를 처리하는 것이다. 따라서 그는 수단에라기보다는 목적에 기대를 걸어야 한다. 중요한 질문은 하나의 사상이 근본적으로 옳은가 그른가하는 점이다. 그것을 실제 수행하는 것이 어려운지 아닌지는 아주 별개의 문제이다. 하나의 프로그램이나 하나의 정책을 설정하는 과업을 떠맡은 한 사람이 절대 진리를 주장하는데 자신을 국한시키지 않고 그것이 편리하고 실용적인지에 관한 문제로 바쁘기 시작할 때, 그의 작업은 빛과 주도권을 찾는 사람들에게 선도하는 안내자의 역할을 못하게 될 것이고 그리고 단지 일상생활을 위한 하나의 처방에 불과하게 될 것이다.

- Adolf Hitler, *Mein Kampf*(18)에서 발췌

자료 8

**아리안족 신화 : 히틀러의 견해**

과거의 모든 훌륭한 문명들은 혈통오염으로 말미암아 원래 창조적인 인종이 사멸되었기 때문에 쇠퇴하게 되었다. 그러한 쇠락 중에서 가장 심원한 원인은 사람들이 모든 문화가 인간에 의해 좌우된다는 원칙을 무시한 사실에서 찾을 수 있다. 달리 말해, 특정한 문화를 보존하려면 그러한 문화를 창조하는 인종이 보존되어야 한다. 그러나 그러한 보존은, 승리해야 하는 자들은 가장 강하고 가장 유능한 사람이고 그리고 그들은 지속할 권리가 있다는 냉혹한 법칙에 순응한다. 살고 싶은 자는 투쟁해야 한다. 영구적인 투쟁이 삶의 법칙으로 자리 잡고 있는 이 세상에서 싸우기를 바라지 않는 자는 존재할 권리가 없다. 그러한 주장은 어렵게 들릴지도 모른다. 자신이 자연을 극복할 수 있고 사실 자연을 모욕할 수 있다고 믿는 자의 운명은 훨씬 더 가혹하다. 고민, 불행, 그리고 질병은 자연의 응답이다. 정말로 경주의 법칙을 무시하거나 경멸하는 어느 누구도 그가 성취할 수 있다고 믿는 행복을 실제로 상실해버린다. 그가 우수한 인종이 승리하는 길에 방해가 되기 때문에, 그렇게 함으로써 그는 모든 인류 진보의 선행조건을 해치는 것이다. 인도주의적인 감정이라는 부담

에 억눌려 있기 때문에, 그는 민족의 우열성을 판단할 수 있는 저울에 그 스스로를 올릴 수 없는 사람들의 수준에까지 낮아졌다. 어떤 민족 또는 민족들이 원래 표준적인 인간문명의 보유자였고 그래서 우리가 이해하는 모든 것의 실제적 창건자였는가에 대한 문제를 논의하는 것은 쓸데없는 일이다. 그것이 현재와 관련이 있는 한 이 문제에 대처하는 것은 훨씬 더 단순하다. 여기에서 그 대답은 단순하고 명확하다. 우리가 오늘 눈앞에 보고 있는 인간문화의 모든 표현, 예술, 과학 그리고 기술의 모든 산물은 거의 전적으로 아리안족의 창조력의 산물이다. 바로 이 사실이 우수한 유형의 인류를 만들어낸 것은 단지 아리안족이며 따라서 이들이 우리가 이해하는 용어인 인간의 원형을 대변한다는 결론을 충분히 정당화한다. 만일 아리안족인 사라진다면, 짙은 암흑이 지구에 드리울 것이다. 불과 수천 년 이내에 인간문화는 사라질 것이며, 세계는 사막이 될 것이다.

유대인은 아리안족과는 가장 크게 대조가 된다. 이른바 '선택된' 민족으로서 유대인만큼 자기보존 본능을 잘 발달시켰던 민족은 세계에서 아마도 결코 없다. 이러한 주장의 가장 좋은 증거는 이 인종이 여전히 존재한다는 단순한 사실에서 찾을 수 있다. 불과 지난 몇 천년만에 유대인만큼 정신적 외관이나 성격에서 변화를 거의 겪지 않은 다른 민족을 어디에서 찾을 수 있단 말인가? 지금까지 어떤 다른 민족이 엄청난 혁명에 그처럼 지속적으로 가담해 온 적이 있는가? 그러나 심지어 인류를 압도하였던 가장 거대한 대참사인 일차세계대전을 경험하기조차 했을지라도 유대인들은 여전히 변하지 않고 있다. 생존하고 자신의 종을 보존하기 위해 무한히 집착하는 생존의지가 그 사실에 의하여 얼마나 잘 입증되는가?

유대인의 지적인 재능은 지난 수백 년 간에 걸쳐 훈련되어 왔다. 오늘날 유대인은 특히 교활해 보인다. 어떤 의미에서 유대인은 수세기에 걸쳐 교활하였다. 그러나 유대인들의 지적인 힘은 내적인 발전의 결과가 아니라 오히려 그들이 다른 사람들로부터 얻어낸 대상교훈에 의하여 형성되어 왔다. 유대인은 그 자신의 문명을 결코 가진 적이 없기 때문에 그는 자신의 지적인 작업을 위한 토대를 다른 사람들로부터 제공받아 왔다. 그의 지식은 그가 자신의 주위에 이미 준비되어 있음을 발견해왔던 그 문화적인 업적들을 이용함으로써 항상 발전해 왔다. 그 과정은 역으로 이루어진 적이 결코 없었다.

비록 유대인 중에서 자기보존의 본능이 다른 사람보다 훨씬 더 강렬하였고 그리고 유대인의 지적인 힘이 다른 민족들의 지적인 힘에 적어도 필적한다는 인상이 쉽게 생길지라도, 유대인들은 문화적인 사람들의 가장 중요한 선행조건 즉 이상주의적 정신을 전적으로 결여하고 있다. 이점이 바로 왜 유대민족이 자신들이 명백히 부여받은 지적인 힘에도 불구하고 하나의 문화 즉 확실히 그들 자신의 문화를 갖지 못한 이유이다. 유대인들이 누린 문화는 다른 사람들의 노고의 산물이며, 이 산물은 유대인들의 손에서 가치가 떨어졌다. 다른 민족과 국가들의 물질 위에서 번성하는 기생충으로서의 유대인들의 삶은 쇼펜하우어가 '거짓말들의 위대한 주인'으로서의 유대인들에 대해 이야기하면서 한때 설명한 그 구체적인 성격을 악화시키는 결과를 초래하였다. 유대인의 생존방식은 유대인들로 하여금 북부 기후의 주민들이 따뜻한 옷을 착용하지 않을 수 없는 것만큼 아주 자연스럽게 거짓말을 체계적으로 사용하도록 만들었다. 만약 독일 민족의 몰락을 초래하는데 기여하였던 모든 원인들을 재검토한다면 그 몰락의 가장 심원하고 결정적인 요인은 인종문제에 대한 통찰력의 결여와 그리고 특히 유대인의 위험을 인정하지 못한데 있다. 이 민족의 모든 존재가 얼마나 영구적인 거짓에 근거하고 있는 가는 유대인들에 의하여 그렇게 격렬하게 부인된 "시온(유대인의 성지인 예루살렘을 뜻함) 의정서"[자료13 참조]에 의해 입증된다. 유대인기관지인 프랑크푸르트지(Frankfurter Zeitung)는 불만에 가득차서 이것들이 조작된 것임을 반복 천명하였다. 시온의정서는 다만 그들의 확실성을 뒷받침하는 증거이다. 많은 유대인들이 무의식적으로 하기를 원하는 것은 그 의정서에서 분명히 제기되었다... 유대인들은 무서울 정도로 정확하게 자신들의 정신과 행동방식을 드러내며, 그들의 저작들은 모든 다양한 방향에서 그들이 추구하고 있는 궁극적인 목적들을 상술하고 있다.

- Hitler, *Mein Kampf*(18)

자료 9

**나치당의 최초의 프로그램**

우리가 민족사상에 대한 광범한 국민대중의 지지를 얻어냄으로써 독일의 장래 문제에 대한 만족스런 해결책을 발견할 수 있기 때문에 교육에 관한 이 저작은 단지 순간의 필요를 충족시키려고 노력하지 않고 하나의 운동에 의해 성취되어야 하는 최고의 가장 중요한 과업으로 간주되어야 한다.

일찍이 1919년에 우리는 대중의 민족주의화가 그 새로운 운동의 최우선적이고 가장 중요한 목표가 되어야 한다고 확신하였다. 전술적인 견지에서 볼 때, 이 결정은 우리들의 어깨에 상당한 의무를 부담지웠다. 이러한 노력의 어떠한 사회적인 희생도 너무 크다는 이유로 민족의 회생을 위해 대중의 지지를 얻을 수 없는 것으로 여겨서는 안 된다. 국민 경제학의 분야에서 피고용인들에게 오늘날 주어지는 어떠한 양보도 만약 그러한 양보가 인민대중을 그들 자신의 민족의 품으로 되돌아가게 하는데 기여한다면 전 민족이 거둬들일 혜택에 비교해볼 때 사소한 것이다.

민족의 노선에 따른 대중 교육은 대중의 사회적 여건을 향상시킴으로써 단지 간접적으로 수행될 수 있다. 왜냐하면 단지 그러한 과정을 통해서만 모두로 하여금 국가의 문화적 생활을 공유하도록 해주는 경제적 여건이 조성될 수 있기 때문이다. 광범한 대중의 민족주의화는 미봉책에 의해서 결코 달성될 수 없고 오히려 성취되어야 하는 하나의 목표에 대한 무자비하고 헌신적인 강요에 의해서만 성취될 수 있다.

대중의 마음은 운동을 이끌었던 자들이 자신의 목표를 위해 긍정적인 투쟁을 실행에 옮기고 또한 적을 파괴하기로 결심한다면 획득될 수 있다. 대중들은 그러나 자연 그 자체의 한 부분에 불과하다. 그들의 감정은 너무나 강렬하여 그들은 적이라고 선언된 사람들 사이의 상호 화해를 이해할 수 없다. 그들의 바램은 더 강한 자가 승리하고 보다 약한 자가 제거되거나 강한 자의 의지에 무조건적으로 복종하는 것을 목격하는 것이다.

대중의 민족주의화는 단지, 사람들의 마음을 얻으려고 적극적인 투쟁을 하는 가운데, 그들 사이에서 국제적인 독을 퍼뜨린 자들이 단지 멸절된다면 성공적으로 성취될 수 있다. 우리의 시대의 모든 큰 문제는 순간의 문제이고 그리고 어떤 명확한 원인들의 결과에 불과하다. 이 원인들 중에서 심원한 인과관계를 지니는 것은 단지 하나이다. 그것은 바로 사람들의 사이에서 순수한 인종적 혈통을 유지하느냐의 문제이다.

이제 인민대중을 민족공동체 내에 가담시킴으로써 우리는 다양한 직종 및 직업의 이해관계가 보호되어야 한다는 원칙을 지킬 것이다. 노동 및 직종의 다양한 분야에서 그리고 직종들과 직업들에서 상이한 이해관계는 다양한 계급들 사이의 구분과 같지 않고 오히려 경제적 상황의 내재적인 한 특징이다. 직업상의 단체들은 한 민족공동체 사상과는 전혀 충돌하지 않는다. 왜냐하면 민족공동체 사상은 민족의 생활에 영향을 미치는 그러한 모든 문제에 관한 민족의 통일성을 의미하기 때문이다.

독일노동자를 그의 민족-공동체로 되돌아가게 만들려고 진지하게 노력하고 그리고 그 노동자를 국제주의의 광기로부터 구출하려는 운동은 산업주의자들 사이에서 유행하고 있는 몇몇 개념들에 대항하는 격렬한 캠페인을 전개해야 한다. 이러한 개념들 중의 하나는 민족공동체의 관념에 따라 피고용인이 자신의 모든 경제적 권리를 고용주에게 넘겨주지 않을 수 없고, 나아가 노동자들이 자신들의 정당하고 중요한 이익을 옹호하려 시도해야 한다면 그들은 민족공동체와 충돌하게 된다는 것이다. 그러한 개념을 전파하려고 노력하는 자들은 의도적인 거짓말쟁이들이다. 민족공동체 사상은 다른 편에 강요되지 않는 것을 한편에 어떠한 강요도 하지 않는다.

이 일방적이지만 그러나 그에 따라 명확하고 확고한 태도가 그 운동의 선전 시에 표명되어야 하고, 다른 한편으로 이것은 선전 그 자체를 효과적으로 만들기 위해 절대적으로 필요하다. 그 표현 형태에서 뿐만 아니라 그 메시지에서 선전은 대중의 지성과 동일한 수준에서 계속 유지되어야 하고, 그리고 선전의 가치는 그것이 성취하는 실제 성공에 의해서만 측정되어야 한다. 어떤 정치적인 개혁운동이 달성하려고 하는 목적은 대중을 교육시켜 권력을 잡고 있는 자들에게 영향을 미치려 노력함으로써는 결코 되지 않고 단지 스스로 정치권력을 장악함으로써만이 달성될 수 있다. 세상을 움직이게 하는 모든 사상은 그 사상이 실행되는 것을 가능하게 해줄 수단에 대한 통제권을 확보할 권리뿐만 아니라 의무도 가지고 있다. 새로운 운동은 그 성격과 내부조직 때문에 반의회적이 된다. 말하자면, 그 운동은 다수결 투표에 의해 결정이 되어야 하고, 지도자는 다른 사람들의 의지나 견해의 집행자에 불과하다는 모든 원칙들을 일반적으로 그리고 그 구조상 거부한다. 그 운동은 가장 큰 문제에서 뿐만 아니라 가장 작은 문제에 있어서도 한 사람이 절대 권위를 가지고 그리고 모든 책임을 져야 한다는 원칙을 정한다.

그 운동은 정치 활동의 영역 밖에 있거나 또는 우리에게 어떠한 근본적인 중요성도 지니고 있지 않은 것 같은 문제들에 관해 어떤 입장을 취하기를 지속적으로 거부하였다. 그것은 종교개혁을 목표로 하지 않고 오히려 우리 민족을 정치적으로 재편성하는 것을 목표로 삼았다. 그 운동은 그 임무를 군주 체제의 확립 혹은 공화국의 보존이라고 생각하지 않고 오히려 하나의 독일국가를 창조하는 것이라고 여긴다. 그 운동의 내부적인 조직의 문제는 하나의 원칙의 문제가 아니라 편의의 문제이다. 가장 훌륭한 조직은 운동의 지도부와 개별적인 추종자들 사이에 대규모의 중개기구를 두는 것이 아니라 오히려 가장 작은 가능한 매개 기구를 가지고 성공적으로 작동하는 조직이다.

운동의 미래는 그 구성원들이 자신의 대의를 위하여 싸울 때의 헌신과 심지어 완고함에 의하여 결정된다. 그들은 자신들의 대의만이 정당하다고 생각하며, 그리고 동일한 분야에서 다른 유사한 조직들에 대항하였듯이 그들은 그것을 실행에 옮겨서 성공시켜야 한다. 그 운동은 투쟁이 필요악으로 간주되지 말고 그 자체로서 바람직한 어떤 것으로서 간주되어야 한다는 원칙에 따라 그 가담자들을 교육시켜야 한다. 그래서 그들은 적들이 자신들에 대하여 표명하는 적대감을 두려워하지 않고 오히려 그 적대감을 자신이 존재할 권리가 토대를 두고 있는 하나의 필요한 조건으로 간주해야 한다.

그 운동은 개인적인 인격에 대한 존중심을 불러일으키기 위해 필요한 모든 수단을 사용해야 한다. 그 운동은 결코 모든 인간의 가치가 개인적인 가치에 토대를 두고 있으며 그리고 모든 업적은 한 사람의 창조적인 힘의 열매인 것을 결코 잊지 말아야 한다. 우리는 위대한 모든 것에 대한 경탄이 하나의 창조적인 인물에 대한 하나의 찬사이며, 그런 찬사를 느끼는 모든 자들은 그것 때문에 하나의 계약 아래에 통합됨을 결코 잊지 말아야 한다.

- Hitler, *Mein Kampf*에서 발췌(18)

**자료 10a, 10b, 10c**

## 권력을 잡고 있는 공산주의

10a. 하나의 비판적 견해 : 룩셈부르크(Luxemburg)

사회민주주의는 사회주의 경제의 기초가 만들어진 이후에 단지 약속의 땅에서만 시작되는 어떤 것이 아니다. 사회민주주의는 소수의 사회주의적 독재자들을 충성스럽게 지지해온 부유층을 위한 일종의 크리스마스선물로서 닥아 오는 것이 아니다. 그것은 계급통치의 파괴 및 사회주의 건설 착수와 동시에 시작된다. 그것은 사회당이 권력을 장악하는 바로 그 순간에 시작된다. 사회민주주의는 프롤레타리아 독재와 같은 것이다.

그렇다, 독재정권! 프롤레타리아 독재는 그것이 없다면 사회주의적 변형이 결코 완수될 수 없는 잘 확립된 권리와 경제적 관계에 대한 열정적이고 단호한 공격 즉 민주주의를 제거하는데 있는 것이 아니라 민주주의를 적용하는 태도에 달려있다. 그러나 프롤레타리아 독재는 계급의 이름을 내세운 주도적인 소수파의 업적이 아니라 계급의 업적이어야 한다. 그것은 대중의 적극적 참여로 한 단계씩 진행되어야 한다. 즉 그것은 철저한 공적인 활동에 예속되는 대중의 직접적 영향력 아래에 있어야 한다. 그것은 인민대중의 강화되는 정치 훈련으로부터 생겨남에 틀림없다.

우리가 일차세계대전이라는 극단적 상황 속에서 가장 세련된 민주주의, 가장 모범이 되는 프롤레타리아 독재 그리고 번영하는 사회주의 경제를 가져다 줄 것을 레닌과 그의 동료들로부터 기대한다면, 이것은 그들에게 초인간적인 어떤 것을 요구하는 것이다. 그들의 단호한 혁명적 자세, 행동하고 있는 그들의 가장 모범적인 힘 그리고 국제사회주의에 대한 변함없는 충성심에 의해 그들은 그러한 지독하게 힘든 여건 가운데서 할 수 있는 것은 무엇이나 기여해왔다. 그들이 당연히 해야 할 일을 하고서도 공을 내세우고 그리고 이러한 치명적인 상황으로 말미암아 그들에게 강요된 모든 전술을 하나의 완전한 이론적 체제로 고착시키기를 원하고 그리고 사회주의 전술의 한 모델로서 그들을 국제 프롤레타리아트에게 추천하기를 원할 때만이 그 위험은 시작된다. 그들이 이런 식으로 남의 전진을 방해할 때, 그들은 그것을 위해 자신들이 싸웠고 고통 받았던 국제사회주의에 미약한 기여를 하는데 그칠 것이다.

독일 정부의 사회주의자들로 하여금 러시아에서 볼셰비키의 지배는 프롤레타리아 독재의 하나의 왜곡된 표현이라고 외치게 하자.

- Rosa Luxemburg, *The Russian Revolution*(16)에서 발췌

10b. 국제공산주의운동(코민테른)에 가입조건 : 스탈린

응집력과 규율 덕분에 강해진 하나의 정당이 없이는 프롤레타리아 독재의 승리를 이끌어내고 그 독재를 유지하기란 어렵다. 그러나 강철 같은 규율은 모든 당원들의 편에서 의지의 통일이나 그리고 절대적으로 통일된 행동 없이는 생각도 할 수 없다. 이것은 당 내에서 견해의 충돌 가능성이 배제되는 것을 의미하지는 않는다. 규율은 사실, 비판과 견해의 충돌을 배제하기는커녕 이것들의 존재를 전제로 한다. 즉 이것은 확실히 맹목적인 규율이 있어야 함을 의미하지는 않는다. 규율은 이해와 자율적인 복종을 배제하지 않고 그것을 전제로 한다. 왜냐하면 단지 하나의 의식적 규율만이 하나의 강철 같은 규율일 수 있기 때문이다. 논의가 종결되고 일단 결정이 이루어지면 의사와 행동에서의 통일 없이는 당이나 규율 그 어느 것도 존립할 수 없기 때문에 강철 같은 규율은 필수불가결한 조건이다.

내전이 격화되는 현 시기에, 공산당이 중앙집중주의 원칙을 토대로

조직되고, 거의 군대식의 강력한 규율에 의해 지배되고, 강력한 권위를 가진 중앙조직에 의해 지도되어 광범한 권력을 행사하고 그리고 당원들의 전반적인 신뢰를 얻는다면 공산당은 그 과업을 완수할 수 있을 것이다.

10c. 당과 분파 : 스탈린

프롤레타리아당에서 강철 규율을 약화시키는 것은 그것이 아무리 사소하다 할지라도, 특히 프롤레타리아 독재 시기에 프롤레타리아에게 대항하는 부르주아지를 효과적으로 도와주는 것이다.(Lenin, *Left-wing Communism*).

따라서 분파의 존재는 당의 통일성 및 규율과 양립할 수 없는 것이다. 분파의 존재가 여러 중앙지도부의 존재로 이어지고, 이로 인해 일반 지도기구의 부재, 당의 과업 수행을 지도하는 통일된 의지의 분열, 규율 저해 그리고 프롤레타리아 독재의 약화가 초래될 것임은 명백하다. 프롤레타리아 독재에 반대하고 프롤레타리아의 권력 장악을 지도할 의사가 전혀 없었던 제2차 인터내셔널(Second International) 소속 정당들이 자신들에게 분파라는 사치품을 사실 허용할 수 있음은 사실이다. 왜냐하면 그들은 그 정당들의 강철 같은 규율에 대한 어떤 필요성도 느끼지 못했기 때문이다. 권력 장악과 프롤레타리아 독재의 유지를 위해 활동의 조직화를 주도하는 코민테른(Communist International)에 소속된 정당들은 이러한 사치를 허용할 수 없다. 통일된 의지를 지닌 조직으로서 당은 분파를 형성하고 당 내부에서 권력을 분열시키려는 모든 경향을 배척해야 한다.

당의 기회주의적 요소는 분파의 원인이 된다. 이 모든 기회주의적 단체들은 다소간 또는 얼마간 당에 침투하며, 자신들의 기회주의 정신을 당에 끌어들인다. 그 단체들은 분파형성과 분열의 주요한 원천이다. 그들은 당을 내부로부터 해치면서 해체한다. 이들과 동맹을 맺어 제국주의세력에 대항하는 전쟁을 시작하는 것은 전방과 후방으로부터의 동시 공격에 자신을 내맡기는 것이다. 따라서 이러한 기회주의적 요소들에 대항하여 무자비하게 투쟁하고 그들을 당으로부터 몰아내기를 주저하지 않는 것이 필요하다.

공산당은 내적인 단합을 만들어내고 그리고 일반 당원들을 강력하게 결합시키는데 성공했다. 그 이유는 무엇보다도 공산당이 기회주의로부터의 오염 시에 스스로를 정화할 수 있었고 그리고 온건파들과 멘셰비키[75]들을 축출할 수 있었기 때문이다. 프롤레타리아 당들은 발전하고 강해지기 위해서 기회주의자, 개혁주의자, 사회-민주주의자(social-democrats), 사회주의적-국수주의자(socialist-Jingoes), 사회-애국

---

75) 멘셰비키는 러시아어로 소수파(少數派)라는 뜻이다. 1903년 러시아사회민주노동당 제2차 대회에서, 조직론을 둘러싸고 당이 양분되었을 때 레닌이 이끄는 볼셰비키(다수파)와 대립하던 소수파를 말한다. 지도자는 L.마르토프이다. 독일사회민주당의 수정주의에 영향을 받은 이들은 합법적 마르크스주의・경제주의의 계보를 이었고, 후진국러시아에 있어야 할 혁명은 부르주아혁명이어야 한다고 규정하였다. 그것은 자유주의적인 자본주의 체제를 건설하기 위해서는 기꺼이 부르주아 좌파와 함께 나아가야 하며 부르주아지와의 협조를 중시하는 것으로서, 자유주의적인 자본주의 체제가 사회주의 사회를 건설하는 데 필요한 전제조건이라고 생각하였다. 따라서 무장봉기나 프롤레타리아독재 등의 혁명방식을 부정하는 뜻에서 반(反)볼셰비키의 입장을 취했다. 1912년 양파(兩派)는 정식으로 인연을 끊었다. 멘셰비키는 1917년 2월혁명 이후 임시정부 및 그 후의 A.F.케렌스키 내각을 지지하여 지도적인 역할을 했으나, 10월혁명(러시아혁명)에서 실권을 볼셰비키에게 빼앗겼다. 1917년 당대회에서 국제파가 지도권을 잡았으나 계속해서 탄압을 받았으며 결국 비합법에 몰려 소멸의 길로 들어섰다. 마르토프 등 일부는 외국으로 망명하였다.

주의자들(social-patriots) 그리고 사회-평화주의자들(social-pacifists)을 제거해야 한다. 당은 스스로를 기회주의적 요소로부터 해방시킬 때 강해지게 될 것이다.

\- Stalin, *The Theory and Practice of Leninsim*에서 발췌

자료 11a, 11b

**파시즘에 대한 공산주의자의 견해**

11a. 스탈린

파시즘이 부르주아지의 단지 하나의 전투조직이라는 것은 사실이 아니다. 파시즘은 사회민주주의의 적극적인 지지에 토대를 두고 있는 부르주아지의 전투조직이다. 객관적으로 사회민주주의는 파시즘의 온건파이다. 부르주아지의 투사조직이 사회민주주의자들로부터 어떠한 적극적인 지지 없이 결정적인 성공을 거둘 수 있다고 가정할 이유가 전혀 없다. 사회민주주의가 그러한 부르주아지의 투사 조직의 적극적인 지원 없이는 결정적인 성공을 성취할 수 없다. 이 양자는 서로 대립하지 않고 보완적이다. 파시즘은 이러한 두 기본 조직들의 무형의 정치 블록이다. 즉 이 블록은 프롤레타리아 혁명에 대항하는 투쟁을 위한 전후 제국주의의 위기에서 생겨났던 것이다.

11b. 트로츠키(1879-1940, 소련 적군의 조직자 및 총사령관)

경보를 울리는 것은 우리의 임무이다. 코민테른 지도부는 독일 프롤레타리아를 거대한 대참사를 향해 이끌고 있는데, 그 대참사의 핵심은

파시즘 앞에서 공포에 휩싸여 항복하는 것이다. 독일 국가사회주의자들(나치 세력)의 권력 장악은 무엇보다도 독일 프롤레타리아트의 전성기의 종식, 그 조직들의 붕괴, 그리고 프롤레타리아트 자체와 미래에 대한 믿음의 종결을 의미한다.

더욱 첨예해진 독일 내 사회적 적대감을 고려한다면 이탈리아 파시즘의 몸서리쳐지는 행위들은 독일국가사회주의의 행동과 비교하여 볼 때 아마도 약한 하나의 실험으로 보인다. 노동자, 공산주의자들이여, 파시즘이 권력을 장악한다면 공포스런 탱크처럼 당신의 두개골과 척추를 마음대로 짓밟을 것이다. 당신의 구원은 무자비한 투쟁을 하느냐에 달려있다. 사회민주주의 노동자들과의 투쟁적인 통합만이 승리를 가져 올 수 있다.

서둘러라, 시간이 거의 없다.

- Deutscher, *Stalin*(32, pp. 406-9)에서 발췌

자료 12

**권력을 장악하고 있는 나치즘 : 영국대사의 평가**

나치당과 나치언론은 주로 국내소비를 위해서뿐만 아니라 외부세계로 하여금 독일이 세계공산주의에 대항하는 유일한 수호자임을 믿도록 할 목적에서 볼셰비키를 공격하던 때처럼 여전히 커다란 어려움을 겪었다. 일본과 러시아의 좋지 못한 관계 때문에 생겨난 기회는 독일과 일본이 협정을 맺기 전 해에 포착되었다. 이러한 소위 반공산주의이면서도 반민주주의적 전선은 이탈리아가 그것에 가담했을 때인 1937년

말경에 하나의 삼각전선이 되었다. 독일과 폴란드 사이의 10년간의 우호협정은 1934년에 체결되었고 그리하여 1937년까지 독일은 극심한 경제적 어려움을 겪으면서도 국제적 고립에 빠지기는커녕 오히려 자국의 정치적 입지를 크게 강화시켰다. 나치즘의 성공은 해외 특히 헝가리와 다른 유럽 국가들에 있는 동조자들을 끌어들이고 있었다. 외국 특히 헝가리에 사는 독일인들은 조국의 운동에 대한 지원으로 그리고 그 조국에 의한 정치적 침략을 위한 진보된 경비병으로서 해외에서 바쁘게 자신들을 조직하고 있었다. 이것은 그 운동과 히틀러 자신의 전성기 때였다. 당의 강제징발과 재발하는 식량부족에 직면하여 저항이 있었을 지라도 독일인들은 지배당하기를 좋아하고, 온순하고 말을 잘 들으며, 기강이 잘 잡힌 사람들이다. 그들은 히틀러가 전쟁을 하지 않고서도 그가 원하는 모든 것을 얻을 수 있는 재주를 가졌다는 확신을 가졌다. 무엇보다 개조가 가능한 독일 젊은이들은 그들을 향해 강하게 호소한 나치 운동에 열정적이었으며 그리고 히틀러가 신과 거의 유사한 어떤 속성을 지니고 있다고 믿도록 교육을 받고 있었다. 그 동안 독일 젊은이들이 힘과 권력의 숭배를 배웠고 또한 그들이 히틀러에 대한 가장 헌신적인 지지자였다.

그 주간의 집회 동안 뉘렘베르그에서 여러 전시회를 목격하지 못했거나 또는 위협적 분위기에 압도된 어느 누구도 독일에서 나치 운동에 충분히 익숙해 있다고 결코 말할 수 없다. 그것은 매우 필요하고 유용한 경험이며 그리고 내가 거기 있었던 첫 이틀 동안 나의 시간은 어느 한 순간도 낭비되지 않았다. 14만 명에 달하고 그 당시 200만 명이 넘는 당원(히틀러는 1년 후 뉘렘베르그에서 300만 명이 넘는 당관리가 있었다고 주장하였다)을 대변했던 14만 명에 달하는 당지도자들의 열병식 참관 이외에도 5,000명의 여성과 48,000명의 강인한 젊은이들로 구성된 히틀러청년단의 집회를 목격하였고 그리고 25,000명의 나치친위대(S.S.)로 구성된 헤르 히믈러(Herr Himmler's)의 검은 셔츠단의 캠프에서 열린 저녁 만찬에서 나는 히틀러, 노이라트(Neurath), 괴링(Goering), 괴벨스(Goebbels) 등과 대화를 나누었다. 그들의 모습 그 자체는 매우 인상적이었다. 당지도자들(국가 전체를 통틀어 도시와 촌락의 당조직 수뇌부)은 오후 8시 저녁에 스타디움이나 체펠린 경기장(Zeppelinfeld)에 자리하였다. 갈색 셔츠로 차려입은 140,000명의 남자들은 대부분이 스타디움 내에서 상호 간격이 통로를 이루는 6개의 거대한 종대로 정렬되어 스타디움을 둘러싸고 있는 좌석들의 3분의 1을 채웠으며, 수상, 장관, 경호원, 밴드와 공식손님, 그리고 기타 관람자들을 위해 예약된 높이에 위치한 단상을 마주하고 있었다.

히틀러 자신은 단상에서 400야드 떨어진 곳에서 수백 명의 추종자들을 대동하고 스타디움의 먼 입구에 도착하여 중앙통로 위를 통과하면서 정해진 좌석까지 도보로 행진해 갔다. 그의 도착은 연극처럼 스타디움을 둘러싼 300개 혹은 그 이상의 탐조등이 공중에서 갑자기 켜짐으로써 알려졌다. 이 탐조등이 내는 푸른 빛은 하늘 꼭대기로 올라가 하나의 우연히 지나가는 구름이 생동감을 더해 줄 수 있는 사각형의 지붕을 형성하였다. 엄숙하면서도 아름다운 이러한 효과는 얼음으로 된 성당의 내부에 있는 것처럼 보였다. 지휘명령에 따라 깃발을 지니는 자들은 보이지 않는 맨 끝에서부터 중앙통로를 따라 올라가면서 네 개의 옆길을 올라갔다. 이러한 기준의 정확한 비율은 그들의 수직 통로에 전기불을 비추었고, 완전한 침묵 속에서 갈색셔츠단을 통해 푸른 빛의 천정 아래로 물결치는 적색과 황색의 5개의 강들의 모습은 형용할 수 없는 장관이었다.

나는 구러시아 발레단의 전성기인 일차대전이 발발하기 이전 시기의 6주간을 상트페테르스부르크(St. Petersburg)에서 보냈다. 하지만 장엄미에서 이것과 비교될만한 발레는 결코 본 적이 없었다. 고도로 발달된 군중의식을 가진 독일인들은 그들이 유니폼을 입고 보조를 맞춰 걷고 합창하여 노래하고 그리고 나치의 혁명이 그들의 본능에 어떻게 호소하는지 확실히 알게 될 때 극도로 행복함을 느낀다. 미와 결합된 대중조직의 승리로서 그것은 탁월하였다.

- Neville Henderson, *Failure of a Mission*, Hodder and Stoughtonm, 1940

### 정권을 쥐고 있는 무정부주의 : 카탈로니아의 인상

무정부주의자들은 여전히 카탈로니아를 실질적으로 장악하고 있었고, 혁명은 여전히 절정에 도달해 있었다. 혁명의 시작 이래로 그곳에 있었던 누구에게나 12월 1일엔 아마 혁명이 끝난 것처럼 보였을 것이다 ; 그러나 영국에서 곧 바로 바로셀로나에 갔을 때 그 모습은 놀라고 위압적이었다. 나는 처음으로 노동자 계급이 권력을 쥐고 있었던 하나의 도시에 있었다. 실제적으로 크기가 어떠하든 간에 모든 건물은 노동자들에 의해 장악되었고, 무정부주의자들의 빨간 깃발이나 혹은 빨갛고 검은 깃발이 그 건물들에 걸쳐져 있었다 ; 모든 벽은 망치와 낫으로 된 혁명정당의 슬로건이 휘갈겨 씌여져 있었다 ; 거의 모든 교회는 노동자의 무리에 의해 파괴되었고 그 상징들은 불탔다. 모든 가게와 카페는 그것들이 집산화 되었다는 명패가 달려있었다 ; 심지어 구두닦이들도 집산화 되었고, 그들의 구두닦이박스는 빨간색과 검은색으로 칠해져 있었다.

웨이터와 매장 감독들은 당신의 얼굴을 보고 당신을 동료로 간주하였다. 굴종적인 말투나 격식을 차린 말투까지도 일시적으로 사라졌다. 아무도 '님' 또는 '주인'이란 칭호를 사용하지 않았다. 모두는 다른 사람들을 '동지'나 '당신'이라고 불렀고 '안녕하십니까' 대신 '안녕!' 하고 인사했다. 팁 주는 것은 법률에 의해 금지되고 있었다 ; 나의 첫 번째 경험은 엘리베이터를 운행하는 직원에게 팁을 줄려고 시도하다가 호텔 매니저로부터 훈계를 받은 것이다. 그곳엔 개인의 차도 없었다. 그 차들은 모두 징발당했고, 모든 전철 그리고 택시 그리고 다른 교통수단은 빨갛고 검게 칠해 놓았다. 혁명 포스터는 모든 곳에 있었고, 빨간색에서 깨끗한 붉은색 및 푸른색으로 된 벽에서 타오르는 듯 했다. 많은 군중들이 계속 왔다갔다하는 간선도로인 람블라스 거리를 따라 확성기에서 혁명가가 하루종일 밤늦게까지 울려 퍼졌다. 무엇보다도 신기한 것은 군중의 모습이었다. 겉으로 보면 부유한 계급이 실질적으로 존재하지 않게 된 도시였다. 소수의 여성과 외국인을 제외하면 '옷을 잘 입은' 사람들은 전혀 없었다. 실질적으로 모두는 조잡한 노동계급의 옷을 입고 있었는데, 이는 작업복 또는 의용군 군복을 약간 변형한 것이었다. 모든 것은 신기하고 감동적이었다. 내가 이해하지 못한 것들도 많이 있었고, 어떤 측면에서 나는 심지어 그것을 좋아하진 않았지만 나는 그것이 싸워서 지킬만한 가치가 있는 사태임을 즉시 알아차렸다. 또한 나는 그것이 정말로 노동자국가였고 전체 부르주아지가 도망가거나 또는 살해당하였고 그렇지 않다면 자발적으로 노동자의 편에 가담하였음을 믿었다. 나는 수많은 부유한 부르주아지들이 단지 저자세를 취하면서 당분간 프롤레타리아로 변장하고 있다는 것을 알지 못했다. 이 모든 것과 더불어 전쟁 특유의 흉흉한 분위기도 얼마간 느껴졌다. 도시는 황량하고 혼잡스런 모습이었고 길과 건물은 제대로 보수가 되어있지 않았고, 두려움 때문에 밤거리는 침침하였으며, 상점들은 매우 초라하고 반은 비어 있었다. 육류는 부족했고, 우유는 사실상 구입할 수 없었으며, 빵도 부족하였다. 심지어 이 시기에 빵을 구하려는 사람들의 줄은 종종 수백 야드에 달하였다. 아직 사람들은 만족하고 있고 희망을 가지고 있는 것으로 판단되어졌다. 어떤 실직자도 없었고 생계비는 아직도 상당히 낮았다. 내가 보기에 크게 빈곤한 사람들은 매우 적었고, 집시를 제외하면 거지는 결코 없었다. 혁명과 미래에 대한 믿음이 있었고, 평등과 자유의 시대로 들어섰다는 느낌을 가졌다. 인간은 자본가의 기계 속에 있는 하나의 톱니로서가 아니라 인간으로서 행동하려고 노력하고 있었다. 이발소에서는 이발사들이 더 이상 노예가 아니라고 엄숙하게 설명하고 있는 무정부주의자들(이발사는 대부분 무정부주의자였다)의 벽보가 있었다. 거리에는 매춘부들에게 매춘을 그만두도록 호소하는 천연색 포스터가 붙어 있었다. 냉철하고 냉소적인 영어 문명권 민족 누구에게나 이러한 이상주의적인 에스파니아 사람들이 진부해진 혁명적 표현들을 문자 그대로 받아들이는 것에 대해 꽤 동정적인 어떤 것이 있었다.

전쟁 동안 바르셀로나에 몇 달 간격으로 두 번 정도 방문해 보았던 사람들은 누구나 그곳에서 일어났던 특별한 변화에 대해 언급해 왔다. 이상하게도 그들이 그곳에 8월과 1월에 갔거나, 나처럼 12월과 4월에 갔든 간에 그들이 말하는 것은 항상 같았다. 즉 혁명의 분위기가 사라졌다는 것이다. 확실히 피가 거리에서 거의 마르지 않았고, 의용군이 깔끔한 호텔에서 주둔하고 있던 8월에 거기에 있었던 사람들 누구에게나 12월의 바르셀로나는 부르주아적으로 보였을 것이다 ; 영국에서 막 건너온 나에게 그것은 생각했던 어떤 것보다 노동자 도시를 더욱 닮았다. 그러나 이제 그 물결은 뒤로 밀려났다. 다시 한번 그것은 평범한 도시가 되었고 전쟁으로 인하여 다소 손상입고 파괴되었지만 노동자 계급이 지배했다는 어떠한 외관상의 징표도 남아 있지 않았다.

- Orwell, G. *Homage to Catalonia,* Penguin, 1962.에서 인용

## 자료 13

**시온의정서1(힘과 위선이 우리들의 권익이다.)**

제1의 의정

우리들은 알맹이 없는 말의 유희를 버리고 사상의 본질을 탐구하며 비교와 추리로써 사태를 밝혀 보자. 이 방법으로 우리들의 사상이 유대인의 입장과 비유대인의 견지에서 보아 어떠한 것이 되는가를 분명히 하게 될 것이다.

이 세상에는 양선한 인간보다 저속한 본능에 사는 자가 훨씬 더 많다는 것을 잊어서는 아니 된다. 따라서 정치에 있어서 가장 효과적인 것은 학자의 논의 같은 것이 아니고 '폭력'과 '공포'인 것이다. 어떠한 인간일지라도 권력을 지향하고 될 수만 있다면 독재자가 될 것을 원하고 있다. 그리고 자기 개인의 이익을 위해서는 일반 다수의 행복을 희생시키는 것쯤은 조금도 꺼리지 않는다.

인간이라고 일컫는 잔인한 짐승을 오늘날까지 억누르고 묶어 온 것은 도대체 무엇이었던가. 인간 사회를 형성한 원시시대에는 사나운

폭력에 복종했고, 그 후에는 법률에 따르게 되었다. 하지만 이 법률이라는 것도 알고 보면 폭력에 지나지 않은 것이 아닌가. 이러한 자연의 법칙에 미루어 '정의는 힘'이라고 말해도 좋을 것이다.

정치적 자유라는 것은 하나의 사상일 수도 있어도 현실의 사실은 아니다. 다만 어느 당파가 현재 정권을 쥐고 있는 자를 타도하고자 할 때는 민중을 끌어들이기 위해 이 자유의 사상을 잘 이용하지 않으면 안 된다. 만약 이때 정권 담당자 측이 '자유'의 이상에 즉 자유주의에 물들어 있기라도 한다면 일은 제대로 될 것이다. 그렇게만 되면 우리들의 소설은 승리를 얻게 될 것이다.

권력의 고삐를 놓치게 되면 반드시 자연의 법칙대로 다른 손이 그것을 쥐게 된다. 왜냐하면 맹목적 존재인 민중이라는 것은 하루라도 지도자 없이는 견디지 못하기 때문이다. 새로운 권력은 자유주의에 내쫓긴 구권력에 대신하여 들어앉은 것뿐이다. 작금에는 '금권'이 자유주의에 대신하여 있다. 옛날에는 '신앙'이 세계를 지배한 시대도 있었다.

자유라는 개념은 원래 현실성이 없는 것이다. 왜냐하면 그 누구도 이 자유를 제대로 쓸 줄 모르기 때문이다. 얼마 동안만 인민에게 자치를 허락해 보라. 반드시 자치는 방종으로 돼 버릴 것이다. 그 순간 날카로운 싸움이 일어나고 의회 투쟁이 펼쳐지며 드디어 국가는 불길에 휩싸이고, 그 권위는 재가 되어버릴 것이다.

어떤 국가가 내부적인 혼란으로 약화되건, 그 내란을 틈탄 외적에 먹히든지 간에 어쨌든 그렇게 되면 멸망할 수밖에 없다. 드디어는 그 국가는 우리들 유대인의 손아귀에 굴러 들어온다. 즉, 우리들이 독점하고 있는 자본의 손을 내어 밀게 되면 '물에 빠진 자는 지푸라기에도 매달린다'는 말과 같이 좋든 싫든 살기 위해 달라붙을 것이기 때문이다. 이러한 생각을 자유주의적 정신에서 부도덕하다고 말하는 자가 있다면 다음과 같이 반문할 것이다.

"국가에는 내외 두 개의 적이 있다. 그것이 외적이면 어떠한 적대수단이라도 허용되고, 부도덕이라고는 비난되지 않는다. 이를테면 공격 계획을 숨기고 야습을 하거나 우세한 병략으로 격파해도 좋다. 그런데도 더욱 악질인 내적 - 질서와 평안을 어지럽히는 자 - 에 대해서 같은 수단을 취하는 것이 어떻게 부도덕이라고 말 할 수 있는가."

민중은 어떤 일이건, 표면밖에 모르며 비논리나 모순에 홀리기 쉬운데 이러한 자를 상대로 하여 이성적인 조언이나 설득, 계몽이 효과를 거둘 수 있겠는가. 그들은 천박한 감정, 미신, 습관, 전통, 감상적인 말에 동조하기 쉽고, 당파 근성에 빠지기 일쑤이다. 이 당파 근성이라는 것은 그 어떠한 논리적인 합의일지라도 단번에 부서져 버리고 마는 따위의 것이다. 민중의 결의는 모두가 우연이거나 형식상의 다수결에 의한 것인데 그것은 정치의 이면 거래를 모르기 때문에 뻔히 보면서도 이치에 어긋난 결의를 시키는 대로 하게 되고 정치 속에 무정부주의의 싹을 움트게 만드는 것이다.

정치와 도덕은 아무런 공통점도 없다. 도덕에 의해 제약을 받는 정치가는 정치가로서 실격이다. 그래 가지고서는 도저히 권좌는 유지될 수 없다. 정치가인 자, 마땅히 책모와 위선을 써야만 한다. 민중에게 있어서는 미덕이 되는 성실이나 솔직함은 정치에 있어서는 오히려 죄악이다. 왜냐하면, 그러한 덕목은 최강의 정적보다도 더욱 확실하게 정권을 뒤엎어 버리고 마는 것이기 때문이다. 그러한 도덕은 비유대인의 특징이면 바람직한 것이지만 우리들 유대인은 결코 그것을 배워서는 안된다.

우리들의 권리는 '힘'에 있다. '권리'라는 말은 추상적 개념이며 아무런 구체성이 있는 것은 아니다. 이 말의 뜻은 "나의 원하는 바를 나에게 달라. 그는 나야말로 너희들보다 강함을 입증하기 위함이니라"라고 하는 것에 지나지 못한 것이다. 권리는 무엇에서 시작되고 무엇으로 끝나는가. 조직이 약한 국가에 있어서는 자유사상 때문에 법도 행해지지 않으며, 정부 권력도 취약하므로 거기에 새로운 권리가 대두된다. 즉, 일체의 기존 제도와 질서를 파괴하고 법을 무시하고 모든 체제를 변혁하여 스스로의 자유사상에 의해서 포기한 구권력을 우리들 유대인이 획득하는 것이다.

현재 각국의 정치권력이 동요되고 있는 가운데 우리들의 힘은 단연코 무적이다. 왜냐하면 우리들의 권력은 어떠한 술책에 의해서도 넘어지지 않게끔 강하게 되기까지는 표면에는 나타나지 않기 때문이다.

우리들이 지금 사용하지 않으면 안되는 일시적인 부정은 확고한 정치라는 선물을 가져 올 것이다. 그 정치는 현재 자유주의 때문에 형편없게 돼 버린 민중의 생활 기능을 평상으로 회복시킬 것이 틀림없다. 목적은 수단을 정당화한다. 우리들의 계획을 이룩하기 위해서는 선이라든가 도덕에 얽매이지 말고, 필요에 주된 관심을 돌려야만 할 것이다.

우리들에게는 당면하는 전략 전술의 계획이 있다. 이 노선에서 벗어날 수는 없다. 왜냐하면 그것은 몇 세기에 걸쳐 이어온 노력의 결과를 무로 돌리고 말 위험성이 있기 때문이다. 우리들의 계획을 달성하기 위해서는 민중이라는 것이 그 얼마나 비열하고 경건이 없고 경박한가를 알고 있지 않으면 안된다. 그들이 그 얼마나 자기의 생활과 행복의 조건을 이해하고 존중하는 능력에 있어서 부족한가도 생각해 두지 않으면 안된다.

또한 민중의 자질이 맹목적이며 비이성적이고, 판단력이 없이 좌우 어느 쪽이건 쉽사리 움직이게 된다는 것도 알고 있어야 한다. 맹인이 맹인을 유도한다면 반드시 깊은 늪에 빠지고 말 것이다. 따라서 민중 속에서 뛰어올라 출세한 자는 그가 비록 천재적이었다고 하더라도, 정치에는 자질이 없고 반드시 전 인민을 망하게 할 것이다. 어릴 때부터 정치 훈련을 받은 자만이 이 정치의 요체를 해득할 수가 있다.

스스로가 정치를 맡은 인민 즉 민중 가운데서 뛰어오른 자에게 지배를 맡긴 인민은 권력과 명예의 쟁탈에 의해서 생긴 당파싸움과 이어서 발전되는 소란 때문에 자멸한다. 민중이 냉정하게 질투도 하지 않고, 개인의 이해를 돌보지 않고 국정을 처리할 수 있겠는가. 또, 그들은 외적을 막을 수 있겠는가. 답은 노우(No)이다. 왜냐하면, 민중의 의견이란, 계획이란 통일성을 잃게 하고 호지부지 실행 불능의 것으로 만들고 말기 때문이다.

다만 독재 전제자만이 위대하고 명확한 계획을 실행하고 정치 기능의 모든 것을 올바르게 처리할 수 있다. 따라서 국가로서도 가장 유효한 형태는 책임 있는 일개인에게 정치 기능의 모든 것을 집중하는 것이다. 절대 전제 없이는 문명은 존속되지 않는다. 정치는 민중의 업적이 아니며, 아무튼 지도자의 위업인 것이다. 민중은 모든 기회를 통해서 스스로의 야만성을 발휘한다. 민중이 자유를 손에 넣어 보라. 단번에 무정부 상태가 출현된다.

이 무정부 상태야말로 야만의 진상이다. 알콜에 취해 고주망태가 되고 스스로를 죽여 버린 저 짐승들을 보라. 자유가 그들을 고주망태로 만든 것이다. 물론 우리들 유대 민족은 그러한 상태에 빠지게 되어서는 안된다. 비유대인은 강한 술에 녹아 떨어져서 바보가 되어 있다. 그들의 청년은 고전의 과도한 연구로 머리가 멍청해져 버렸고, 거기다 우리들의 앞잡이 - 즉 부자에게 고용된 가정교사, 메이드, 가정부 - 나 , 오락 시설에 있는 여자들에 의해서 일찍부터 악덕에 홀린다. '사교계의 귀부인'도 이와 동류로서 방탕이나 사치의 흉내에 바쁘다.

힘과 위선이 우리들의 표어이다. 정치에 있어서 승리를 얻게 되는 것은 오직 힘뿐이다. 특히 이 힘이 정치가에게 필요한 재지 속에 숨겨져 있을 경우에는 더욱 그러하다. 권력이 정치의 근본 원칙이며, 새 권력의 대표에게 따르려 하지 않는 정권에 대해서는 기만과 간계를 쓰는 것이 좋다. 이러한 악은 목적인 선을 이룩하기 위한 수단에 지나지 못하다. 그러므로 우리들은 목적 달성을 위해서 라면 뇌물도, 사기도, 배신까지도 조금도 꺼릴 것이 못 된다.

정치에 있어서 상대를 굴복시키고 권력을 뺏는 데 유효하다면 조금도 주저 말고 타인의 재산마저도 탈취해야 한다. 전쟁의 참화를 피해서 평화적인 정복을 하려고 하는 우리들의 정부는 그렇게 눈에 띄지는 않지만 그런대로 효과를 지니는 사형이라는 벌을 줄 수가 있다. 즉 이로써 민중에게 공포를 주고, 맹목적으로 복종시키는 것이다. 바르고 거기다 조금도 용서하지 않는 엄격함은 국가의 위신을 지키는 가장 좋은 기둥이며 이렇게 하는 것은 우리들의 이익일 뿐만 아니라 의무이기도 한 것이다. 즉 승리를 얻기 위해서는 폭력과 위선을 계속 사용해야만 하는 것이다.

타산주의는 그 주의를 구체화한 수단과 마찬가지로 효과적이다.

그러니까 우리들은 이 수단에 따를 뿐만 아니라 엄격한 주의, 그 자체에 따라 승리를 얻고 모든 국가의 정부를 우리들의 초정부에 무릎 꿇게 할 것이다. 분명한 것은 모든 반역의 숨통을 끊기 위해 우리들이 용서 없이 전진한다는 것이다.

고대에 있어서 자유, 평등, 박애를 민중에게 외친 것은 다른 사람이 아닌 우리들 유대인이다. 이 말은 그때 이래 미끼에 홀려서 몰려드는 어리석은 앵무새들에 의해서 싫도록 거듭되었다. 이 말은 세계의 평화, 즉 그 옛날에는 민중의 압력으로부터 보호되어 있던 참된 개인적 자유마저 파괴하고 말았다. 교양 있고, 분별 있어 보이는 비유대인도 이 말의 그늘에 숨겨진 모순을 깨닫지는 못했다. 그들은 자연이라는 것에 평등이나 자유가 있을 수 없음을 알지 못했다.

자연, 그 자체가 오성, 지능의 불평등을 만들어 내고 이것을 자연의 법칙에 따르도록 해둔 것이다. 그들은 민중이 맹목의 폭력이라고는 생각해 보지도 않았고 또 그들이 뽑아 형편없이 낮은 데서 출세하여 올라선 선량이라는 것도 민중과 마찬가지의 장님임을 알지를 못했다. 정치의 비결을 받은 자는 비록 바보라고 하더라도 정치를 할 수 있지만 비결을 알지 못하면 제아무리 비범한 재능이 있다손 치더라도, 정치의 요체는 지닐 수 없다. 이러한 사실을 비유대인은 모두 다 알아내지 못했다.

어쨌든 군주 정치의 원칙은 부친으로부터 자식에게 정치의 비결을 전하는 것이며, 왕가의 사람들만이 그것을 알았고, 그 밖의 통치를 받는 인민에게는 그 비밀을 알려주지 않았다. 그 후 정치의 참된 요체를 그와 같이 왕통으로서 계승하는 뜻은 차츰 없어지고 우리들의 성공에 알맞고 손쉽게끔 되었다.

자유, 평등, 박애라는 말은 아무 것도 모르는 우리들의 기수 - 동조자의 열성스러운 노력으로 지구의 구석구석에까지 알려지고, 수많은 인간을 우리들의 편에 끌어넣었다. 그리고 이 말은, 비유대인 사회의 안정을 좀먹고, 도처에서 평화, 질서, 협동을 갉아먹었고, 그들의 국가의 기초를 뒤엎었다. 그리고 귀족의 특권 폐지라는 최후의 으뜸마저 손에 넣었다. 좀 더 알기 쉽게 말한다면 우리들의 공격으로부터 그들의 국가와 인민을 지키는 유일한 비방으로서의 귀족 정치를 이 말이 때려부수고 만 것이다.

자연적 세습의 귀족 정치가 파괴된 폐허 위에 우리들의 지식이 풍부한 계급과 금권의 귀족 정치를 건설했다. 이 새로운 귀족 정치를 우리들은 우리들이 지배하는 부와 우리들의 현자의 지도하는 과학 위에다 쌓아 올렸다. 우리들이 이용한 민중과의 관계에 있어서 우리들이 언제나 인간성의 가장 쉽게 느끼는 측면에 작용을 한 것도 우리들의 승리를 보다 쉽사리 이룩하게 한 것이다. 즉, 타산, 탐욕, 끝없는 물욕과 같은 것에 작용을 하였다. 이러한 인간의 약점은 그 어느 것이나 인간의 독창성을 죽이고, 인간의 의지를 매수자의 뜻대로 할 수 있게 하는 것이다.

자유라고 하는 알맹이 없는 관념은 민중을 몰아세워, 통치자 같은 것은 국가의 소유자인 인민으로부터 위임된 관리인에 불과하고, 쓰다 헐어 빠진 장갑과 같이 언제건 새것으로 바꿀 수 있는 것이라고 생각하게끔 만들었다. 인민의 대표자라는 것이 자유로이 바꿀 수 있는 것이라고 생각하게끔 된 것이야말로 바로 우리들의 원하던 바인데 그것은 실제로 대표자의 임명은 우리들이 쥐고 있는 것이나 마찬가지이기 때문이다.

### 시온의정서2 - 동포 한명 희생은 비유대인 천명

제2의 의정

우리에게 있어서는 전쟁이 될 수 있는 대로 영토적인 이익을 가져다 주는 것이 안되게 할 필요가 있다. 그렇게 하면 전쟁은 경제라고 하는 영역에서 청산되는데, 이 영역에 있어서라면 각국은 우리들의 힘의 우세를 인정하지 않을 수 없다. 이렇게 해서 쌍방 교전국은 어떠한 땅의 끝에까지라도 흩어져 있는 우리들의 에이전트의 하자는 뜻에 따르게 된다.

이 에이전트는 무수한 눈을 밝히고 있어서 어떠한 국경도 이 활동을 막을 수는 없다. 이렇게 하여 우리들의 법은 각 국가의 법률을 무효로 만들어 버리고 마치 국가의 법률이 그 나라의 인민을 다스리는 것과 마찬가지로 우리들의 법이 각국을 지배하게 될 것이다. 각국의 통치자는 우리들의 노예와 같이 순종하고 우리들이 인민 가운데서 뽑아준 것이며, 정치 능력 같은 것은 있을 까닭이 없다. 그래서 그들은 곧 장기의 '졸'의 역할로 떨어지게 되고 어릴 적부터 세계를 지배하기 위해 교육된 우리들 전문가의 장 중에 들어오고 말 것이다.

제군도 잘 알다시피 우리들 전문가는 우리들의 정치적 계획에 따라서 지배에 필요한 지식을, 역사적 연구나 사회적 관찰에 의해서 몸에 지니고 있다. 비유대인은 역사적인 사실의 공정한 관찰에 의하지 않고 비판적 검토를 하지 않으며 결과만을 얻으려고 하는 기계적인 이론에만 치우치고 있다. 그러니까 우리들은 그들을 염두에 두지 않는다. 기회가 찾아 들 때까지는 그들을 즐기게 하고 새로운 환희나 과거의 추억에 젖도록 내버려 둔다. 우리들이 그들에게 불어넣은 과학의 법칙을 믿게 하고 의심하지 않도록 해 두지 않으면 안된다. 이를 위해서 우리들은 매스컴을 사용하고, 이론에 대한 그들의 맹목적인 신앙을 높이는 것이다. 비유대인의 인텔리는 그 학식을 자랑으로 삼고 이론적 증명을 하는 것만으로 우리들의 에이전트가 모아 둔 사실도 모르고 모든 학설을 우리들의 필요로 하는 방향으로 실행할 것이다.

우리들이 말하는 것은 근거가 없는 것이 아니다. 우리들이 만들어 낸 다윈니즘, 마르크시즘, 니체이즘이 어떠한 성과를 올리고 있는가 보라. 이들 학설이 비유대인에게 준 유해한 영향은 제군이 명백히 인정하는 바와 같다. 우리들이 정치를 행함에 있어서 잘못을 저지르지 않기 위해서는 각국 인민의 근대 사상, 성격, 경향 등을 알고 있지 않으면 안된다. 우리들의 방식은 각국 인민의 성정의 차에 순응시키지 않으면 안되는데 그 적용은 과거의 경위와 현상을 비교함으로써 비로소 성공을 하게 되는 것이다.

근대 국가는 인민 속에 세론을 불러일으키는 큰 힘을 쥐고 있다. 즉, 그것은 신문이다. 신문의 사명은 민중의 요구를 분명히 하고, 인민의 불평을 표현하고 불만을 선동하는 것이다. 언론 자유의 승리는 신문이 가지게 됐다. 각국 정부는 그 위력을 사용할 방법을 알지 못했으므로 그것은 우리들의 수중에 빠져들었다. 우리들 자신은 신문의 배후에 몸을 숨기고 우리들의 세력을 신장시켰다.

신문에 의해서 크게 황금의 산을 쌓았다. 그것은 피와 눈물의 바다에 있어서 이루어졌다. 우리들의 많은 동족도 희생이 되었지만 우리들 동포 한 사람의 희생은 신 앞에 있어서는 비유대인 천 명에 해당하는 값어치를 한 것이다.

**시온의정서3 - 유대 민족의 상징**

제3의 의정

바야흐로 우리들의 목적이 달성되려 하고 있다는 사실을 제군 앞에 고할 수 있다. 이제 조금만 더 나아가면 유대 민족의 상징인 - 뱀의 양단이 서로 이어지고, 완전한 환상(環狀)이 될 것이다. 이 '환'이 이루어지면 전유럽 제국은 강한 힘으로 졸리게 되고 옴짝달싹도 할 수가 없게 될 것이다.

현재의 헌법 제도의 밸런스는 무너지고 이윽고 뒤덮어지게 될 것이 틀림없다. 그것은 왜냐하면 우리들은 저울이 안정될 수 없게끔 미리 못쓰게 만들어 놓았기 때문이다. 즉, 저울의 지점이 마찰되어 닳아질수록 동요를 계속하도록 장치를 해 두었는데도 비유대인은 이 저울의 지점은 아무런 고장도 없고 곧 평형을 되찾을 것이라고 하염없는 희망을 걸고 있는 것이다. 하지만 이 저울의 지점이라고 말 할 수 있는 지배 계급은 무비판, 무책임한 권력을 휘두르는 민중의 대표에 의해서 불안에 흔들리고 있다.

거기다 그들의 권력은 궁정 내에 스며들려는 공포 정치에 의해서 얻어진 것이다. 지배자는 인민의 마음을 휘어잡을 수 없기 때문에 인민과 힘을 합쳐서 권력의 약탈자를 막을 수가 없다. 우리들이 주권자의 선견의 명에 의한 위신과 인민의 맹목적인 힘을 서로 따로 떼어 버렸기 때문에 이제는 쌍방 모두가 어쩔 수 없게 돼 버렸다. 즉, 어느 쪽이건 한쪽만으로는 막대기를 잃어버린 장님마냥 움직일 수가 없게 되었기 때문이다.

권력자들로 하여금 권력의 남용을 하게끔 하기 위해서 우리들은 모든 세력들을 제멋대로 독립케 하여 서로 상쟁케 했다. 이를 위해 우리들은 모든 책동을 권하고 모든 당파를 밀어주며 권력을 얻는 것을 모든 야심가의 목표로 삼게 했다. 우리는 비유대인 국가를 소란의 경기장으로 만들었다. 이제 조그만 더하면 폭동과 파탄은 도처에 일어날 것이다. 수다쟁이 변론가는 국회와 행정 회의의 자리를 토론회장으로 바꾸어 버렸다. 뻔뻔스러운 신문 기자나, 철면피한 칼럼니스트는 매일 정부 당국을 공격하는 데만 정신을 쏟는다. 권력의 남용은 최후로 모든 제도의 와해를 가져오게 하고 모든 것은 선동에 놀아나는 민중의 압력으로 허물어져 버릴 것이다.

인민은 노예제도나 농노제도 때보다 더욱 비참한 노력을 강요당하고 있다. 그들은 노예 제도나 농노 제도로부터는 도망을 쳤지만 빈곤으로부터는 도저히 빠져 나올 수 없었다. 우리들이 헌법 속에 써넣어 둔 인민의 권리라는 말은 허구의 것이며 결코 현실에는 있을 수 없는 것이다. 수다쟁이에게는 언론의 권리 신문 기자에게는 진실의 보도와 아울러 테마를 써댈 권리가 주어졌다고 한들 괴로운 노동이 강제되고 그 운명에 억눌려 버리게 된 프롤레타리아트에 있어서 그것이 무슨 도움이 된다는 것일까.

헌법은 노동자에 대해서 우리들의 대표를 선거해 주는 사례로서 우리들 식탁의 빵부스러기만한 권리밖에 주어져 있지 않다. 공화국에 있어서 인민의 권리란 가난한 그들에게 있어서는 그야말로 없는 것이나 다름없다. 그 까닭은 그들은 매일 고된 노동으로 날을 지새우고 있을 뿐 인민의 권리라는 것을 써 볼 틈조차 없기 때문이다. 할 수 없이 그들은 우두머리나 동료가 조직하는 파업에 의지하지 않을 수 없게 되고 결국은 확실한 소득의 보증도 내 버리고 마는 것이다.

인민은 우리들의 영향을 받아 그들 본래의 보호자이며 스스로 양육의 어머니이며 그들의 행복과 안정에 있어서 불가분의 관계에 있었던 귀족 정치를 파괴해 버렸다. 귀족 정치를 부수어 버린 뒤부터는 인민은 그들을 이용한 무자비한 벼락출세의 지배자로부터 억눌림을 받게 되었을 뿐이다. 우리들은 이러한 벼락출세의 압제자로부터 노동자를 구한다는 말하자면 구세주로서의 모습을 나타내게 되는 것이지만 우리들은 그들에게 사회주의자, 무정부주의자, 공산주의자의 전열에 들도록 권한다.

우리들은 프리메이슨에 의해서 규정된 '박애'의 원칙과 인류 보편의 의무에 따라 그들을 돕고 있는 듯이 보이도록 한다. 우리들의 권력은 노동자를 만성적인 영양실조와 무기력한 상태에 두는 것으로써 보전된다. 이러한 상태에서는 그들은 우리에게 반항할 힘도, 용기도 없어져 버리고 우리들 눈앞에 무릎을 꿇게 될 것이다. 굶주림은 노동자에 대한 자본의 힘을 더욱 강하게 하는 것인바, 그 힘은 그 옛날 제왕의 정통한 권력이 귀족에게 주었던 힘보다도 훨씬 큰 것이다. 빈곤과 이로부터 생기게 되는 질투에 의해서 우리들은 민중을 조종하고 우리들의 진로를 가로막는 것들을 없애 버릴 수 있다.

우리의 '세계 왕'의 대관식의 때가 오면 같은 방법으로 우리들의 진로를 가로막는 것, 모든 것을 일소할 것이다. 비유대인은 우리들의 과학적 조언이 없이는 사물을 생각하는 습관을 가지지 못하게 되었다. 따라서 그들은 우리들의 세계 지배가 이룩될 때까지 우리들이 어떻게 해서든지 보전하려고 애쓰는 것이 그 얼마나 소중한 것인가를 이해하지 못한다. 우리들의 때가 오면 학교에서 유일한 진실의 학문, 인간 생활과 사회 조직의 연구 즉 분업과 계급, 종족에 의한 유별의 필요가 가르쳐져야만 한다. 일의 성질이 제각기 다른 까닭에 평등과 같은 것은 결코 존재하지 않는다.

법률에 대한 책임도 제각기 같을 수 없다. 그 행위로써 계급 전체를 손상케 하는 자와 스스로의 명예를 손상케 할뿐인 자와는 책임의 무게도 다른 것이기 때문이다. 사회 구조에 대한 진실의 학문은 비유대인에게는 가르치지는 않으나 두뇌 노동과 육체노동과의 구별이 없어서 아니 된다는 것을 알려 둘 필요는 있는바 그렇지 못할 경우 교육과 직업의 불일치 때문에 인간이 고통을 받게 될 것이다. 이 학문을 받아들이게 되면 민중은 자진하여 권력과 정부에 봉사하게 된다.

다만 우리들이 의식적인 방향 유도를 한 현재의 과학의 영향으로 인민은 맹목적으로 활자로 된 서적과 그 속의 허망한 허깨비를 믿게 되었기 때문에 그들보다 상위의 계급의 모든 것을 미워하게끔 되었다. 이 증오는 상공업을 제자리걸음에 머물게 하는 경제 공항의 도래와 더불어 더욱 심하게 된다. 우리들은 모든 음모와 우리들이 쥐고 있는 돈의 힘으로 세계적인 경제 공황을 불러일으키고 전 유럽의 가두에 수없이 많은 노동자의 떼거리를 내동댕이쳐 버릴 것이다. 이들 민중은 그 무지로 인해서 어릴 적부터 부러워하던 사람들의 피를 흘리고 그 재산을 약탈할 것이다.

하지만 그들은 우리들에게는 해를 주지 않는다. 어째 서냐 하면 우리들에게는 습격의 시기가 미리부터 알려지도록 돼 있으므로 사전에 보호책을 마련하기 때문이다. 우리들은 자유주의가 '이성이 지배하는 정치에의 길'이라고 비유대인으로 하여금 믿게 해 왔다. 그러나 우리의 전제 정치는 그 이성의 엄격함으로써 모든 폭동을 진압하고 각 제도 속의 자유 사상을 떼어 없애 버릴 것이다. 인민은 자유의 이름에 의하여 여러 가지 권리를 얻었다고 생각하고 그들은 스스로가 주인공이라고 잘난 체하며 권력을 잡으려고 다툰다. 하지만 그들은 장님마냥 수많은 장해에 부딪치게 된다. 그렇다고 거기서 그들은 옛날의 제도로 되돌아설 수도 없게 되고 우리들 발아래 엎드리게 되는 것이다.

제군, 우리들이 대혁명이라고 부르고 있는 프랑스 혁명을 상기해 보라. 이 혁명의 준비의 비밀은 이미 다 알려져 있는바 그것은 저 혁명이 우리들의 손에 의해서 이룩된 것이었기 때문이다. 그 이후 우리들은 각국 인민을 실망에서 실망으로 유도하고 있다. 그렇게 함으로써 그들은 우리들에게도 의지하지 않고 우리들이 준비하고 있는 시온의 피를 이어받은 왕을 받들게 될 것이다. 현재 국제적 세력으로서 우리들은 불패이다. 왜냐하면 만약 어느 일국이 우리들을 공격한다면 다른 여러 나라가 우리를 지원해 주는 식으로 짜여져 있기 때문이다. 비유대인의 끊일 줄 모르는 비열함은 우리들의 입장을 더욱 공고하게 만든다. 그들은 권력 앞에는 무릎을 꿇고 약자에게는 무자비하며 타인의 과실에는 엄격하고 스스로의 죄에는 관용하다. 자유의 모순은 인정하려고 하지도 않으며 그러면서도 대담스러운 전제의 폭력에는 순교자 마냥 인내를 한다. 그들은 오늘의 전제자인 수상을 인정하고, 참고 있지만 얼마 전까지만 해도 약간의 권력 남용이라도 있는 날이면 군왕 20명이라도 죽였던 것이다.

이러한 현상을 어떻게 설명하면 좋겠는가. 바로 같은 사상에 대해 민중은 어째서 모순된 반응을 나타내는 것일까. 즉 독재자들은 그 앞잡이를 내세워 민중을 이렇게 설득한다. 자기네가 권력을 멋대로 휘둘러 나라에 해를 끼치고 있는 것은 보다 더 숭고한 목적을 위해서다. 그것은 인민은 번영, 박애, 국제적 연대, 그리고 평등을 위한 것이다. 물론 이러한 사상의 결합 통일은 우리들의 힘이 아니고서는 이룩될 수 없지만 민중에게는 그것은 알릴 수 없는 것이다.

이렇게 해서 민중은 정의를 벌주고 부정을 사하며 차츰 우쭐해지면서 제멋대로 놀아나게끔 된다. 이렇게 하여 그들은 사회의 밸런스를 깨고 한 걸음 한 걸음 무질서로 나아간다. 자유라는 말은 사회를 모든 권력에 대해서 항쟁케 한다. 자연이나 신의 힘에도 반항케 한다. 그러니까 우리들이 권력을 잡게 되었을 적에는 인간을 피비린내 나는 짐승으로 바꿔 버리는 폭력의 상징이라고 말할 수 있는 이 말을 사전에서 말소해 버릴 것이다. 하지만 이 맹수도 피에 배부르게만 되면 잠을 자고야 말기 때문에 쇠사슬에 붙들어 매는 것은 아주 쉬운 일이다. 다만 그들은 피를 빨아먹지 못하게 해두면 잠을 자려고 하지 않고, 서로 투쟁을 하는 것이다.

**시온의정서4 - 경제전략**

제4의 의정

모든 공화국은 몇 가지의 발전 과정을 거치고 있다. 제1단계는 장님이 되어 버린 사나이가 아무 데나 가리지 못하고 부딪쳐서 좌로 우로 비틀거리는 것과 같은 것이다. 제2단계는 민중 선동의 시기로서 여기에서 무정부 상태가 생기고 이윽고 필연적으로 독재 전제 정치에 이른다. 이 독재 전제는 공적, 합법적인 것은 아니며 은밀한 것이기 때문에 아무런 책임도 없다. 이것은 무대 뒤의 비밀 결사가 무대 위의 탤런트를 조종하여 춤을 추게 하는 것이며 진상을 숨기기 위해 때때로 탤런트를 바꾸게 된다. 그것은 탤런트의 개런티란 장기 출연이면 비싸게 먹히기 때문이기도 하다.

도대체 누가 어떤 자가 이 눈에 보이지 않는 정권을 타도할 수 있을 것인가. 이것이 우리들의 정권의 특징인 것이다. 프리메이슨 결사의 세속적인 활동은 우리들의 힘과 목표를 얼버무리게 하는 가면이다. 비밀 정권의 전략이나 그 본부의 소재조차도 민중에게는 알 수 없게끔 숨겨져 있는 것이다. 신에의 신앙과 이웃 사랑을 설교하고 있는 것 만이라면 자유도 인민의 안태와 행복에는 해를 주지 않으니까 상관없지만 '평등'은 예속을 필요로 하는 자연의 법칙에 반하는 것인 까닭에 이것과 분리시키지 않으면 안 된다.

신앙이 있으면 인민은 신부의 정신적 지도에 따라 신이 이 세상에 내린 법칙대로 조용히 평화스럽게 생활하여 나갈 수가 있다. 따라서 우리들은 모든 신앙을 파괴하고 비유대인의 마음으로부터 신과 성령의 사상을 빼앗고, 그 대신 수학적인 타산과 물질적인 욕망을 지니도록 해야 한다. 비유대인으로 하여금 사색과 관조의 틈을 갖지 못하도록 하기 위해 우리들은 그들의 관심을 상공업에 기울이게 끌어대어야 한다.

그렇게 하면 모든 인민은 자기의 이익 쪽으로 정신을 쏟아 공동의 적을 놓치고 말 것에 틀림없다. 자유가 비유대인 사회를 드디어 와해케 하도록 하기 위해서 공업을 투기적 기초 위에 두도록 해야 한다. 그래서 공업이 대지로부터 끌어낸 부는 비유대인의 손에서 투기꾼을 거쳐 모두 우리들의 금고에 들어가게끔 된다. 경제 생활에 있어서 우월을 얻기 위한 격렬한 투쟁과 시장에 있어서의 끊임없는 투기는 인정이 메마른 사회를 출현시킬 것이다.

그리고 고상한 정치나 종교에 대해 혐오감을 품게 되고 돈벌이에 대한 집념만이 유일한 삶의 보람으로 알게 된다. 그들은 돈으로 얻어지는 물질적인 쾌락만을 찾게 되고 돈을 우상시 하게 될 것이다. 여기서 그들 비유대인의 가난뱅이들은 고매한 목적을 위한다 든가 스스로 재화를 저축한다 든가 하기보다는 다만 상류 사회에의 질투에 불타게 되고, 우리들에게 붙어 따르고, 우리들의 경쟁자인 특권적인 비유대인에 대하여 반역하게끔 된다.

### 시온의정서5 - 나의 힘에 의하여 모든 왕들을 통치

제5의 의정

부패가 구석구석까지 퍼진 사회! 교묘한 속임수나 사기에 가까운 방법이 아니면 부를 얻을 수 없는 사회. 뇌물이 활개를 치고 도의는 겨우 법률의 제재에 의해서만이 유지되며 마음으로부터는 지켜지지 않는 사회, 국제주의가 조국애와 신앙을 죽여 버리고 만 사회, 이러한 사회에 대해서는 우리들은 어떤 정치 체제를 주면 좋을까. 이와 같은 사회에는 지금부터 설명하는 바와 같이 전제 정치 이외에는 없다.

우리들은 아주 중앙집권적인 정부를 만들고 모든 권력을 우리의 손에 쥔다. 그리고 새로운 법체계 따라, 인민의 정치 생활을 기계적으로 다스려 간다. 이 법률은 이제까지 비유대인이 허용하던 관대나 자유를 하나하나 없애 버린다. 이러한 훌륭한 전제로 대처하기 때문에 어떠한 때, 어떠한 곳에서도 우리에게 불만을 품는 비유대인의 저항은 미연에 으깨어 버리게 될 것이다. 이러한 전제 정치는 근대의 진보에 알맞지 않는다고 비난을 받게 될지도 모르지만 사실은 오히려 정반대라는 것을 증명하여 보기로 하자.

인민이 아직 그 추장을 신의에 따른 것으로 믿고 있던 시대에는 그들은 제왕의 전제에 불평도 없이 따랐었다. 그러나 우리들이 그들 자신에게도 권리가 있다는 사상을 불어넣은 다음부터는 그들은 제왕을 여느 인간으로서 보게 되었다. 신의 은총은 제왕에게서 꺼져 없어졌다. 우리들이 인민의 마음에서부터 신에의 신앙을 빼어 버렸을 때 왕관의 권위는 땅에 떨어져 시궁창에 버려졌고 거기서 우리들은 그 누구의 눈치도 살필 까닭이 없이 습득물로서 그것을 손에 넣게 되었던 것이다.

궤변이나 허어를 사용하고 사교 의례를 내세우며 혹은 비유대인이 상상조차 할 수 없는 여러 가지 방법에 의해서 민중이나 개인을 뜻대로 조정하는 기술을 두고 말한다면 우리들은 그야말로 천재이다. 우리의 지배는 날카로운 관찰과 분석, 비길 데 없는 이성에 바탕을 두고 있으므로 누구도 우리와 맞설 수는 없다. 연대적인 공동 행동이나 정치 활동에 있어서도 누구도 어깨를 맞댈 수 없는 바 겨우 이 점에 있어서 제스이트 교단만이 우리와 필적할는지도 모른다.

하지만 그들은 무지한 민중의 신용을 잃었다. 그것은 우리들이 비밀결사로서 언제나 그늘에 숨어 있는 데 비해서 제수이트(Jesuit) 교단은 공공연하게 눈에 보이는 조직을 만들었기 때문이다. 세계가 가톨릭의 교황에게 지배를 받게 되는 것이나 시온의 피를 이어받은 우리의 왕에게 지배되는 것이나 그것은 마찬가지 일일지는 모르나 그러나 신의 선민인 우리들 유대인으로서는 그것은 마찬가지 일이 될 수는 없는 것이다. 일시적이나마 비유대인에 의한 세계 동맹이 우리들을 뒤지게 하는 일이 있게 될는지는 모른다. 하지만 그들 사이에 깊게 뿌리를 박고 있는 빼어버리기 힘든 강한 압력에 의해서 우리들은 구원을 받을 것이다.

우리들은 2천년이나 옛날부터 비유대인들 사이에 개인적, 국가적, 민족적, 종교적인 대립과 증오를 더하게 되게끔 행동해 왔다. 그러니까 어떠한 국가도 다른 자로부터의 지원을 얻어낼 수는 없다. 왜냐하면 우리들에게 반항하는 동맹이 불리하다고 각국 모두가 믿고 있기 때문이다. 우리들은 너무나 강력한 까닭에 그 누구도 우리를 무시할 수 없다. 어떠한 국가라 할지라도 우리들의 숨은 승낙 없이는 비록 사소한 협정이라 하더라도 맺을 수 없지 않은가.

우리의 예언자들은 우리들이 전세계를 지배하기 위해 신으로부터 뽑혔다는 것을 가르쳤다. 우리들이 이 사명을 다하기 위해 신은 우리들에게 천부의 재능을 주셨다. 비록 우리의 적에게 천재가 나타났다고 하더라도 이 신출내기가 고참인 우리들을 당해낼 까닭이 없다. 우리들의 싸움은 전에 없이 잔혹하고 그들의 천재가 나타났다고 하더라도 그때는 이미 늦다.

국가 기관의 모든 부문은 우리 장 중의 힘, 돈에 의해서 움직이게 된다. 우리들의 현자에 의해서 창조된 경제학은 오랜 옛날부터 이 황금의 탁월한 위력을 인정하고 있는 것이다. 제약받지 않는 지배권을 확립하기 위해서는 자본이 상공업을 독점하지 않으면 안된다. 이것을 전세계에 걸쳐 실현하기 위해서 이미 눈에 보이지 않는 비밀의 공작이 시작되고 있다. 일이 제대로 잘되면 정치는 자본에 종속하게 되고 인민은 그 아래 짓눌러 신음하게 된다.

오늘날에 있어서는 제 국민을 전쟁으로 몰아대는 것보다는 무장해제를 시키는 편이 필요하고, 격정을 가라앉게 하는 것보다 이용하는 편이 득책이다. 또한 타인의 사상도 덮어놓고 배척하는 것보다 우리에게 편리하도록 빌어 역이용해 버리는 것이다. 우리의 정치의 주요

과제는 모든 사건을 파괴적으로 비판하고 세론의 힘을 약화시키고 우리들에게 대한 반항을 낳을 가능성이 있는 사색의 습관을 없애 버리는 것이다. 그리고 민중의 정신력을 알맹이 없는 수다쟁이로 바꿔치기 하는 일이다. 어떠한 시대에 있어서도 민중은 1개인도 그러하지만 언론을 실상으로 착각하고 있다. 그래서 그들은 그 감정에 맞는 것만으로 만족하며 공약이 실천되었는지 어떤지를 확인할 생각은 않는다.

그러니까 우리들은 겉보기가 근사한 특별 위원회 같은 것을 만들고 얼마나 진보를 위해 마음을 쓰고 있는가를 알리도록 한다. 우리들은 각 정당 정파의 강령이나 사상을 긁어모아 우리들의 탤런트로 하여금 시부렁거리게 한다. 민중이 미사여구의 장광설에 싫증을 내고 어떠한 탁론에도 귀를 기울이지 않게 되도록 만든다. 세론을 지배하기 위해서는 각 방면으로부터 서로 상반되는 의견을 발표케 하고 비유대인의 판단을 갈팡질팡하게 만들어 결국 정치에는 아무런 의견도 갖지 않는 것이 더욱 낫다고 생각하게끔 되게 한다.

즉, 정치는 그것을 직접 다루는 자들만이 이해할 수 있는 것이며 민중에게는 아무래도 알 수 없는 것으로 깨닫게 한다. 이것이 우리들의 첫째 비책이다. 정치를 성공시키는데 있어서 중요한 둘째 비책은 민중의 결점, 악습, 욕정을 조장하고 사회 생활상의 여러 가지 규범을 복잡하게 하는 것이다. 이렇게 만들면 그 혼란 속에서 모두들 무엇이 무엇인지 까닭을 모르게 되고 인간 상호간에 서로 이해를 하기 어렵게 된다. 이렇게 해서 우리들은 사람들의 마음속에 불화의 씨를 뿌리고 아직도 우리들에게 따르지 않으려는 집단을 교란하며 개인이라고 할지라도 우리들을 가로막는 자는 쓸모없는 무골

호인으로 만든다.

창조적 정신만큼 위험천만을 것은 없다. 그것이 천재적인 작용을 하게 되면 애써 우리가 불화하게 만들고 무력화하게 만들어 둔 비유대인의 1백만 명 이상의 힘을 발휘하게 된다. 그러니까 우리들은 비유대인 사회의 교육을 지도함에 있어서 그들이 창조적 정신으로 무엇인가 하려고 할 때마다, 실패하고 절망해 버리도록 작용해야만 한다. 개인의 자유를 발휘하여 행하는 시도는 타인의 자유와 충돌하여 맥을 추지 못하게 된다. 이에서 정신적인 타격을 받고 환멸을 느끼고 실망할 것이다. 이렇게 해서 우리들은 비유대인을 맥이 빠지게 하고 피곤에 쓰러지게 한다. 이윽고 그들은 국제적인 지배권을 우리들에게 넘겨주지 않을 수 없게 된다.

이 국제적인 지배권이란 것은 일부러 세계의 제 국가를 때려 부셔버리지 않고도 그 위에 포괄하여 초월적인 주권을 세우기만 하면 일은 이루어지는 것이다. 우리들은 현재의 지배자 대신에 초국가적 정부라고나 일컬을 괴물을 만든다. 이 초국가적 국제기관의 손은 각 방면으로 뻗어 강대한 조직을 형성하고 모든 인민은 그 밑에 예속하지 않으면 안되게 될 것이다.

### 시온의정서6 - 경제독점단계

제6의 의정

불원간 우리들은 거대한 경제의 독점을 이룩하게 될 것이다. 이 독점은 막대한 부를 이루어 비유대인의 대자산도 우리들의 독점에 종속하게 될 것이다. 정치적 공황이 일어나는 다음날에는 그들의 모든 재산도 정부의 채권과 함께 우리들의 독점의 소용돌이 속으로 빨려 들어오고 말 것이기 때문이다. 이 자리에 열석한 경제학자 제군, 이 계획의 의의를 신중하게 생각해 주시오.

우리들은 모든 방법을 다하여 우리들의 초국가 정부의 인기를 드높이고, 자진하여 우리들에게 따르려 하는 자에 대해서는 이 정부야말로 보호자이며, 돈벌이를 시켜 주는 것이라고 생각되게끔 만들어야 한다. 그들의 귀족은 오늘날 이미 정치 세력을 잃고 있으므로 크게 문제로 할 필요는 없다. 하지만 귀족은 아직껏 지주로서는 존속하여 있고, 아직 우리에게는 장해물이 된다. 그 까닭은 토지로부터의 수익에 의해서 우리들로부터 독립을 할 수가 있기 때문이다. 그래서 아무래도 그들로부터 토지를 뺏을 필요가 있다. 그 최상의 방법은 지세를 올리고 토지를 저당으로 잡히게 만드는 것이다.

그렇게 하면 토지로부터의 소득은 적어진다. 그런데, 그들은 부조 전래의 사치 취미를 버릴 수 없으므로 출비의 절감은 어려울 것이고, 불원간 파산하고 말 것에 틀림없다. 이와 동시에 우리들은 전보다 더욱 상공업에 대한 보호를 더하여, 특히 투기를 장려하지 않으면 안된다. 이 투기의 목표는 공업의 개량에 도움이 되며, 농업 은행이 지주에게 대부한 모처럼의 채무를 반제 받게 되는 수도 있을 것이다. 따라서 공업이 토지에서 얻어진 부를 빨아들이고 투기를 통해서 전세계의 재화가 우리들의 수중에 들어오도록 하지 않으면 안될 것이다. 이렇게 해서 비유대인은 무일푼이 되고 다만 살아남 기 위해서 우리들 앞에 무릎을 꿇게 될 것이다.

그들의 공업을 파괴하기 위해 우리들은 투기 이외의 또 하나 대담하게 사치를 권장해야 한다. 즉 화려한 것에 대한 강렬한 욕망, 재력을 모두 허비하고 말 격렬한 욕구를 북돋워야 하는 것이다. 우리들은 노동 임금을 인상한다. 하지만 그와 동시에 농산물의 수확이 좋지 못하고 목축이 제대로 되지 않았다는 구실을 붙여 생활필수품의 가격을 끌어올리기 때문에 임금 인상도 노동자에게는 아무런 득도 되지 않을 것이다. 또한 우리들은 노동자에게 무정부주의의 사상을 유행시키거나 술주정의 버릇을 갖도록 만들거나 하여 생산력의 원천을 고갈시킨다. 비유대인이 미리 이런 일의 진상을 깨닫지 못하게 잘 숨겨야 할 것이다. 그를 위해서 노동 계급의 경제 상태를 개선하고 경제 원칙에 따르고 있다고 말하는 우리들의 경제학설은 쓸모가 있다.

...... 중략

**시온의정서**10 - **국민을 통제함**

제10의 의정

우선, 이제까지 말한 것을 다시 한 번 거듭하기로 하자. '정부도 인민도 사태의 표면밖에 볼 수 없다.' 라고 한 것을 상기하기 바란다. 참으로 그들의 대표하는 자들이란 노는 것을 제일로 생각하고 있는 만큼, 사물의 진상 같은 것을 꿰뚫어 볼 까닭이 없다. 이것을 알아두는 것이 중요하다.

권력의 분화, 언론, 출판, 종교, 집회의 자유, 법률상의 평등, 재산, 주거의 불가침, 간접세의 징수, 법의 소급하는 효력 등에 관해서 토론을 하게 될 때, 앞서 말한 지식이 크게 도움이 된다. 이러한 문제에 관해서 인민들 앞에서 공공연하게 논의해서는 안된다. 하지만 이러한 문제에 대해서 아무래도 논급하지 않을 수 없게 될 경우에는 각론의 세목은 피하고 일반론으로서의 근대법의 원칙만을 말하는 것이 좋을 것이다. '말이 적은 자 칭찬을 받을지니라.' 즉 우리들이 민권에 관해서 너무 지나치게 자세하게 시부렁거리게 되면 꼼짝달싹도 못하게 되지만 원칙론에 있어서의 동의라면 얼마든지 빠져나갈 핑계를 댈 수 있기 때문이다.

우리가 쿠데타를 성취했을 적에는 민중을 향해서 이렇게 말할 것이다. 이제까지는 만사가 막히어 여러분은 곤고에 짓눌려 왔지만 이제는 그 고난의 씨앗을 없애 버리게 되었다. 그러기 위해서는 국적, 국경, 국별의 화폐를 없애는 일이다. 물론 여러분이 우리들을 심판하는 것은 자유이지만 우리들이 제군에게 주려고 하는 것을 알지도 못하면서, 과연 올바른 심판을 내릴 수 있겠는가. 이로써 그들은 미칠 듯이 좋아하고 우리들을 떠받들어 줄 것이다. 우리들이 지배권을 얻기 위한 도구로서 시작한 보통 선거에 의해서 인류의 가장 하층 계급 인간까지도 집회나 조합을 조직하는 일에 익숙하게 만들었지만 이번에는 그것이 최후의 역할을 다하여 주게 될 것이다. 즉, 우리들을 심판하기에 앞서서 우리들을 좀더 알아보려고 하는 동의가 만장일치로 결정되는 것이다.

이 목적을 이룩하기 위해 우리들은 계급이나 빈부의 구별이 없는 보통선거를 실시하고 유지 계급에게서만은 얻을 수 없는 '다수의 독재전제'를 만들어야 할 것이다. 이렇게 하여 사람들을 개인이 따로따로 떨어져서 자립하는 사상에 물들게 하고 우리들은 비유대인의 가족제도와 그 교육상의 가치를 파괴한다. 우리들 자신은 물론 영걸이 출현하게 되는 것을 허락할 수 없지만 우리들의 지도를 받은 민중들 자체가 영걸의 대두를 방해할 것이며, 그 발언권마저 봉쇄해 버릴 것이다.

민중은 우리들이 말하고자 하는 것만 귀를 기울이는 버릇이 되어 있다. 그것은 그들이 우리들과 친해지고 순종하면 언제나 담뿍 돈을 얻게 되기 때문이다. 이렇게 해서 우리들은 맹목적으로 복종하는 세력을 만들어 내는데 그들은 우리들이 배치한 두목의 지시에 어긋나게 행동하는 따위의 짓은 도무지 할 줄 모른다. 그들은 모두 수입도 이득도 이 두목의 가슴 한치에 달려 있다고 믿기 때문에 이 방식에 복종하게 되는 것이다.

정치의 계획은 다만 한 사람의 두뇌에서 생겨나야만 하는 것이다. 만약 다수의 두뇌가 협력하게 되면 계획은 위력을 발휘할 수 없는 것이 된다. 따라서 우리들은 실시될 계획 내용을 아는 것은 좋지만 그것을 토론, 심의해서는 안되는 것이다. 그렇게 하면 계획의 창의나 각 부분의 관련, 요점의 비밀을 손상하게 되기 때문이다. 그 계획을 보통선거와 같은 방식으로 토론하고 투표하게 한다면 많은 과오를 저지르게 된다. 그 까닭은 아무나가 계획 전체의 깊은 의미와 전후의 관련까지 알아낼 수는 없기 때문이다. 계획은 공고하게 그리고 목적에 알맞도록 되어 있지 않으면 안된다. 까닭에 우리들의 지도자의 천재적인 구상을 민중은 물론 한정된 소수의 사람들까지 이러니 저러니 하고 참견을 하게 해서는 안되는 것이다.

이 계획은 현행의 제도를 당분간은 뒤엎지 않고 우선 하부 구조인 경제만을 변혁하고 이에 따르는 발전 계획을 새로이 손을 댄다는 정도에 그치도록 한다는 것이다. 이렇게 해서 현행 제도의 발전은 궁극적으로는 우리들의 의정서의 지침에 따라 나아갈 것이다. 각국에는 명칭이야 각각이지만 거의 같은 것들이 있다. 중의원 각 부처청, 참의원, 내각, 혹은 입법부, 사법부 등을 제군을 충분히 알고 있을 터이므로 새삼 각 기관의 설명은 불필요할 것이다. 다만 잊어서 안될 것은 이들 각 기관이 모두 국정상의 중요한 역할을 맡고 있다는 것이다.

하지만 중요하다는 것은 기관, 그 자체가 아니라 기관이 다하는 작용, 기능인 것이다. 각 기관은 국정의 기능을 행정, 사법, 입법으로 분장하고 있다. 마치 인체의 제 기관과 같은 작용이다. 따라서 우리들이 국가 기관의 하나를 상하게 만들면 국가는 인체와 마찬가지로 병에 걸려 사망하고 말 것이다. 우리들이 국가 체제 속에다 자유주의라는 독액을 주사한 이래 각 기관은 모두 변화하였다. 이제는 어떠한 국가도 죽음에 이르는 병인 괴혈병에 걸려 버렸고 단말마의 고통을 맛보고 있다.

자유주의는 비유대인에게 있어서 건전했던 전제정치를 폐기하게 했고 입헌 정치를 낳게 했다. 제군도 아시다시피, 헌법이란 것은 투쟁과 대립을 불러일으키고 국가의 기능을 약화시키며 개성적 가치를 뺏는 무익한 것이다. 의회도, 신문도, 국가의 행동력을 빼앗고, 지배자를 무용화하고 만다. 그래서 많은 국가에 있어서 원수는 폐함을 당했다. 그리고 공화제에의 길이 열리고 우리들은 전통 있는 제왕 대신에 허수아비 대통령이란 것을 만들었다. 이 대통령은 민중 속에서 그것도 우리들에게 노비와 같이 봉사할 자를 뽑는 것이다. 이것이야말로 바로 우리들이 비유대인이 국가의 모든 지하에 매설한 폭약이었던 것이다.

불원 우리들은 대통령의 행동에 관한 책임 규정을 만들 것이다.

그래서 책임은 모두 우리들의 앞잡이에게 덮어 씌워지고 우리들은 아무런 걱정도 없이 계획 추진에 전념할 수 있다. 그 때문에 대통령이 되려는 자가 적어지더라도 상관없고 후보자만이 되더라도 좋다. 어차

피 동란이 일어나서 국가는 파멸될 것이니까. 우리들의 각본대로 일을 밀고 나가기 위해 파나마 운하 독직사건과 같은 어두운 과거를 지닌 대통령을 뽑도록 공작을 한다. 구악이 폭로되는 데 대한 공포, 권력욕, 즉 특권과 명예를 될 수 있는 대로 오래 누리고 싶다는 소망에서 그는 우리들의 지령을 지체 없이 실행할 것이다.

의회는 대통령을 뽑고, 옹호하고, 감시하겠지만 우리들은 법률의 제정이나 수정의 권리를 의회로부터 뺏고, 우리들의 허수아비인 책임 있는 대통령에게 그것을 맡기도록 한다. 이렇게 하면 대통령이 여기저기로부터 몰매를 맞을 것은 명약관화하다. 그래서 자위를 위해 대통령에게 의회를 해산하고 민중에게 직접 어필할 수 있는 권한을 주도록 한다. 민중은 거의 맹목적으로 우리들의 뜻대로 움직일 것이므로 안성맞춤이다.

또한 우리들은 책임 있는 대표자로서 새로운 헌법을 옹호하고 민주국의 자유를 지킬 의무가 있으므로 국군을 통할하고 언제든지 그것을 동원할 힘을 가지지 않으면 안된다. 이렇게 해서 국정의 열쇠는 우리들이 쥐게 되고 우리들 이외에 입법권을 행사할 수 있는 자는 없어져 버린다. 신 헌법을 시행할 때 우리들은 국가 기밀의 보호라는 명목으로 의회가 국정에 대해서 질문하는 권리를 뺏고, 의원수도 최소한으로 제한한다. 이렇게 해서 정치에의 열정이나 충동을 약화시켜 버리는 것이다. 그래도 아직 소수자기 반항한다면 민중에게 호소하여 의회를 전폐하고 말뿐이다.

대통령은 중, 참 양원의 의장, 부의장에 의해서 임명된다. 국회는 항시 열지 않고, 1년에 수개월만으로 한다. 그리고 대통령을 집행기관의 장으로 하여 의회 소집이나 해산의 기능을 갖게 한다.

다만 우리들의 계획이 완성되기 전에는 이러한 강제적인 방법 때문에 대통령이 책임 추궁을 당하는 일이 없게 하기 위해서 대통령 주변의 장관이나 보좌관에게 그들이 제멋대로 대통령 훈령을 잘못되게 행하였다는 것으로 하여 책임을 지도록 만든다. 그렇기는 하지만 될 수만 있다면 그 역할을 개인에게 시키지 않고 참의원, 중의원, 내각과 같은 기관으로 하여금 하도록 하는 것을 권하고 싶다.

대통령은 몇 갈래로 해석할 수 있는 법률에 대해서 언제나 우리들이 소망하는 해석에 따르게 된다. 또 그는 우리들이 그렇게 하기를 원한다면 법률을 폐지할 것이고, 필요하다면 시한적인 임시법도 만들며 국가의 기본적인 헌법의 개정까지도 제의한다. 그리고 그 이유는 반드시 '국가의 번영'을 위해서라고 내세워야 할 것이다. 이러한 방법으로 우리들이 초기의 단계에서 부득이하게 헌법 속에 넣지 않을 수 없었던 모든 것을 야금야금 차례로 없애 버린다. 그리고 어느새 완전히 알맹이를 빼버리고 모든 권력을 우리의 독재 하에 집중해 버릴 것이다.

헌법 폐지에 까지 몰아가기 이전에라도 우리의 독재를 확립시킬 기회는 있다. 그것은 민중이 다년간에 걸친 전쟁으로부터 고통을 받고 정부의 무능에 배알이 꼴려서 이렇게 소리를 지를 경우이다. '놈들을 내쫓아 버려라. 영원한 싸움의 원인이 될 국경이라든가 종교라든가 국채라든가 하는 것을 없애 버리고, 평화와 안녕을 되찾자. 이 정부나 국회를 가지고서는 어떻게 할 수도 없지 않은가. 우리들 모두를 통일하고 구제할 세력의 왕이여 오라.'

인민을 이러한 절규에까지 이끌기 위해서는 제군도 알다시피, 오랜 세월의 공작이 필요하다. 우리들은 끊임없이 모든 나라에 있어서 정부와 인민의 관계를 교란시키지 않으면 안된다. 민중을 증오, 투쟁, 결핍,

기아에 직면케 하고 악역의 전염으로 비틀거리게 하며 결국 우리들의 금력과 권력의 지배하에 들어올 수밖에 없도록 몰아대는 것이다. 만약 인민에게 조금이라도 한숨 돌릴 짬을 주게 된다면 이 기회는 마침내 놓치고 말 것이다.

**시온의정서**11-15

제11의 의정

참의원은 정부 권력을 아무도 모르게 돕는 것이다. 외관은 훌륭하지만 실은 정부를 위한 법률이나 정령의 자귀를 정비하는 위원회인 것이다. 우리 신헌법의 원칙도 따라서 법을 만드는 것도, 집행하는 것도 모두 우리들이라는 것이다. 그 실시의 방법은,

**제1로 입법 기관에 우리들의 지령을 내린다.**
**제2에 대통령이나 정령, 혹은 의원 입법에 의한 것**
**제3은 때가 오면 쿠데타에 의해서 달성될 것이다.**

우리들의 행동 계획의 대요를 말했지만 이하 우리들의 승리에의 길을 세부에 걸쳐 검토하기로 하자. 쿠데타의 다음날에는 언론의 자유, 집회의 권리, 신교의 자유, 보통 선거권, 그 밖의 여러 가지는 인류의 사전에서 말소되든가 근본적으로 그 의미가 바뀌져야만 한다.

쿠데타의 때야말로 우리가 소망하는 헌법을 일거에 성립시키는 유일의 기회이다. 그러나 그 후에 법개정을 하는 것은 위험하다. 그 까닭은 개정이 엄격함을 더하게 되면 인민은 차츰차츰 또다시 법률이 엄하게 되고 생활이 악화하게 될 것이라고 두려워하여 절망할 것이다.

반대로 개정이 완화의 방향으로 나아가게 되면 인민은 우리들이 오류를 범했던 것이라고 느끼게 되고 신뢰가 흔들리게 되고 말 것이다. 또한 우리가 두려워서 양보한 것이라고도 생각하게 되어 조금도 감사해 하지 않을 뿐더러 도리어 양보를 강요해 올지도 모른다. 어쨌든 쿠데타 후 신헌법이 일단 공포된 다음에 있어서의 변개는 권위의 실추를 가져오게 할 것이다.

오히려 우리들은 쿠데타로 민중이 혼이 나고 머리가 혼란해진 동안에 통일성 있는 신헌법을 그들에게 강제해야만 한다. 중요한 것은 우리들이 그 어느 무엇에 대해서도 보다 더 강하고 불패이며 민중의 콧김을 엿볼 필요가 없을 뿐만 아니라 서투르게 반항이라도 하는 날이면 곧 탄압을 받고야 만다는 인상을 깊이 주어야 한다는 것이다. 우리들은 이미 전 권력을 장악하고 비록 그 어떠한 이유라 할지라도 절대로 그들에게는 권력의 한 토막의 몫도 주지 않을 것임을 깨닫게 해야 한다. 그렇게 해야만 그들은 공포에 떨며 눈을 감고 사태를 방관할 도리밖에 없을 것이다.

우리들 유대인은 세계에 이산해 있고 정공법으로서는 도저히 세계지배의 목적을 이룩할 수 없기 때문에 이러한 번거로운 우회 작전을 취하게 되는 것이다. 우리들이 지하에 숨은 유대인만의 프리메이슨 결사(브나이.브리스=성약의 형제)를 만든 것도 그 때문이며 비유대인들은 그 목적은 물론 존재조차도 알지 못하고 있다. 그들의 눈을 속이기 위한 것이다.

신은 선민인 우리에게 은총을 내리시어 우리를 전세계에 분산하시었다. 유대 민족의 이산은 표면적으로는 곤액 고난으로 보이지마는 실은 깊으신 신의 뜻이며 세계 지배에의 포석인 것이다. 이렇듯 기초는 구축되어 있고 다음은 그 위에 건물만 세우면 되는 것이다.

제12의 의정

.....

출판과 신문은 둘 다 가장 중요한 교육 수단이다. 따라서 우리의 정부는 이들 거의 모두의 정기 간행물의 소유권을 획득한다. 이로써 정부는 민영 신문의 해를 배제하고, 민심에 계속적인 영향을 준다. 반대파의 신문, 잡지 10에 대해서 이편은 30으로 맞선다.

물론 이러한 일이 공공연하게 행해진다면 그것은 본전도 이자도 못 찾게 된다. 우리의 신문 잡지는 표면상 다종다양한 경향을 가지는 듯이 보여야 한다. 즉, 어용 신문, 잡지가 아닌 것처럼 보이게 하여 민중을 속이고 이편의 함정에 빠지도록 해서 그들을 우리에게 무해한 것으로 만들어야 한다.

먼저 관보 혹은 정부 홍보, 그 임무는 언제나 우리의 이익을 지키는 것이지만 그 때문에 도리어 영향력은 적고 약한 것이다. 다음 반관적인 것 그 역할은 무관심한 비정치계나 중립파를 우리들의 편으로 흡수한다. 세 번째로, 뚜렷한 야당적인 색채의 신문, 이것도 적어도 지면의 일부에 있어서 우리들에게 정면으로 반대한다. 그러면 진짜 반정부파는 이것이 자기네 편이라고 생각하고, 그들의 비밀까지 발설해 주게 될 것이다.

우리들은 귀족주의, 공화주의에서 혁명적인 무정부주의에 이르기까지 모든 종류의 신문을 경영하지만 물론 그것은 지금의 헌법이 존속되고 있는 동안만의 일인 것이다. 1백 개의 손을 가지고 있는 인도의 비슈누신과 같이 이들 신문은 제각기 그 어느 사상 조류를 쥐고 있다. 어떤 조류가 격화될 듯 한 때에는 재빠르게 그 흐름을 우리의 수도에 도입할 것이다. 흥분하여 이성을 잃은 인간만큼 이끌어 가기가 쉬운 것도 없다.

그들 얼간이들은 자기들의 당 기관지의 주장을 떠벌리고 있는 셈으로 있지만 실은 우리들의 의견, 아니면 적어도 우리에게 유용하게 될 의견을 선전하고 있는 것이다. 그들은 자기네 당의 신문에 좇고 있다고 믿고 있지만, 실제는 우리의 깃발에 따라 행진하고 있는 것이 된다. 이러한 계획을 지휘하기 위해 우리는 주의 깊게 조직을 만들지 않으면 안된다. 신문 중앙 협회와 같은 명칭으로 언론인의 협회를 만들고 거기에 우리들의 숨은 동지를 두어 우리의 표어 보급에 힘쓰게 한다.

우리들의 신문이 이편의 정책 비판을 하거나 공격을 하거나 하지만, 어디까지나 그것은 표면만의 일로서 핵심에 미치는 것과 같은 일은 하지 않는다. 또한 정부 기관지와도 공공연하게 화려한 논쟁을 하기도 하지만 그것도 정부 기관지가 제일보에서 충분히 뜻을 펴지 못했던 것을 보다 자세하게 보완하여 보도시키기 위한 것이다. 이것도 필요하고 유리한 경우에만 하게 한다. 신문으로 하여금 우리 들에 대한 공격을 하게 하는 것은 인민에 대하여 아직 완전한 언론의 자유가 있다고 믿게 하는 것도 된다. 또한 반대파의 신문은 얼토당토않은 엉터리의 반대를 주장하게 한다. 정부의 정책을 비판하는 사실상의 근거는 없지 않은가 하고 우리들의 동지가 PR할 수 있게 된다.

이러한 계략은 일반에게는 알 수 없고 우리 정부에 대한 인민의 신용을 높이는 것이 되기도 할 것이다. 우리들은 때에 따라, 상황에 따라 국정에 대한 세론을 자극하거나 진정하게 할 수 있다. 우리들은 어떤 때는 진실, 어떤 때는 허위를 유포시키고, 설득하거나 역용하거나 한다. 그것은 민중이 어떻게 반응하는 가를 보고 대응하는 것이며 사실에 바탕을 두고 설명도 하고 또한 사실을 부정하기도 해야 하는 것이다. 즉, 단번에 땅 위에 뛰어내리거나 하지 않고 발로써 살짝 디디어 보고 지상을 굳게 밟는 셈이다.

저널리즘에 대한 이러한 조처로서 우리들은 확실하게 적을 정복하게 될 것이다. 왜냐하면 적은 그들의 주장을 전달하는 신문을 가질 수 없기 때문이다. 그래서 우리들은 그들에게 애써 반론을 할 필요조차 없게 되어 버릴 것이다. 앞서 제3에 든 야당적 신문에 얹혀지는 우리들의 관측 기구의 기사도 필요한 경우에는 반관적 신문을 통해서 부셔 버릴 수가 있는 것이다. 프랑스의 신문계에 있어서는 현재 이미 프리메이슨 결사에 의한 밀접한 연대가 성립되고 있다.

모든 신문은 직무상의 비밀을 서로 엄수한다는 것으로써 서로 맺어졌다. 메이슨의 선서에 의해서 결의에 따라 공표해도 좋다고 하지 않는 한, 어떠한 기자도 정보의 비밀을 밝히지는 않는다. 어째서냐 하면 우리들은 꺼림칙한 과거로 떳떳하지 못한 형편에 있는 기자만을 메이슨에 넣는 까닭에 위반하기만 하면 그것을 폭로하고 말기 때문이다. 과거의 오점이 숨겨져 있는 한 그의 명성은 외국에까지 넓혀지고 많은 민중은 그의 붓에 따르게 된다.

우리의 계획은 지방에 대해서도 중시하도록 해야 한다. 지방 도시에 대한 희망과 반대를 선동하고 거꾸로 도시 편에 있어서는 지방에 대립하는 경향을 더욱 조장시킨다. 쌍방 모두 그 출처는 우리들이다. 우리들이 완전히 권력을 쥐기까지에는 우리들의 앞잡이가 선동한 지방의 세론이 수도를 제압할 필요도 있다.

그리고 때가 닥쳐오면 이제는 지방의 대다수가 인정해 버린 기정사실로 굳어버려 수도 측이 이러쿵저러쿵 잔소리를 못하게끔 해 버리는 것이다. 우리의 권력 확립 전의, 말하자면 과도적인 신체제 시대가 되면 신문에 사회적인 스캔들은 취급하지 못하도록 한다. 새로운 체제하에서 모든 인민이 만족하고 범죄도 그림자를 감추게 되었다고 세상 사람들에게 믿게끔 한다. 범죄가 있었다고 하더라도 그 피해자와 우연의 목격자 이이에는 아무도 알 수 없게 하는 것이다.

- 출처 : http://cafe.naver.com/ma77.cafe?iframe_url=/ArticleRead.nhn%3Farticleid =1805)

## 자료 14 레닌과 전위당

### [무엇을 할 것인가?]에 기초한 당 건설

1905년에 볼셰비키당이 당면한 임무를 완수하는 과정에서 [무엇을 할 것인가?]의 어떤 측면이 적용될 수 없다고 레닌은 생각했는가? 1905년 레닌은 그동안 준수되어온 당원 자격과 지도책임에 필요한 정치적 경험과 지식의 정상적 수준을 낮출 것을 주장했다. 그런데 레닌의 생각이 바뀐 것은 그가 기존의 전위당 개념을 기각했기 때문이 아니었다. 진짜 이유는 혁명으로 인해 러시아 노동계급의 의식이 급진화된 데에 있었다. 1902년과 1903년에처럼 지하활동을 하는 상황에서는 소수의 선진노동자들만이 혁명적 사회민주주의 강령을 옹호하면서 감옥과 망명의 위험을 감수할 수 있었다. 그리고 새로 창당되었으나 분파 투쟁으로 분열된 러시아사회민주노동당의 규율을 받아들일 수 있었다. 그러나 1905년 피의 일요일 사건 이후 수만 명의 전투적 청년 노동자들과 급진 소부르주아들은 자신들이 이해하는 범위 내에서 혁명적 사회민주주의자가 되려고 했다. 1902년과 1903년에 당원의 가입 기준을 낮추었더라면 당내의 혁명적 분자들은 후진적이며 러시아 정교회를 신봉하고 자유주의자들을 추종하는 다수의 노동자들에 의해 압도되었을 것이다. 그러나 1905년에는 볼셰비키당은 탄탄한 중핵 조직으로 존재하고 있었다. 이 때문에 정치적으로는 다듬어지지 않았으나 주관적으로 급진화된 다수의 노동자들을 혁명 강령으로 동화시킬 능력을 가지고 있었다.

1905년 레닌의 대대적인 당원 가입 정책은 [무엇을 할 것인가?]에서 표현된 원칙을 포기하거나 수정하지 않았다. 이와 정반대로 이 원칙을 성공적으로 적용했다. 혁명적 위기시에 광범위하게 당원을 증대시키기 위해서는 필요조건이 있다. 정치적으로 통일된 중핵 조직의 존재가 바로 이것이다. 레닌은 이 점을 다음과 같이 명확히 표현하고 있다 :

"사회민주주의 의식이 없는 다수의 노동자들이 당으로 급격히 유입되는 것은 위험하다. 이 사태가 벌어지면 당은 대중에 의해 용해되어 계급의 의식적 전위가 될 수 없고 대중의 꽁무니에 불과할 것이다. 이것은 진짜 대단히 한심스러운 현상일 것이다. 만약 우리가 참주선동을 저지르는 경향이 조금이라도 있거나 강령, 전술적 규칙, 조직적 경험 등 당의 원칙들을 가지고 있지 못할 경우 그리고 가지고 있더라도 이 원칙들이 허약하고 불안정할 경우 이 위험은 의심의 여지없이 대단히 심각한 위험이 될 수 있고 실제로 될 것이다. 그러나 사실을 말하자면 이 '가정들'은 지금 존재하지 않는다... 우리는 입당하는 분자들에게 계급의식을 요구해왔다. 그리고 당 발전의 연속성의 엄청난 중요성을 주장해왔고 규율을 설교해왔다. 또한 모든 당원이 당의 어느 조직에서든 훈련을 받을 것을 요구해왔다. 모든 사회민주주의자들에 의해 공식적으로 인정받고 있으며 그 기본 전제가 어떤 비판도 받지 않고 있는 당 강령을 우리는 확고히 정착시켰다... 우리는 제2차 및 제3차 당 대회 그리고 사회민주주의 신문을 통해 다년 간 일관되게 다듬어진 전술 결의문들을 보유하고 있다. 그리고 우리는 조직 경험을 가지고 있고 실제 조직을 보유하고 있다. 이것은 교육적 역할을 했으며 의심의 여지없이 결실을 맺었다..."

레닌, "당의 개편" (1905년 11월)

혁명적 격동기에 당의 문을 활짝 여는 허약한 선전그룹이나 소규모이면서도 잡다한 분자들을 포함하고 있는 정당이 있다. 이런 조직은 미숙하고 인상주의적이며 급변하는 분자들에 의해 압도될 것이다. 그리고 이들은 당을 재앙으로 몰고 갈 것이다. 1918년과 1919년 시기에 룩셈부르크와 리프크네히트의 독일 스파르타쿠스단이 바로 이런 경우를 당했다. 1905년 레닌의 볼셰비키당은 독일 스파르타쿠스단의 비극적 운명을 피할 수 있었다. 왜냐하면 이들은 과거 5년간 [무엇을 할 것인가?]에서 제시된 원칙에 따라 조직을 건설해왔기 때문이었다.

볼셰비키들과 달리 멘셰비키들은 급진화되었으나 미숙한 노동자 당원들에 의해 압도당한 측면이 있었다. 심화되고 있던 혁명의 영향을 받아 멘셰비키 지도부는 실제로 조직 분열을 겪었다. 마르토프의 수석 부관인 테오도르 단과 마르티노프 등은 "노동자 정부"를 주창한 트로츠키를 지지했다. 마르토프와 플레하노프는 정권 장악 투쟁에서 기권

해야 한다는 공식 멘셰비키 입장에 충실했다. 이렇게 하여 1905년 혁명 와중에 멘셰비키의 가장 권위 있는 지도자 두 명은 자기 조직 내에서 우파가 되어 홀로 고립되면서 낙동강 오리알 신세에 놓였다.

1905년에 볼셰비키당에 가입한 당원들 대다수가 장기적으로 볼셰비키로 남아있을 것이라고 레닌이 믿었는 지는 의심스럽다. 특히 실제로 그랬듯이 혁명이 실패하고 반혁명 시기가 찾아왔을 때 이들이 당에 남아있을 것이라고 그가 믿었는지는 의심스럽다. 그러나 1905년에 처음으로 혁명운동에 발을 디딘 분자들 가운데 진짜 선진적인 분자를 정치적으로 후진적이며 편향을 보인 분자 그리고 진지한 분자와 순간의 흥분에 휩싸인 분자를 구별하는 것은 어려웠다. 오직 시간과 내부투쟁만이 미래의 볼셰비키들을 우연적인 분자들과 구별시킬 수 있었다. 1905년 혁명기에 진짜 볼셰비키당은 이스크라 시기에 활동했던 위원회 실무자들이었다. 새 당원들은 실제로는 후보 당원들이었다.

비혁명기에 혁명조직은 회원이 가입하기 전에 상당기간 이들을 솎아내고 교육하고 훈련시킨다. 이 준비 과정은 여성 조직, 청년 그룹, 노동조합 분파 등 과도조직에서 진행된다. 그러나 혁명 격동기에는 상황이 달라진다. 이때에는 당을 통해 완전한 정치적 역할을 원하는 최상의 젊은 투사들이 넘친다. 그리고 당은 이들의 일부를 당원으로 획득해야한다. 이 상황에서 상대적으로 긴 당원 훈련 과정은 장애가 될 수도 있다. 충분한 규모와 안정성을 가진 핵심 중핵을 보유한 전위당은 조직 능력 범위 내에서 자기 나름대로는 최선을 다해 마르크스주의 혁명 강령을 수용하는 겉보기에 건강한 분자들을 모두 당원으로 받아들이려고 노력해야한다. 이때 올바른 당원을 가려내고 교육시키는 과정은 당 내부에서 진행된다.

혁명기의 대대적인 당원 획득 작업은 극단적인 형태로 당의 성장과 발전의 일반적 특징이 된다. 선전 서클에서 노동자 대중정당으로의 전환은 단 하나의 일직선처럼 단순한 과정이 아니다. 새로운 환경을 맞아 당은 급격하게 성장하고 발전한다. 그리고 이 성장과 발전의 결과를 단단하게 다지는 조직 확립의 단계로 이행한다. 이때 당 내부에서의 훈련과 투쟁은 당의 외부 활동보다 우선하면서 중핵의 새로운 부위가 형성된다. 이 복잡한 우여곡절 끝에 당은 계급의 전위로 확고하게 정착한다.

1907년 6월 레닌은 [12년]이라는 제목으로 그의 주요 저작들을 한데 모아 발간했다. 이때 볼셰비키당은 여전히 약 4만 5천 명의 당원을 보유한 합법 대중조직이었다. 차르의 반동이 볼셰비키당을 상대적으로 소규모의 지하조직으로 찌그러뜨리기 전이었다. 따라서 1907년 초 볼셰비키당의 내부 상태와 외부 상황은 이스크라 그룹 시절인 1902년, 1903년 시기와는 매우 달랐다.

따라서 레닌은 [무엇을 할 것인가?]의 역사적 맥락과 이 저작의 직접적 동기가 된 분파투쟁의 목적을 설명하고 강조해야했다. [12년]의 서문에서 레닌은 이렇게 말했다 :

"...경제주의자들은 한쪽 극단으로 나아갔다. 내가 말했지만 [무엇을 할 것인가?]는 경제주의자들이 비튼 것들을 바르게 펴고 있다....

이 말의 의미는 충분히 명확하다 : [무엇을 할 것인가?]는 경제주의의 왜곡을 논쟁을 통해 교정한 저작이다. 그리고 이 저작을 다른 각도에서 보는 것은 틀린 해석이 될 것이다."

트니 클리프, 장-자크 마리 등 모든 우파 수정주의자들은 이 몇몇 문장들을 환호하면서 받아들였다. [무엇을 할 것인가?]가 역사적으로

퇴물일 뿐 아니라 과장된 정치적 발언이라고 레닌이 간주했다는 증거가 될 수 있기 때문이었다. 그러나 이것은 레닌의 전위당 개념을 근본적으로 왜곡시키는 행위이다. [무엇을 할 것인가?]가 1907년에 일면적으로 보인 이유는 이것이었다 : 이 저작은 느슨한 선전 서클로부터 직업혁명가로 구성된 선동 정당을 수립하는 문제를 다루었기 때문이다. 1902년의 이 논쟁적 저작은 선동 조직을 노동자 대중정당으로 전환시키는 문제들을 다루지 않았다. 그리고 혁명적 대중정당의 문제들과 임무들도 역시 다루지 않았다.

[12년]의 서문에서 레닌은 이렇게 주장한다 : 직업혁명가로 구성된 조직을 건설하는 작업은 대중적 혁명노동자당 건설의 필요한 단계이다 ; 이 단계에서 직업혁명가들은 조직의 핵심 중핵이 될 것이다. 그는 이스크라 시기의 볼셰비키위원회 실무자들이 이후 모든 볼셰비키 당 조직들의 토대가 되었음을 이렇게 설명했다 :

"우리 당의 월등한 통일성, 공고함, 안정성을 누가 성취했으며 존재하게 했는가? 라는 질문이 생긴다. 이것은 직업혁명가들의 조직에 의해 성취되었다. 이 조직의 건설에 [이스크라]지는 가장 크게 공헌했다. 우리 당의 역사를 잘 알고 있으며 당을 직접 건설하는데 참여한 분자들은 예를 들어 1907년 런던 당 대회의 대의원 명부를 흘끗 보기만 하면 된다. 그러면 내가 말한 바의 의미를 즉시 확신할 것이다. 그리고 즉시 이 사실을 인식할 것이다 : 이것은 고참 당원들의 명부이다 ; 이들은 당을 건설하는 투쟁에서 누구보다 열심히 활동했으며 당의 현재 모습을 가능하게 한 핵심 중핵이다."

### 당, 분파, 비판의 자유

혁명에서 자유 부르주아지가 담당할 역할에 대해 볼셰비키와 멘셰비키는 견해를 달리했다. 이로 인해 볼셰비키 진영 내에서 멘셰비키와 화해하자는 분자들은 영향력이 약화되었다. 그러나 이들은 일소되지는 않았다. 볼셰비키만 참석한 제3차 당 대회가 1905년 4월에 열렸다. 이 대회에서 멘셰비키에 대한 대응 문제에서 레닌은 소수파로 몰렸다. 그는 대회에 불참한 멘셰비키들을 당에서 제명하려 했다. 그러나 다수파 대의원들은 이 극단적 조치를 취할 생각이 없었다. 결국 대회는 이 문제에 대해서 이렇게 결정했다 : 볼셰비키 지도부를 인정하고 당의 규율을 따르는 멘셰비키들은 당원으로 인정될 것이다. 말할 나위 없이 멘셰비키들은 이 조건을 즉각 거부했다.

1905년 혁명이 시작되자 볼셰비키와 멘셰비키의 분열은 심화되었다. 그러나 혁명이 진전하면서 두 조직을 하나의 당으로 통합해야한다는 압력이 엄청나게 거세졌다. 서로를 강화시키는 여러 요인들이 작용하여 두 진영 모두의 내부에는 통합을 위한 정서가 크게 일어났다. 차르 국가기구에 대한 군사적 공동 투쟁이 선진 노동자, 사회민주주의 투사, 이 운동의 지지자들 사이에 강력한 연대의식을 조성했다.

1905년 여름이 되자 경제주의에 대한 이스크라 경향의 투쟁 또는 1903년 볼셰비키-멘셰비키의 분열과 그 여파 등을 경험하지 않은 젊고 새로운 조직원들이 두 진영의 다수파를 구성되었다. 따라서 이들 다수는 당의 분열을 이해하지 못했고 이것이 "먼 과거의 역사"에 기인한 것으로 인식했다. 여기에다 멘셰비키 지도자들이 서로 치고 받으면서 분열했다. 그러자 당을 분열시키고 있는 노선 차이는 사소하다는 일반적 정서가 강화되었다. 1905년에 가장 출중한 멘셰비키 지도자는 상트페테르부르크소비에트 의장 트로츠키였다. 혁명의 전망과 목표에 대한 그의 입장은 레닌의 좌에 위치해 있었다. 따라서 1905년에 볼셰비키와 멘셰비키 다수의 정치적 입장은 각 진영 지도자들의 강령과 일치하지 않았다. 1940년 8월에 트로츠키는 스탈린이 보낸 암살자에 의해 살해되었다. 이때까지 미완성으로 남아있던 자신의 스탈린 전기에서 트로츠키는 이렇게 말했다 : 혁명에서 사회민주주의의 역할에 대해 1905년의 멘셰비키 평당원들은 멘셰비키 지도자 플레하노프보다 볼셰비키 지도자 레닌에게 더 동의했다.

당 통합의 정서는 너무 강렬하여 몇몇 지역의 볼셰비키위원회는 지도부의 반대를 무릅쓰고 멘셰비키위원회와 통합해버렸다. 1920년대에 쓴 회고록에서 고참 볼셰비키인 오시프 피아트니츠키는 1905년 후반부 오데사 사회민주주의 운동의 상황을 이렇게 묘사하고 있다 :

"당의 통합 제안이 각각 볼셰비키와 멘셰비키의 당 협의회에서 절대 다수로 통과될 것이라는 사실을 볼셰비키 지도부는 너무 잘 알고 있었다. 왜냐하면 즉각 통합을 주창하는 자들이 연설을 할 때마다 이들은 거의 만장일치의 지지를 얻었기 때문이었다. 따라서 볼셰비키위원회는 자신들이 반대했던 통합에 대해 조건을 제시하지 않을 수 없었다. 이렇게 하는 것은 중요했다. 왜냐하면 조건을 내걸지 않았다면 통합은 아무 조건이 없이도 성사되었을 것이기 때문이었다."-- [어느 볼셰비키의 회고록] (1973년)

1923년에 쓴 [볼셰비키당 역사]에서 그레고리 지노비에프는 1906년의 당 통합을 이렇게 요약하고 있다 :

"1905년 후반부 혁명의 결과 그리고 대중의 압력 하에 볼셰비키와 멘셰비키 실무책임자들은 통합을 강요받았다. 실제로 대중은 여러 쟁점에서 볼셰비키가 멘셰비키와 화해하도록 강요했다."-- [볼셰비키당 역사 - 대중적 개요] (1973년)

어쩌면 지노비에프의 묘사는 지나치게 단순할지도 모른다. 레닌이 대중의 압력에 그저 굴복했을 것 같지는 않다. 그러나 통합을 열망하는 압도적 정서는 각 진영의 독자적 존재가 해당 당원들의 정치의식과 더 이상 일치하지 않는다는 것을 의미했다. 볼셰비키당의 나이 어린 신참 당원 일부는 실제로 멘셰비키 좌파에 가까웠고 멘셰비키 신참 당원들은 볼셰비키 우파에 가까웠다. 1905년 혁명을 통해 사회민주주의 운동에 합류한 분자들을 기회주의 분자들과 구별시키기 위해서는 조직 내부의 사상 투쟁이 필요했다.

**당의 재통합**

1905년 가을 볼셰비키 중앙위원회와 멘셰비키 조직위원회는 통합 협상을 시작했다. 러시아 국내의 볼셰비키당 중앙위원회는 지역 차원의 통합을 당 통합의 방안으로 간주하고 이것을 승인했다. 이때 아직도 스위스에서 망명 중이었던 레닌은 하부에서 일어나고 있던 조직적 통합을 막기 위해 강력하게 개입했다. 새로운 당 대회가 열려 분파의 강령에 따라 대의원이 선출되어 지도부 차원의 통합이 이루어질 것을 그는 강력하게 요구했다. 당 중앙위원회에 보낸 1905년 10월 3일자 편지에서 그는 이렇게 말했다 :

"두 부분을 합치는 것을 두 부분을 섞어버리는 것과 혼동하지 말아야한다. 두 부분을 합치는 것에는 동의한다. 그러나 이것들을 섞어버리는 것에는 결코 동의할 수 없다. 위원회들이 볼셰비키와 멘셰비키로 확연히 구분되고 각자가 독자적인 대회를 개최한 후 당이 통합되어야 한다."(강조는 원저자)

마침내 1905년 12월 볼셰비키와 멘셰비키 동수로 구성된 통합 당 지도부가 수립되었다. 동시에 멘셰비키의 [이스크라]지와 볼셰비키의 [프롤레타리아]지는 폐간되고 통합 기관지 [당 소식]이 발간되었다.

이때 중요한 일이 벌어졌다. 공식 당 조직의 일원이 되어야 한다는 1903년 레닌의 당원 자격 조건이 멘셰비키들에 의해 받아들여진 것이었다. 이것은 부분적으로는 레닌주의에 대한 양보였다. 그러나 1905년과 1906년에 상대적으로 정치적 자유가 확보된 상황에서 공식 당 조직에 속하는 것이 대대적인 당원 가입에 장애가 되지 않는다는 현실을 주로 반영했다. 이 문제와 관련하여 멘셰비키들이 입장을 번복한 것은 사실이다. 그러나 당원이 조직의 규율에 복종해야한다는 레닌의 강력한 요구가 지하활동의 특수성에서 나왔다는 널리 퍼진 잘못된 생각을 이 사실은 완전히 부인하고 있다. 왜냐하면 합법 활동이 비교적 보장되는 상황에서도 조직의 규율에 복종해야한다는 점이 볼셰비키와 멘셰비키 모두에 의해 인정되었기 때문이었다. 이와 정반대로 지하활동의 엄격함과 어려움 때문에 당원의 자격 요건을 느슨하게 해야 한다는 것이 멘셰비키의 입장이었다. 비밀활동의 엄격함과 위험을 원치 않았던 사회민주주의 노동자와 지식인들을 끌어들여 쪽수를 채우는 것이 멘셰비키들의 소망이었기 때문이었다.

1906년 4월 스웨덴의 수도 스톡홀름에서 제4차 "통합" 당 대회가 열렸다. 그리고 대의원 분포는 멘셰비키가 62명 볼셰비키가 46명이었다. 유대인노동자연합(분트), 라트비아 사회민주주의자들, 룩셈부르크와 요기헤스의 폴란드 사회민주주의자들도 대표를 보냈다. 이 대회에서 분파의 대의원 배정에 대해 이의를 제기한 자는 하나도 없었다. 대의원 수는 러시아 사회민주주의 노동자들의 분파 지지도를 올바르게 반영하고 있었다.(1906년 초 멘셰비키의 당원 수는 약 1만8천 명이었고 볼셰비키는 약 1만2천명 정도였다.)

1906년 초에 멘셰비키들이 러시아 사회민주주의 운동의 다수파가 된 이유는 어디에 있을까? 첫째, 1905년 초 대대적인 당원 가입 정책에 대한 볼셰비키위원회 실무자들의 보수적 태도는 노동조합 특히 소비에트 등 혁명이 수립한 대중조직에 대한 이들의 종파주의적 태도에도 드러났다. 이 때문에 광범위한 대중 조직들에서 멘셰비키들은 지도부를 미리 차지할 수 있었다. 트로츠키는 멘셰비키들을 위해 분파투쟁을 하지는 않았다. 그러나 그가 상트페테르부르크소비에트 의장이라는 사실은 레닌주의자들의 권위를 약화시켰다. 둘째, 멘셰비키들은 즉각 당 통합을 주창해왔기 때문에 젊은 신입 당원들의 정치적 단순성과 통합에 대한 열망에 부응할 수 있었다.

1905년 12월 볼셰비키들이 주도한 모스크바 봉기가 패배했다. 이로써 혁명은 퇴조하고 반동이 고개를 들기 시작했다. 볼셰비키들은 봉기의 패배를 혁명 전진기의 일시적 후퇴로 간주했다. 그러나 멘셰비키들은 혁명이 끝났다고 결론 내렸다. 이들의 입장은 1906년 초 대중의 패배주의 정서와 일치하고 있었다.

제4차 당 대회가 열리는 동안 내내 레닌은 통합 당에 대한 자신의 충성을 여러 차례 확인하는 발언을 했다. 예를 들어 대회 폐막 시점에 그가 발표한 짤막한 분파 성명서에서 그는 이렇게 말했다 :

"오류라고 생각되는 대회의 결정 사항들에 대해 이념적으로 투쟁해야 하고 투쟁할 것이다. 그러나 동시에 어떤 종류의 분열도 반대한다고 당 전체에 선언한다. 우리는 대회의 결정 사항들에 승복한다... 노동자들의 사회민주주의 조직들은 통일되어야 한다고 우리는 크게 확신한다. 그러나 이 통합 조직들 내에서 당의 문제들에 대한 광범위하고도 자유로운 비판, 당 생활에 대한 자유롭고 동지적인 비판과 평가가 있어야한다."-- "과거 '볼셰비키' 그룹에 속했던 통합 당 대회 대의원들이 당원 전체에게 보내는 호소문"(1906년 4월)

당의 통합은 카우츠키[76]의 "계급 전체의 당" 이론을 레닌이 추종하고 있었다는 것을 보여주었다. 그러나 이뿐이 아니었다. 1905년 혁명기에 사회민주주의 운동에 합류한 다수의 미숙하고 젊은 노동자들을 획득하려는 그의 전술적. 술수를 보여주기도 했다. 이 두 가지 매우 다른 고려사항들 가운데 어느 것에 레닌이 더 비중을 두었는지는

76) 1854년 체코 프라하에서 출생하였다. 빈대학교에서 공부하였고, 1875년 오스트리아사회민주당에 입당하였다. 1880년 취리히로 이주하여 마르크스주의자가 되었고, 1881년 런던에서 F.엥겔스와 알게 되었으며, 1883년 독일사회민주당의 기관지 『노이에 차이트 Neue Zeit』를 창간하여 그 편집을 담당하였다. 1891년 독일사회민주당이 채택한 에르푸르트강령을 기초하였다. E.베른슈타인의 수정주의(修正主義)에 반대하여 마르크스주의 옹호론을 전개하는 한편, 마르크스의 『자본론』 등을 출판하고 해설하였다. 제1차 세계대전이 발발하자 반전을 주장하는 소수파인 독립사회민주당에 가담하였다. 대전 중에 초제국주의론(超帝國主義論)을 제창하고 폭력혁명과 소수 사회주의자에 의한 독재에 반대하여 V.I.레닌의 비판을 받았다. 1920년 다시 사회민주당으로 복귀하였다가 1924년 이후 정계에서 물러나 빈에 머물며 문학활동에 전념하였으나, 나치스의 침공으로 프라하를 거쳐 암스테르담으로 망명하여 그곳에서 죽었다. 저서에 『농업문제 Die Agrarfrage』(1899), 『프롤레타리아트독재 Die Diktatur des Proletariats』(1918), 『유물사관 Die materialistische Geschichtsauffassung』(2권, 1927) 등이 있다.

알 길이 없다. 그리고 미래에 전개될 볼셰비키와 멘셰비키의 관계를 레닌이 1906년에 어떻게 예상하고 있었는지에 대해서도 알 수가 없다.

이후 멘셰비키와의 명확한 분립을 통해 볼셰비키당을 수립할 것을 레닌이 고대했거나 계획했을 것 같지는 않다. 이렇게 할 경우 무엇보다도 제2인터내셔널에 의해 볼셰비키당이 러시아 사회민주주의 운동의 유일한 대표로 인정받지 못할 것이라는 점을 레닌은 알고 있었다. 그리고 1912년 볼셰비키들이 실제로 멘셰비키들과 완전히 분립하면서 당의 법통을 이었다고 주장했을 때 제2인터내셔널의 지도부는 이 주장을 거부했다.

아마 레닌은 당의 지도부를 장악한 후 멘셰비키들을 당의 규율에 종속시키고 무의미한 소수파로 전락시키고 싶었을 것이다. 베벨/카우츠키의 독일사민당 지도부와 베른슈타인을 추종하는 수정주의자들 사이의 관계가 러시아에서도 반복되기를 레닌은 원했다. 그러나 멘셰비키 중핵들이 혁명 정당의 규율에 복종할 용의와 능력이 없다는 것을 그는 알고 있었다. 또한 기회주의 경향이 그의 지도를 따를 정도로 그가 베벨과 같은 권위를 가지고 있지 못하다는 것도 레닌은 알고 있었다.

러시아 노동운동의 지도력을 확보하려는 과정에서 레닌은 멘셰비키 평당원을 획득하고 순전히 당 내부에서 분파 투쟁을 수행하는 것으로 자신의 정치투쟁을 제한하지는 않았다. 그는 당에 속해있지 않은 노동자와 급진 소부르주아들을 직접 볼셰비키 경향으로 획득하려했다. 이 목적을 위해 당내 볼셰비키 "분파"는 신문, 지도부, 규율을 갖춘 조직, 재정, 공공 활동, 지역 위원회 등을 갖춘 독자적 정당과 거의 똑같았다. 1906년부터 1912년까지 볼셰비키들은 공식적으로는 통합

정당의 분파였으나 독자 정당의 특징들을 대부분 갖추고 있었다. 트로츠키, 지노비에프[77], 멘셰비키 지도자 테오도르 단 등 다양한 인물들은 나중에 이 점을 인정했다.

1940년 미국의 트로츠키주의 대중정당인 사회주의노동자당에서는 치열한 분파 투쟁이 벌어졌다. 이때 섁트먼 분파를 비판하는 논쟁 중에 트로츠키는 이 시기의 볼셰비키들을 "정당의 특성들을 전부 갖춘 분파"였다고 말했다([마르크스주의를 옹호하며], 1940년).

지노비에프가 쓴 [볼셰비키당 역사]는 제4차 당 대회 이후의 상황을 이렇게 묘사하고 있다 :

"당 대회 중에 볼셰비키들은 당헌에 위배되는 자신들의 중앙위원회를 구성해 놓고 있었다. 이때 우리는 당 중앙위원회와 상트페테르부르크소비에트에서 소수파였으며 우리의 독자적 혁명활동을 숨겨야했다. 우리 당 역사의 이 시기는 우리에게 매우 힘들고 불쾌했다... 두 정당이 한 정당의 구조 속에서 활동하고 있는 것 같은 그런 상황이었다."(강조는 인용자)

테오도르 단이 1945년에 저술한 [볼셰비키주의의 기원](1970년)은 볼셰비키와 멘셰비키의 관계를 지노비예프와 유사하게 분석하고 있다 :

---

77) **지노비에프, 그리고리 에프세비치** Zinoviev, Grigorii Evseevich(1883~1936)는 구소련에 있어서의 반스탈린파의 거두이다. 청년시대부터 혁명운동에 참가, 투옥과 망명 후 1917년 레닌(V.I. Lenin)과 같이 귀국하여 활약하였다. 국내전쟁에서는 국방위원회 의장, 그 후 레닌그라드 소비에트의장, 코민테른집행위원회 의장, 당정치국원으로 있었으나 1925년부터 반혁명운동을 시작하여 당으로부터 제명되었다. 그 후 일시 복귀하였으나, 1936년 음모재발각으로 카메네프(L.B. Kamenev)와 함께 처형되었다.

"러시아 사회민주주의 운동을 두 분파로 급속히 분열시킨 것은 조직 문제가 아니라 정치 문제에 대한 이견이었다. 두 분파는 때로는 밀접히 관계를 맺다가 서로 충돌했지만 명목상 통합 정당 속에 있으면서도 기본적으로는 서로 투쟁을 계속한 두 개의 독자 정당이었다."

### 민주집중제[78]와 "비판의 자유"

1906년 4월의 제4차 당 대회부터 1907년 5월 당 대회까지 볼셰비키들은 러시아사회민주노동당에서 소수 분파였다. 그리고 당의 지도력을 추구하는 과정에서 이들은 멘셰비키 중핵들을 획득하는 쪽으로 활동의 중심을 잡지 않았다. 몇몇 개인적 예외를 제외하면 레닌은 경험이 풍부한 멘셰비키 중핵들이 최소한 당면 시기에는 확고한 기회주의자일 것이라고 생각했다. 역설적으로 말하면 당의 재통합은 볼셰비키와 멘셰비키의 노선 차이를 더욱 고착시켰다. 볼셰비키나 멘셰비키의 고참들 가운데 편을 바꾼 경우는 거의 없었기 때문이었다.

---

78) 민주집중제 [民主集中制, democratic centralism]는 민주적 중앙집권주의라고도 한다. 마르크스와 엥겔스에 의하여 처음으로 제기되었고, 레닌에 의하여 계승·발전된 공산주의국가체제 및 국가 운용상의 기본원리이다. 모든 공산주의국가에서는 국가조직뿐 아니라 당이나 그 밖의 조직에서도 이 제도가 구성 및 운용의 원리로 되어 있다. 러시아의 혁명정부는 아래로부터의 창의, 자주성, 운동의 자유, 에너지의 전개와 자발적인 중앙집권 등이 결합된 것의 전형적인 예로서 '파리코뮌'을 들었다. 마르크스-레닌주의적 민주집중제의 구체적 내용은 당과 국가영역으로 나누어 볼 수 있는데, 당내 표현으로는 ① 당의 모든 영도기관은 상향식 선거에 의하여 이루어지고, ② 당의 하부기관은 상부기관에 정기적 보고를 하며, ③ 소수(少數)는 다수(多數)에 복종하고, ④ 하부조직은 상부조직에 복종하도록 되어 있다. 그리고 국가영역에서 민주집중제의 구체적 표현으로는 ① 영도기관의 선거제와 영도기관의 선민(選民)에 대한 책임제, ② 국가사무에 대한 인민의 자발적 관리제, ③ 부분의 전체에 대한 복종, 지방의 중앙에 대한 복종의 규율 등을 지적할 수 있다.

두 진영이 계속 분열할 경우 다수의 사회민주주의 노동자들이 어느 진영에도 합류하지 않을 것이라는 우려가 당의 재통합에 합의한 레닌의 동기 가운데 하나였다. 당의 지도력을 장악한 멘셰비키들에 대항하는 핵심은 어느 쪽에도 가입하지 않은 분자들을 획득하는 것이라고 그는 생각했다. 따라서 그는 공개적으로 멘셰비키 지도부를 공격할 수 있기를 원했다. 레닌이 민주집중제를 "비판의 자유, 행동의 통일"로 규정한 것은 바로 이 역사적 맥락 때문이었다. 1906년과 1907년 시기의 여러 경우에 레닌은 당 지도부의 행동이 아니라 입장을 공개적으로 비판할 수 있는 소수파의 권리를 주창했다.

충분히 예상할 수 있듯이 다양한 우파 수정주의자들은 레닌이 1906년에 주창한 "비판의 자유" 입장을 "재발견했다". 사실 레닌의 이 입장은 계급 전체의 당 이론에 대한 추종과 멘셰비키들에 대한 전술이 결합된 산물이었다. 그런데도 이들은 이것이 레닌의 민주집중제의 진정한 모습이라고 선언했다. 1970년대 초에 사이비 트로츠키주의 조직인 제4인터내셔널통합서기국에서 분리해 나온 일부 중도주의 좌파 그룹들은 "비판의 자유"를 강령의 핵심으로 삼았다. 이 가운데 가장 중요한 그룹은 지금은 거의 소멸한 서독의 독일국제공산주의자들(Internationale Kommunisten Deutschlands)이다. 미국 사회주의노동자당 내의 레닌주의 분파는 이후 계급투쟁동맹으로 모습을 바꾸어 잠깐 존재했는데 역시 "비판의 자유" 입장을 옹호했다. 이 조직의 중심 지도자 바브라 지는 이 주제와 관련하여 1972년 "민주집중제"라는 제목의 긴 글을 작성했다. 이 글의 핵심 결론은 다음과 같다 :

"당과 당 신문이 노동계급의 것이므로 당 신문을 통해 정치적 차이들을 토론하는 것은 중요하다. 이것이 레닌의 생각이었다. 노동자들이 당을 자신들의 당이라고 볼 경우 이들은 당의 문제들을 자신들의 문제들로 그리고 당의 투쟁을 자신들의 투쟁으로 간주해야 한다. 다수파 지도부의 노선을 반복할 뿐 아니라 당의 지침에 따라 자신의 비판과 생각을 제출하는 것을 통해서도 당의 발전을 도울 수 있다고 노동자 당원들은 생각해야한다."(강조는 원저자)

그리고 그녀는 1906년 5월 레닌이 발표한 글 "비판의 자유와 행동의 통일"을 수용하면서 이 글의 일부를 인용한다 :

"당 강령이 정한 원칙의 한계 내에서 당의 회의 뿐 아니라 공개 집회에서도 지도부 노선을 비판하는 것은 아주 자유로워야 한다...이러한 비판 또는 비판은 선동과 구분할 수 없으므로 이러한 '선동'은 금지될 수 없다."

여기서 레닌이 말하고 있는 "당"은 10월 혁명을 주도한 볼셰비키당이 아니다. 증명된 기회주의자들인 멘셰비키들이 주도했으며 러시아 사회민주주의자들이 전부 모인 계급 전체의 당이 그가 지칭한 당이었다. 1906년의 러시아사회민주노동당을 혁명 전위당과 동일시하는 것은 볼셰비키주의와 멘셰비키주의의 차이를 없애는 것과 같다.

공개적으로 조직을 분리하지는 않았으나 레닌은 당의 멘셰비키 지도부가 볼셰비키들의 혁명 선동과 투쟁을 방해하는 것을 모든 수단을 동원하여 막았다. 당헌을 위배하여 볼셰비키들이 공식적인 지도부를 수립했다는 지노비에프의 말은 이미 위에서 인용했다. 그러나 이것만이 아니었다. 볼셰비키들은 독자적인 재정을 확보하고 있었다. 1906년 8월까지 볼셰비키들은 상트페테르부르크위원회에서 다수파가 되자마자 이 위원회의 후원을 통해 분파 기관지 [프롤레타리아]를 다시 발간했다.

"비판의 자유, 행동의 통일" 원칙에 근거하여 볼셰비키와 멘셰비키가 같은 당에서 공생하는 것은 불가능했다. 이 점은 1907년 초 상트페테르부르크선거에서 증명되었다. 이 시기 이 두 그룹 사이의 핵심 갈등은 입헌왕정을 옹호하던 자유주의 입헌민주당에 대한 선거 지지를 둘러싸고 터졌다. 1906년 11월 당 협의회에서 멘셰비키 다수파는 타협안을 채택하여 지역 위원회들이 알아서 선거 전술을 구사하도록 했다. 볼셰비키의 아성인 상트페테르부르크를 약화시키기 위해 당 중앙위원회는 이 도시의 위원회를 둘로 나누라고 명령했다. 이에 볼셰비키들은 이것을 순전히 분파적 작태라고 올바르게 비난하면서 이 명령을 거부했다. 선거 정책을 결정한 상트페테르부르크협의회에서 멘셰비키들은 따로 조직을 수립한 후 이 협의회가 불법이라고 주장했다. 그리고 이들은 볼셰비키 선거정책을 반대하여 입헌민주당을 지지했다.

이에 레닌은 팜플렛 [상트페테르부르크선거와 멘셰비키 31인의 위선]을 통해 이 행위를 계급 배신이라고 비난했다. 그러자 당 중앙위원회는 "당원으로서 허용될 수 없는" 행위를 한 죄로 레닌을 기소했다. 그러나 그에 대한 재판은 제5차 당 대회 이후로 연기되었다. 이 당 대회에서 볼셰비키는 다수를 획득했으며 이 때문에 레닌의 재판 문제는 흐지부지되었다.

멘셰비키들은 "당원들의 정치적 도덕성에 의구심을 던지고 있다"면서 레닌을 비난했다. 이에 대해 레닌은 스스로를 "방어"하면서 자신이 알고 있는 "비판의 자유"가 무엇을 의미하는 지를 명확히 드러냈다 :

"나는 상트페테르부르크선거가 있기 전에 멘셰비키들을 날카롭고 무례하게 공격했다. 이를 통해 나는 멘셰비키들을 신뢰하고 따르는 노동계급의 부위를 동요하게 만드는데 성공했다. 이것이 나의 목적이었다. 이것은 좌익 선거연합을 위해 투쟁하고 있던 상트페테르부르크 조직의 회원으로서 내가 수행해야 할 의무였다. 왜냐하면 조직을 분열시킨 후 입헌민주당의 발 아래로 노동계급을 인도하고 있던 멘셰비키들을 패퇴시키는 것이... 필요했기 때문이었다. 그리고 이들의 대오에 혼란을 초래하는 것이 필요했다. 통합 당의 당원이 되기를 중지하고 계급의 적이 된 자들에 대한 분노, 혐오감, 경멸감을 대중에게 불어넣는 것이 필요했다... 이런 정치적 적들에 대항하여 그때 나는 이들을 전멸시키는 투쟁을 했다. 그리고 조직 분열이 반복되거나 진행될 경우 항상 이런 종류의 투쟁을 벌일 것이다."(강조는 원저자)-- "러시아사회민주노동당 제5차 당 대회에 제출하는 상트페테르부르크조직 분열사건의 보고..."(1907년 4월)

1906년 멘셰비키 당 지도부에 대한 레닌의 "비판의 자유" 입장은 1930년대 미국 트로츠키주의자들의 "민주집중제" 입장과 유사하다. 이때 이들은 사민주의 정당들에 들어가 정치투쟁을 벌이고 있었다. 이들은 당원들과 비당원 대중에 대한 정치적 영향력을 최대로 행사하기 위해 민주집중제를 반대했다. 이에 대해 역으로 당시 사민당 지도부의 일부는 트로츠키주의자들을 억압하기 위해 민주집중제의 일반적 기준을 준수할 것을 요구했다. 노먼 타머스의 미국사회당에서 투쟁한 경험을 언급하면서 당시 트로츠키주의 운동의 지도자 제임스 캐넌은 민주집중제를 혁명 전위에게 독특하게 적용하는 문제를 이렇게 잘 표현했다 :

"민주집중제는 그 자체로는 특별히 좋을 것이 없다. 이것은 혁명을 지도하기 위해 통일된 강령으로 단결한 전투 정당을 위한 특별한 원칙일 뿐이다. 사민주의자들은 이러한 조직 체계를 가질 필요가 없다. 이들은 혁명을 조직할 의향이 없기 때문이다. 이들의 민주주의와 중앙집중주의는 결합되기는커녕 각기 다른 목적을 위해 각기 달리 유지된다. 민주주의는 사회 애국주의자들을 위한 것이고 중앙집중주의는 혁명가들을 위한 것이다. 미국사회당 내에서 잼 타일러가 주도한 '명확성' 분파는 정치적으로 잡다한 구성을 보인 사회당(1936년-1937년)에 엄격한 '민주집중제'를 도입하려했다. 그러나 이것은 민주집중제를 대단히 기이하게 왜곡한 행위에 불과했다. 더 정확히 말하면 이것은 사산된 민주집중제였다. 이들이 중앙집중화와 규율을 필요로 한 유일한 이유는 좌파의 권리를 억압하고 이들을 추방하고 싶었기 때문이었다."-- [당원들에 대한 연설](1973년)의 "덩컨 칸웨이에게 보내는 편지"(1953년 4월 3일)

1912년에 볼셰비키 분파는 멘셰비키와 최종적으로 분립한 후 볼셰비키당을 수립했다. 이와 함께 레닌은 "비판의 자유"에 대한 1906년의 입장을 폐기했다. 1914년 7월 국제사회주의 사무국은 러시아 사회민주주의자들을 다시 단합시키기 위해 협의회를 주선했다. 이때 당의 통합을 위해 레닌은 여러 가지 조건을 제시했는데 이 가운데 "비판의 자유"를 명확히 거부하는 조건도 제시되었다 :

"같은 도시나 지역에서 두 분파의 신문이 서로 경쟁하는 일은 절대 금지되어야한다. 소수파는 강령, 전술, 조직 등에 대한 이견을 당원 전체 앞에서 토론할 권리를 가진다. 그리고 이를 위해 특별히 토론집이 발간되어야 한다. 그러나 이들은 다수파의 행동과 결정을 방해하는 내용의 글을 분파 신문에 실을 권리는 누릴 수 없다."(강조는 인용자)

-- "러시아사회민주노동당 중앙위원회가 브뤼셀 당 협의회에 보내는 보고"(1914년 6월)

더욱이 "문화적 민족적 자치"를 위해 또는 지하당에 반대하는 공개적인 선동은 절대 금지라고 레닌은 명시했다.

자신의 글 "민주집중제"에서 바브라 지는 1914년에 레닌이 민주집중제에 대한 종전의 입장을 바꾸었다는 점을 인정하고 있다 :

"1914년이 되면 레닌은 다음과 같은 문제에 대한 자신의 입장을 명확히 바꾸었다 : 전에는 러시아사회민주노동당 내에 분파 신문을 발행하는 것이 인정될 수 있다고 생각했으나 이제 그는 이것을 인정할 수 없다고 했다. 이것은 노동계급을 혼란시키고 분열시킨다는 것이었다."

그런데 그녀는 "비판의 자유"를 레닌이 폐기한 것을 최소화시키고 있다. 공개적으로 경쟁하는 분파 신문 뿐 아니라 어떤 형태로든 소수파가 다수파의 입장을 공개적으로 조직 외부에서 비판할 권리도 레닌은 거부했다. 더욱이 지하당과 "문화적 민족적 자치"라는 두 가지 핵심 쟁점에 대해서도 소수파의 입장은 외부에서 공개적으로 전혀 개진될 수 없다고 레닌은 구체적으로 못박았다. 바브라 지와 같은 중도주의자들은 멘셰비키와의 통합을 인정하고 당에 대한 사회민주주의적 개념을 추종한 1906년의 레닌을 선호한다. 그리고 멘셰비키와 최종적으로 결별했으며 혁명가와 개량주의자들이 통일된 당을 꾸려야 한다는 카우츠키의 당 개념에 도전한 1914년의 레닌을 거부한다.

혁명 전위당의 당원들 그리고 특히 이 정당의 지도적 중핵들은 비당원 분자 모두보다 정치적 계급의식의 수준이 질적으로 높다. 노동자 대중이 사태를 올바로 파악하는 반면 혁명 지도부가 오류를 그것도 심각한 오류를 범할 수는 있다. 그러나 이런 경우는 매우 드물 것이다. 만약 그렇지 못하다면 문제가 되는 것은 민주집중제의 일반적 기준이 아니라 당의 혁명적 성격 그 자체일 것이다.

혁명 조직 내부의 소수파는 조직의 지도적 중핵들을 획득하려고 노력해야한다. 그리고 이 중핵에 대항하여 후진적 분자들에게 호소하는 일은 하지 말아야 한다. 전위 조직 내의 견해 차이는 부르주아 이데올로기의 압력을 가장 주요하게 대변하는 후진 분자들의 개입을 최대한 차단하면서 해소되어야한다. 조직 밖에서 벌어지는 "비판의 자유"는 혁명 전위에 대한 의식적이고 정치적인 적들은 말할 것도 없고 후진 노동자들의 영향력을 최대한 허용한다. 따라서 이것은 노동계급 전위의 내적 응집력과 외적 권위에 심각한 해악이 된다.

### 기회주의자들에 대한 투쟁

러시아사회민주노동당 제5차 대회는 1907년 5월 런던에서 열렸다. 이 대회에서 대의원 분포는 볼셰비키 89명, 멘셰비키 88명으로 양 진영의 세는 거의 대등했다. 일 년 전에 열린 제4차 대회에서 유대인노동자연합(분트), 라트비아사회민주당 그리고 룩셈부르크와 요기헤스가 주도한 폴란드-리투아니아왕국사회민주당 등은 반(半)연방주의 당체제에 편입되었었다. 제5차 대회에서 이 조직들은 각각 54명, 26명, 45명의 대의원을 보유했다.

볼셰비키들은 1년 동안 멘셰비키의 부르주아 자유주의 추종노선과 입헌민주당 지지 노선에 대해 날카로운 분파 투쟁을 벌인 후였다. 이를 통해 이들은 소수파의 지위에서 벗어날 수 있었다.

그러나 이제 당 지도부는 "민족"사회민주당인 세 조직의 표에 달려있었다. 유대인노동자연합은 일관되게 멘셰비키를 지지했다. 라트비아사회민주당은 대체로 볼셰비키를 지지했으나 가끔 두 진영을 중재하기도 했다. 제5차 대회에서 레닌의 볼셰비키들은 다수파가 되어 이후 5년 간 주요 당 기구의 지도부를 장악했다. 그러나 이것은 바로 룩셈부르크의 폴란드사민당이 볼셰비키들을 지지했기 때문이었다. 1906년부터 1911년까지 레닌과 룩셈부르크가 동맹한 사실은 실제 사실로서 중요할 뿐 아니라 자신의 모습을 확립해가고 있던 레닌주의와 1914년 이전까지 가장 일관되게 혁명노선을 견지한 대표적 인물인 룩셈부르크 사이의 관계를 드러내고 있다는 점에서도 중요하다.

제5차 당 대회에서 가장 결정적인 쟁점은 부르주아 자유주의에 대한 태도 특히 입헌민주당에 대한 선거 지지 문제였다. 라트비아사민당, 폴란드-리투아니아사민당, 멘셰비키 좌파 트로츠키/파르부스 등의 지지로 볼셰비키 노선이 승리했다. 이 대회는 입헌민주당을 이렇게 비난했다 :

"입헌민주당이 주도하고 있는 자유주의 입헌군주제 정당들은 이제 혁명에 등을 확실히 돌렸으며 반혁명 세력과의 협잡을 통해 혁명을 저지하려고 애쓰고 있다."-- 로버트 맥닐 편집, [소련공산당의 결정들과 결의문들] (1974년)

대회의 또 다른 결의문은 당의 의원단에게 이렇게 지시했다 : "'의회를 사수하자'는 구호 하에 실제로는 흑백인조(역자 주: 러시아의 극우반동 폭력 집단)에게 대중의 이해를 희생시키는 부르주아 자유주의의 배신적 정책"(같은 글)을 반대하라! 대회가 끝난 후 몇 개월 뒤에 열린

당 협의회는 이렇게 결정했다 : 곧 있을 의회 선거에서 당은 독자 후보를 출마시켜 다른 어떤 당도 지지하지 않는다.

한편 라트비아와 폴란드의 사회민주당은 제5차 당 대회에서 볼셰비키의 전반적 노선을 지지했다. 그러나 이들은 멘셰비키에 대한 레닌의 투쟁을 중재하기도 했다. 예를 들어 이들은 소수파가 되어 물러나는 멘셰비키의 중앙위원회를 레닌의 결의안이 비난하자 반대표를 던졌다. 또한 이들은 1907년 당 대회에서 레닌에게 유일한 심각한 패배를 안겨주었다. 차르 정부의 "기금을 압수하는 투쟁"을 벌이고 있던 볼셰비키들을 당 대회는 압도적 다수로 반대했기 때문이었다.

이 시기에 멘셰비키들은 볼셰비키의 무장 압수 투쟁에 정치적 공격을 집중하고 있었다. 이들이 볼셰비키의 압수 투쟁에 대해 히스테리에 가까운 반응을 보인 이유는 간단했다 : 이 행위가 부르주아 자유주의자들의 품위와 체면에 충격을 가했기 때문이었다. 또한 볼셰비키들은 이 투쟁 때문에 멘셰비키들에 비해 재정 상태가 훨씬 우수했다. 차르 정부의 기금을 무장을 동원하여 압수하는 볼셰비키의 행위를 비난하면서 멘셰비키들은 자신들이야말로 사회민주주의의 정통성을 조금의 오점도 없이 대표하고 있다고 확신했다.

그러나 압도적인 위력과 중앙집중성을 가진 차르의 국가기구가 볼셰비키의 행위에 자극을 받아 즉시 사회민주주의 운동을 탄압할 상황은 아니었다. 그리고 혁명을 빌미삼아 범죄 행위를 일삼는 집단이라고 노동자들이 볼셰비키들을 비난할 가능성도 없었다. 더욱이 이 투쟁을 장기적으로 지속하여 조직 자체가 룸펜의 범죄 집단으로 타락할 정도로 볼셰비키들이 이 투쟁을 "전략"으로 상정한 것도 아니었다.

혁명 상황이 계속되면서 노동자와 농민 대중이 차르 정부가 허용하는 합법성에 적극 거역할 것이라고 레닌은 믿고 있었다. 볼셰비키의 압수 투쟁은 카프카즈 지역에 집중되어 있었다. 이 지역에서 농민과 소수민족 세력들은 무장 전투부대를 결성하여 정기적으로 차르의 권위에 도전하고 있었다. 이 압수 투쟁은 계속되는 혁명 내전에서 취할 수 있는 게릴라 전술의 하나라고 레닌은 생각하고 있었다. 무장 압수 투쟁을 둘러싼 볼셰비키와 멘셰비키의 공방은 전제 타도에서 노동계급 전위당의 정치적 군사적 역할에 대한 이들 사이의 근본적 견해 차이와 불가분의 관계에 있었다.

무장 압수 투쟁에 대한 레닌의 입장은 1906년 4월에 열린 제4차 당 대회에서 제출된 결의안에 제시되었다. 그는 이 입장을 1907년까지 견지했다 :

"(1) 1905년 12월 봉기 이후 차르에 대한 혁명 내전이 완전히 중단된 곳은 러시아에 거의 없다. 혁명 인민은 적에 대해 산발적으로 게릴라 공격을 가하고 있다... 우리는 다음과 같은 의견을 제시하며 대회가 이에 동의할 것을 촉구한다...

(4) 전제 정부의 기금을 압수하는 목적을 위해 무장 투쟁 역시 인정될 수 있다. 이 투쟁은 봉기의 필요에 부응한다. 이를 통해 인민의 이해가 가능한 최소한도로 침해되도록 각별히 조심하고 있기 때문이다." -- "러시아사회민주노동당 통합 대회를 위한 전술 강령"(1906년 3월)

### 차르 반동기와 초좌익 볼셰비키들

제5차 당 대회가 끝난 직후 1907년 6월에 차르의 반동 장관인 스톨

리핀이 의회에 대항하여 쿠데타를 일으켰다. 의회는 해산되었으며 이전보다 훨씬 비민주적인 선거제도에 근거하여 제3차 의회 개원이 선언되었다. 이와 함께 러시아사회민주노동당 의원단이 체포되었다. 이들은 군대에서 반란을 사주했다고 기소되었다.

스톨리핀의 반동 쿠데타는 1905년 혁명이 확정적으로 끝났음을 알렸다. 차르 반동이 승리하자 당의 기본 조직으로 지하당을 다시 수립해야 할 필요에 대해 볼셰비키와 멘셰비키는 새로운 그러나 어떤 의미에서는 최후의 분쟁을 벌였다. 그리고 반동기가 시작되면서 볼셰비키 진영 내에는 레닌주의와 초좌익주의가 아주 날카롭게 대립했다. 역사적 의미에서 훨씬 더 중요한 멘셰비키와의 분쟁을 끝장내기 전에 볼셰비키들은 이 내부 분파 투쟁을 먼저 정리해야했다.

레닌과 초좌익 볼셰비키 사이의 분쟁은 차르가 허용한 반동 의회에 참여할 것인가의 문제에 집중되었다. 이 분쟁의 이면에는 반동기가 시작되었으며 혁명 정당은 전술적으로 후퇴할 필요가 있다는 레닌의 인식이 깔려 있었다. 분파 투쟁의 첫 싸움은 1907년 7월에 열린 당 협의회에서 임박한 의회 선거에 대한 정책을 둘러싸고 일어났다. 러시아는 일반적으로 혁명기를 아직 경과하고 있다고 레닌은 믿고 있었다. 그러나 선거에 기권하는 것은 전술적으로 정당화될 수 없다는 것이 그의 판단이었다 :

"(1) 혁명이 광범위하게 모든 곳에서 급격히 상승하고 있으며 이것이 무장봉기로 발전하고 있을 때, 구체제의 첫 의회가 소집되면서 조성되고 있는 헌법적 환상에 대해 투쟁해야 할 이데올로기적 목적이 있을 때, 이때에만 의회 선거에 대한 적극적 기권은 사회민주주의당의 올바른 전술이 된다. 러시아 혁명의 경험은 이 교훈을 우리에게 가르쳤다.

(2) 비록 혁명기의 모든 조건들은 그대로 있지만 위에서 말한 조건들은 지금은 사라졌다. 이 상황에서 혁명적 사회민주주의자들의 올바른 전술은 제2차 의회와 마찬가지로 선거에 참여하는 것이다."-- "제3차 의회 선거 참여에 대한 결의문 초안"(1907년 7월)

그러나 협의회의 볼셰비키 대의원 9명 가운데 레닌만이 이 결의안을 지지했다. 다만 멘셰비키, 유대인노동자연합, 라트비아사민당, 폴란드사민당 등이 그의 결의안을 지지했기 때문에 그의 노선은 당의 공식 정책으로 채택되었다. 레닌을 제외한 볼셰비키 대의원 전원은 이 결의안에 반대표를 던졌다.

물론 이 협의회에서 볼셰비키 기권주의자들은 지나치게 대의원을 많이 배정받았다. 레닌의 입장은 볼셰비키 중핵과 평당원들 사이에 상당한 지지를 얻고 있었기 때문에 그는 재빨리 더 많은 지지를 확보할 수 있었다. 그러나 1907년부터 1909년까지 존재했던 초좌익 분파는 그동안 레닌이 누려왔던 지도적 위치를 가장 심각하게 위협했다. 초좌익 지도자들은 레닌의 최측근이었던 보그다노프를 비롯해 루나차르스키, 리아도프, 알렉신스키, 크라신 등 대단히 출중한 볼셰비키들이었다. 더욱이 볼셰비키 평당원 대다수는 의회 기권 노선을 지지하고 있었다. 오직 레닌의 대단한 개인적 권위 때문에 초좌익 분파는 레닌과 그의 지지자들을 지도부에서 밀어내거나 주요한 조직 분열을 초래할 강력한 세력 결집에 실패했다.

초좌익 분파가 정치적으로 통일된 경향이 아니었기 때문에 레닌은 이 분파를 패배시키는데 도움을 얻었다. 그리 중요하지 않은 전술적 문제가 이 분파를 소환파와 최후통첩파로 확연히 양분시켰다. 소환파는 의원단을 즉시 그리고 조건 없이 소환할 것을 요구했다. 최후통첩파는 의원단에게 정치적으로 대단히 자극적인 연설을 하도록 최후통첩을 보내 차르 당국이 이들을 의회에서 추방하거나 더 지독한 조치를 취하도록 유도할 것을 요구했다. 실제로 이 두 전술은 똑같은 결과를 가져올 것이었기 때문에 초좌익 분파가 내부적으로 상당히 분열되어 있다는 것을 레닌은 부인했다.

볼셰비키 지도부의 실질적 전원회의인 [프롤레타리]지의 확대 편집위원회 협의회가 1907년 7월에 열렸다. 여기에서 레닌은 초좌익 분파에 대한 자신의 입장을 결의안의 형태로 제출했으며 보그다노프는 볼셰비키 조직에서 제명당했다. 이 결의안의 핵심 부분은 이렇게 말하고 있다 :

"그 당시 광범위한 대중의 직접적 혁명투쟁은 뒤이어 격심한 반혁명 시기를 맞이했다. 이 새로운 상황에 맞추어 우리 당이 혁명 전술을 운용하는 것은 대단히 중요했다. 그리고 이와 관련하여 가장 예외적으로 중요한 임무 중에 하나는 당의 선동을 위해 의회를 공개 연단으로 활용하는 것이었다.

그러나 직접 혁명에 참여했던 노동자들의 일 부위는 이 급격한 상황의 변화에 적응하여 새로운 조건 속에서 혁명 정당의 전술을 즉시 적용하지 못하는 무능력을 보였다. 단순히 공공연한 내전이 벌어지는 시기에는 혁명적이었으나 지금 단순 반복할 경우 새로운 투쟁 조건 속에서 노동계급의 혁명적 결집을 지체시킬 지도 모르는 구호들을 이들은 단순히 반복하기만 했다."(강조는 원저자)-- "소환주의와 최후통첩주의에 대하여"

보그다노프는 독자적으로 그룹을 결성한 후 "모든 동지들에게 보내는 편지"를 1910년에 작성했다. 자기 그룹의 창립 문서인 이 글에서

그는 레닌의 입장에 대한 자신의 응답을 이렇게 요약했다 :

"볼셰비키 지도부인 집행위원회 대표단 가운데 해외에서 살고 있는 일부 대표들은 이렇게 결론을 내렸다 : 현 시기에 대한 이전의 평가를 급격히 바꾸어야한다 ; 새로운 혁명의 물결이 아니라 평화로운 헌법적 상황이 장기간 계속되는 시기를 예상하고 방침을 정해야한다. 이들의 입장은 우리 당의 우파인 멘셰비키에 근접하고 있다. 이들은 정세의 어떤 평가와도 무관하게 합법적 헌법적 활동 형태 즉 '유기적 활동'과 '유기적 정세 발전'에 이끌린다."-- 로버트 대니얼즈 편집, [공산주의 문서의 역사] (1960년)

"평화로운 헌법적 상황이 장기간 계속되는 시기"에 대한 보그다노프의 표현은 애매하다. 어쩌면 그는 의도적으로 이 애매한 문구를 사용했는지도 모른다. 다수의 멘셰비키와는 반대로 레닌은 역사적 시기 전체 즉 수십 년 동안 새로운 혁명이 터지지 않을 것이라고 보지는 않았다. 1908년에 그는 이렇게 결론을 내렸다 : 1905년과 같은 혁명의 상승기가 다시 오기 전에 당 활동 전망의 측면에서 그리고 볼셰비키들의 과거 경험과 예상에 비추어 긴 시기가 존재할 것이다. 그의 관점에서 보면 1908년은 혁명 전야인 1903년이 아니라 혁명투쟁이 가라앉은 반동기였다. 이것은 올바른 현실 인식이었다. 소환파/최후통첩파에게는 이 올바른 현실 인식이 결여되어 있었다.

### 철학과 정치

소환주의/최후통첩주의는 오스트리아의 물리학자/철학자 에른스트 마하의 신칸트주의 사조인 이원적 관념론(idealistic dualism)과 연관되어 있었다. 이것은 당시 중부 유럽의 지식인 집단에 크게 유행한 철학 사조였다. 보그다노프의 철학 저서 [경험일원론(Empiriomonism)](1905년-1906년)은 마르크스주의를 신칸트주의와 화해시키려는 야심찬 시도였다. 1908년 보그다노프의 동료 루나차르스키는 이 관념론을 노골적인 유심론(spiritualism)으로 심화시키면서 사회주의 종교가 필요하다고 주장했다. "새로운 신을 창조"한 그의 이론은 말할 것도 없이 볼셰비키 전부는 물론 소환파/최후통첩파 분파에게도 대단히 당혹스러웠다.

신칸트주의에 대한 보그다노프의 공감은 잘 알려져 있었을 뿐 아니라 오랜 기간에 걸친 현상이었다. 그가 레닌의 측근으로 있으면서 스스로 명확한 정치 경향을 대표하지 않는 한 그의 신칸트주의는 볼셰비키와 멘셰비키 모두에게 개인적 특이성으로 간주되었다. 그러나 보그다노프가 명확한 그리고 당분간 상당히 중요한 경향의 지도자가 된 이상 그의 철학이론은 일반적 정치 논쟁의 초점이 되었다. 특히 플레하노프는 보그다노프의 사상을 들먹이며 볼셰비키 강령이 노골적인 주관적 관념론의 산물이라고 공격했다. 이 때문에 레닌은 1908년 대부분을 보그다노프의 신칸트주의에 대항하는 주요 논쟁서인 [유물론과 경험비판론] 저술을 위한 연구 작업에 할애했다. 이 작업의 의도는 볼셰비키주의에서 철학적 관념론의 오명을 제거하는 것이었다.

보그다노프의 신칸트주의 그리고 이에 대한 레닌의 대대적인 논쟁 작업에도 불구하고 레닌과 그는 밀접하게 정치적으로 협력해왔다. 이 사실은 자칭 혁명적 마르크스주의자들이 철학 문제에 대해 유사한 편향을 보이는 것을 스스로 정당화시키는 근거로 활용되어왔다. 신칸트주의를 신봉한 보그다노프가 중요한 볼셰비키 지도자였다는 사실은 가끔 인용되어 유물변증법에 대한 무관심을 옹호하는데 활용되어 왔다. 즉 마르크스주의 세계관의 가장 일반적이고 추상적인 표현인 유물변증법이 실제 정치활동 그리고 이와 관련된 조직 소속과 아무런 관련이 없다는 주장이 옹호되어왔다. 1940년에 트로츠키주의와 결별했을 때 미국의 수정주의자 맥스 색트먼은 변증법을 반대한 경험주의자 제임스 버넘과 연합했다. 그는 이 연합을 정당화하기 위해 레닌과 보그다노프의 "선례"를 들었다.

이와 정반대로 정치적 반대자의 관념론적 편향에 대해 레닌이 주요하게 논쟁을 벌인 적이 있었기 때문에 어떤 정치 경향은 모든 분파투쟁을 철학 문제와 결부시켜 "심화시켰다". 즉 모든 정치적 차이들을 유물변증법의 문제로 환원시키는 것이 여기에 해당된다. 허장성세와 이성적 관념론을 뒤섞는 것은 영국의 히일리 그룹의 명확한 특징이 되어왔다.(현재 히일리/반다 그룹은 너무 이상한 조직이 되어 버려서 이 조직을 진지하게 받아들이거나 특히 이 조직의 철학적 신비주의를 진지하게 받아들이는 것은 더 이상 가능하지 않다.)

"철학"의 최우선적 지위를 주장하며 히일리 그룹은 1972년에 과거 동맹자였던 프랑스의 신칸트주의 경향 국제공산주의조직(Organisation Communiste Internationaliste)과의 결별을 정당화시켰다. 보그다노프에 대한 레닌의 1908년 논쟁을 정통적인 선례로 이들은 제시했다 :

"가장 어려운 실제 투쟁의 시기에조차 레닌은 러시아에 혁명정당을 건설하기 위해 새로운 관념론자들인 신칸트주의자들의 사상을 지치지 않고 연구하였다. '경험비판론'의 형태로 이 사상은 볼셰비키의 일부 부위에 의해 인정되었다. 그러자 레닌은 전문적인 연구를 수행하여 이들에 대해 책 한권 분량의 [마르크스주의와 경험비판론]

을 저술했다.

1905년 혁명의 패배이후 닥친 극단적인 어려움과 고립의 시기는 혁명운동을 계급 적의 가장 커다란 압력에 노출시켰다. 이 점을 레닌은 아주 잘 이해하고 있었다. 가장 중요한 기본적 임무는 가장 기초적 수준 즉 철학에서 마르크스주의 이론을 방어하고 발전시키는 것이라고 그는 인식했다."(강조는 인용자) -- 제4인터내셔널 국제위원회, [트로츠키주의를 방어하며] (1973년)

위의 주장은 여러 수위에서 완전한 왜곡을 일삼고 있다. 우선 반동기에 레닌의 역사적으로 더 중요한 정치투쟁은 보그다노프의 초좌익 볼셰비키들이 아니라 멘셰비키 청산주의자들을 패배시키는 것이었다. 이 투쟁에서 철학 문제는 이렇다 할 역할을 하지 않았다.

히일리 추종자들은 레닌과 보그다노프의 관계도 왜곡하고 있다. 보그다노프가 1904년에 볼셰비키 지도부에 속했을 때 그는 이미 잘 알려진 신칸트주의자요 마하주의자였다. 논란거리인 철학 문제들에 대해 볼셰비키 경향은 입장을 채택하지 않을 것이라고 레닌과 보그다노프는 합의했다. 레닌은 고리키에게 보낸 1908년 2월 25일자 편지에서 보그다노프의 철학적 편향에도 불구하고 자신이 그와 과거 정치적 관계를 맺은 것을 인정하고 있다 :

"1904년 여름과 가을에 보그다노프와 나는 볼셰비키로서 완전한 합의에 도달했고 암묵적인 동맹을 맺었다. 우리는 철학을 중립적 분야로 암묵적으로 인정했다. 이 동맹은 혁명기 내내 유지되었고 이 혁명에서 우리가 함께 혁명적 사회민주주의(볼셰비키주의)의 전술을 수행하는 것을 가능하게 했다. 이것은 지금 내가 크게 확신하건데 유일하게 올바른 전술이었다."(강조는 원저자)

볼셰비키 지도부를 엿 먹이고 분열시키기 위해 유물변증법과 신칸트주의를 문제의 전면에 내세운 자는 바로 멘셰비키 우파 지도자 플레하노프였다. 그에 대해 볼셰비키들을 방어하는 과정에서 레닌은 신칸트주의적 수정주의가 러시아 혁명운동에서 별로 중요하지 않다고 주장하기까지 했다. 1905년 4월 볼셰비키들만 참석한 당 대회에서 레닌은 이렇게 말했다 :

"플레하노프는 마하와 아베나리우스의 귀를 잡아당겨 데리고 왔다. 내가 조금도 공감하지 않는 이들이 사회혁명의 문제와 어떤 관계가 있는지 나는 도대체 알 수가 없다. 이들은 개인적 그리고 사회적 경험의 조직에 대해 또는 그런 종류의 주제에 대해 글을 썼다. 그러나 이들은 민주적 독재에 대해서는 조금도 생각하지 못했다."-- "임시혁명정부에서 사회민주주의자들이 참여하는 문제에 대한 보고"(1905년 4월)

나중에 보그다노프에 대한 투쟁의 결과를 인식한 요인이 일부 작용하여 레닌은 정치적 차이와 철학적 차이를 너무 자의적으로 구분한 자신의 1905년 입장을 수정했다. 유물변증법에 대한 마르크스주의자들 사이의 근본적 이견은 정치적 이견을 초래할 것이라고 그는 생각하게 되었다. 그러나 혁명 노선 그리고 이와 연관된 조직 소속 등을 규정하는 데에는 강령이 가장 중요하다고 레닌은 여전히 생각하고 있었다. 그는 1904년부터 1907년까지 자신이 보그다노프와 밀접한 정치적 협력관계를 맺은 것을 결코 부정하지 않았다. 그리고 유물변증법을 옹호하지만 자유주의를 지지한 플레하노프에 대항하여 신칸트주의자이긴 하지만 혁명적 사회민주주의자인 보그다노프와 동맹한 것이 그로서는 전적으로 올바른 행위였다. 보그다노프의 신칸트주의 사상이 반(反)마르크스주의 정치 강령과 연관되었을 때에만 레닌은 관념론에 대항해 유물변증법을 옹호하는 것을 중심적 정치적 임무로 간주했다.

**변증법의 신비화에 대항하며**

마르크스주의 강령은 노동계급의 이해와 사회 진보를 과학적으로 표현하고 있다. 그러나 이것은 사회주의 미래에 대한 주관적인 소망만으로 수립되지 않는다. 이것은 현실에 대한 올바른 이해를 통해 필연적으로 구현된다. 그리고 현실에 대한 이해를 가장 일반적으로 또는 추상적으로 표현하는 것이 유물변증법이다. 그러나 1877년에 마르크스는 러시아 인민주의 잡지 [Otechestvenniye Zapiski]에 실은 글에서 이렇게 말했다 : "나는 초역사성을 최대의 강점으로 하는 역사 철학의 일반이론"을 제공하지는 않는다(마르크스와 엥겔스, [서간문 선집], 1975년). 구체적으로 전개되고 있는 사회를 과학적으로 이해하는 것을 보장하기보다는 허용하는 개념 틀이 바로 유물변증법이다. 다른 말로 하면 사회 현실의 변증법적 성격을 이해해야 역사 현상에 대한 일반화가 가능하다.(예를 들어 자본주의 국가기구는 사회주의 행정기관으로 개혁될 수 없으며 이 시대의 집단적 경제체제는 노동계급의 사회 지배력을 나타낸다.) 그리고 역사 현상의 일반화가 마르크스주의 강령의 토대가 된다.

히일리 그룹이 철학을 신비화하는 것은 이 조직이 기이한 지도자 컬트 집단으로 추락했음을 드러낸다. 1960년대 초 히일리의 사회주의노동동맹(Socialist Labour League)은 이렇게 이해했다 : 유물변증법은 통일된 세계관을 일반적으로 표현한 것일 뿐 경험적 현실과 떨어져 존재하는 추상적 도식이나 방식이 아니다. 레닌이 1914년과 1915년에 걸쳐 헤겔을 연구한 것에 대해 이 조직의 이론가 클리프 슬로터는 1962년과 1963년에 걸쳐 논문들을 발표했다. 그리고 이 결과는 1971년에 출판된 [변증법에 대한 레닌의 사상]이라는 팜플렛으로 나타났다. 이 저작에서 그는 변증법을 이상화시키는 것을 날카롭게 비판했다 :

"변증법은 사물의 모든 비밀을 드러내는 한 세트의 마술 숫자 또는 만능열쇠가 아니라고 헤겔은 주장했다. 이 주장을 레닌은 크게 강조했다. 변증법의 논리를 뭔가 그 자체로 완벽하고 특정 예에 '적용되는' 것으로 생각하는 것은 틀렸다. 이것은 우리가 배워서 외부로부터 현실에 끼워 맞추는 해석의 모델이 아니다. 우리의 임무는 현실 자체의 발전 법칙을 찾아내는 것이다.

마르크스가 창시한 사회과학은 자체의 주제와 발전법칙을 가지고 독자적으로 움직이며 현실로부터 독립되어 현실에 내려와 이것에 개입하는 철학의 존재 자체를 부정한다."

그리고 슬로터는 철학 개념에 대한 마르크스의 판단을 [독일 이데올로기]를 인용하여 설명한다 : "현실이 묘사될 때 철학은 독자적 존재기반을 상실한다."

그러나 1960년대 말이 되면 히일리 그룹은 철학의 독자적 존재기반을 "재발견"했다. 유물변증법은 "마르크스주의 인식론" 그리고 인식론으로 알려진 철학적 범주의 표현으로 거창하게 제시되었다. 프랑스의 국제공산주의조직과의 분립을 둘러싸고 제출된 문서들을 모은 [중도주의와 단절하라!](1973년)라는 문서집은 이렇게 주

장한다 :

“이 문서집의 장들을 준비하는데 가장 중요한 것은 바로 이것 이었다 : 변화하는 객관 현실 속에서 노동계급의 의식을 이해하고 변화시키는 투쟁을 수행한다 ; 그리고 이를 통해 유물변증법을 발전시킨다. 이것은 유물변증법을 마르크스주의 인식론으로 이해하고 발전시키는 것을 의미한다.

유물변증법은 마르크스주의 인식론이며 오류에서 진리로 투쟁을 인도하는 이론이다. 물론 여기서 진리는 ‘최종적’ 진리가 아니라 모순적인 투쟁을 통해 계속 전진하면서 객관 세계에 대한 진정한 의식을 획득하는 것을 의미한다.”

유물변증법에 대한 히일리 추종자들의 사고는 대단히 편협할 뿐 아니라 인식을 이상화하고 있다. 유효하면서 독자적인 인식론은 존재하지 않는다. 개인이 인식을 수행하는 차원에서 보면 인식론은 생물적이고 심리적인 과학적 탐구를 통해 탄생했다. 사회 인식의 차원에서 보면 인식론은 역사적으로 구체적인 사회관계들을 이해하는 구성 부분에 불과하다. 따라서 마르크스주의자가 인식을 이해하는 중심에는 허위의식이라는 개념이 자리 잡고 있다. 다양한 사회적 역할과 관련하여 현실을 필연적으로 왜곡하는 것이 허위의식이다.

인식론이라는 전통적인 철학 범주는 경험주의의 형태를 취하든 합리주의의 형태를 취하든 자연과 사회로부터 의식 주체를 분리시킨다. 이 때문에 이 범주 자체는 허위의식의 이데올로기적 표현에 불과하다. 유물변증법은 다른 철학 개념과 범주들은 물론이고 인식론에 대한 전통적인 다양한 개념들도 비판한다. 그러나 마르크스주의는 자신을 새로운 대안 철학으로 내세우며 전통 철학을 비판하지는 않는다. 즉 자연과 사회에 대한 과학적인 즉 경험적으로 확증할 수 있는 이해와 독립되어 존재하는 것으로 자신을 포장하지는 않는다.

히일리 그룹은 유물변증법을 "오류에서 진리로 인도하는 투쟁의 길"로 신비화하고 있다. 이 신비화의 주요 목적은 지도자 컬트의 무오류성을 정당화하는 데에 있다. 이 그룹의 지도부가 제시하는 강령, 분석, 전술과 전망 등은 경험적 확증의 절차로부터 면제된다고 이들은 주장한다. 예를 들어 지금까지도 이 그룹은 쿠바가 자본주의 체제라고 주장한다! 이 그룹을 비판하고 반대하는 세력에 대해 이들은 이렇게 면박을 가한다 : 당신들은 현실을 이해하지 못하고 있다! 현실을 올바로 이해하는 능력은 지도부에게만 있으며 지도부만이 변증법적 방법론을 통달했다는 것이다. 따라서 변증법에 대한 히일리 그룹의 신비화와 신비주의 종교가 서로 유사한 내용을 가지고 있는 것은 전혀 우연이 아니다.

요약하자면 보그다노프와 버넘처럼 유물변증법을 체계적으로 거부하면 조만간 과학적인 마르크스주의 강령과 결별할 수밖에 없다. 그러나 혁명 정당 내부의 모든 진지한 정치적 견해 차이가 적대적인 철학적 개념들로 환원될 수 있으며 되어야 한다고 히일리처럼 주장하는 것은 합리주의적 관념론의 일종이다. 이러한 철학적 환원론은 다음과 같은 사실을 부정한다 : 정치적 견해 차이는 보통의 경우 혁명 전위와 그 구성 부분들에 가해지는 부르주아 사회의 다양한 압력과 영향력으로부터 발생한다 ; 또한 이것은 현실적 경험적 조건들과 가능성들을 평가하는 데에 있어서 드러나는 차이에서도 발생한다.

### 소환주의/최후통첩주의에 대한 투쟁의 의의

레닌주의자들과 소환파/최후통첩파 사이의 분파 투쟁은 위에서 언급했듯이 [프롤레타리]지 확대 편집위원회의 1909년 6월 협의회에서 끝이 났다. 이 회의는 이렇게 결의했다 : 볼셰비키주의는 "소환주의/최후통첩주의와 아무런 관련이 없다 ; 당의 볼셰비키 분파는 혁명적 마르크스주의에 대한 이 편향들에 대해 대단히 비타협적으로 투쟁한다." 보그다노프[79]가 이 결의문을 인정하지 않자 그는 볼셰비키 분파에서 제명당했다.

이 팜플렛의 제1장에서 지적했듯이 보그다노프의 제명을 정당화하면서 레닌은 카우츠키의 계급 전체의 당 이론을 자신이 따르고 있다고 확인했다. 그는 카우츠키의 "당"과 분파를 확연히 구분하면서 후자는 통일된 강령과 전망을 가져야 한다고 주장했다 :

"우리 당에서 볼셰비키주의는 볼셰비키 분파에 의해 대표되고 있다. 그러나 분파는 당이 아니다. 당은 온갖 종류의 견해와 견해 차이들을 전부 수용할 수 있으며 견해들의 양 극단은 크게 모순을 일으킬 수 있다. 독일 당의 경우 카우츠키의 확연히 혁명적인 분파와 함께 베른슈타인의 초수정주의적 분파도 있다. 그러나 이 사정은 분파의

---

79) **보그다노프**의 본명은 Malinovskii으로 하르코프대학을 졸업하였다. 1890년대부터 혁명운동에 참가하여, 한때는 볼셰비키의 지도자 중의 한 사람이 되었다. 그러나 제1차 러시아혁명(1905) 후부터 실천과 이론면에서의 의견 대립으로 1909년에 당에서 제명되었으며 1917년의 러시아혁명에도 참가하지 않았다. E.마하의 영향으로 마르크스주의를 수정하는 입장을 취하여 경험일원론(經驗一元論)을 주장하였는데, 이 때문에 그의 저서 『경험일원론 Empiriomonizm』(3권, 1904~1906)은 N.레닌의 『유물론과 경험 비판론』(1908)에서 심한 비판을 받았다. 혁명 후에는 문화단체인 '프롤레트쿨트(프롤레타리아 예술 대표기관)'의 지도자가 되었다.

경우에는 해당되지 않는다. 당내의 분파는 같은 생각을 가진 개인들의 집합으로 명확한 방향으로 당에 영향력을 미치려는 목적을 주요하게 가지고 있다. 또한 이를 통해 가장 순수한 형태로 자신들의 원칙들을 인정받으려는 목적을 가지고 있다. 이를 위해서는 진정한 의견의 일치가 필요하다. 볼셰비키 분파 내 분쟁의 실체를 파악하려는 모든 사람들은 당의 단결과 분파의 단결을 위한 기준의 차이를 제대로 이해해야한다."(강조는 원저자)-- "[프롤레타리]지 확대 편집위원회 협의회에 대한 보고"(1909년 7월)

보그다노프가 제명된 후 그와 생각을 같이 하는 인물들과 그는 [전진]지를 중심으로 독자 그룹을 창설했다. 이들은 1905년에 간행된 첫 볼셰비키 기관지의 이름을 자신들의 기관지 이름으로 의도적으로 사용했다. 이들은 자신들이야말로 진정한 볼셰비키주의를 옹호한다고 주장하면서 볼셰비키 분파 평회원들의 지지를 호소했다. 다수의 볼셰비키 노동자들은 소환파/최후통첩파를 지지했다. 그러나 이들은 의회 참여 문제로 레닌의 조직에서 나갈 생각이 없었다. 이 때문에 레닌은 소환파/최후통첩파가 완전히 사라질 때까지 이후 몇 년간 볼셰비키 조직 내의 다양한 초좌익 경향들에 대해 투쟁해야했다.

소환파/최후통첩파는 자신들이야말로 진정한 볼셰비키 전통을 수호하고 있으며 레닌은 멘셰비키와 화해한 자라고 주장했다. 이 주장은 황당한 것으로 즉시 무시될 수 있는 것은 아니었다. 보그다노프, 리아도프, 크라신, 알렉신스키 등은 초기 볼셰비키 중앙의 핵심들로 레닌의 최측근 인물들이었다. 루나차르스키는 볼셰비키 분파의 공개 연설가로 이름이 높았다. 이 때문에 멘셰비키들은 레닌의 가장 유명하고 가장 재능이 뛰어난 협조자들이 도망했다고 레닌을 놀려댔다. 1907년부터 1909년까지 진행된 소환파/최후통첩파에 대한 분파투쟁의 결과 좀 더 젊은 볼셰비키 중핵들을 중심으로 새로운 레닌주의 지도부가 형성되었다. 이들은 지노비에프, 카메네프, 리코프, 톰스키 그리고 약간 나중에 합류한 스탈린 등이었다. 이들은 소비에트 정권 초기까지 볼셰비키 지도부의 핵심이었다.

그렇다면 어떻게 하여 볼셰비키 지도부 제1세대는 초좌익 노선으로 이탈했고 이들 대신 제2세대 지도부가 자기 모습을 형성하면서 성숙해 가고 있던 레닌주의에 동화되었는가? 볼셰비키들은 러시아사회민주주의 운동의 혁명 분파로부터 나왔을 뿐 아니라 혁명의 전망에 대해 경험적으로 낙관하고 있었다. 그리고 이 자신감 넘치는 낙관적 전망은 사건들의 진행에 의해 올바른 것으로 입증되었다. 일반적으로 1903년부터 1907년까지는 혁명 투쟁이 상승하는 시기였으며 이때 볼셰비키들은 대중 정당이 되었다. 따라서 볼셰비키 가운데 어느 한 부위가 반동의 승리로 인한 당의 광범위한 조직적 후퇴를 현실로 인정하지 않으려 했던 것은 이해할 수 있다. 이들은 불리한 현실에 대해 빈곤하고 교조적인 급진주의를 들고 나왔으며 이것은 극단적으로는 사회주의 유심론의 형태를 띠었다. 레닌은 반동의 승리를 완전히 인정하고 노동계급 전위의 투쟁 전망을 이에 따라 적응시켰다. 그리고 이를 위해 그동안 정치적으로 가장 가까웠던 측근들과 결별하는 결단을 내렸다. 이 점에서 혁명 정치인으로서 레닌의 위대성이 빛을 발하고 있다.

# 참고문헌


## 일반 저작

1. Wiskenmann, E. *Europe of the Dictators,* Collins, 1967.
2. Gilbert, M. *The European Powers 1900-1965,* Weidenfeld and Nicolson, 1965.
3. Mosse, G. L. *The culture of Western Europe,* Murray, 1963.
4. Cole, G. D. H. *A Histoy of Socialist Thougnt* : vol. 4. *Communism and Social Democracy 1914-1931* ; Vol. 5, *Socialism and Fascism 1931-1939,* Macmillan, 1953-1960.
5. Lipset, S. *Political Man,* Heinemann, 1963.
6. Laqueur, W. *Russia and Germany: a century of conflict,* Weidenfeld & Nicolson, 1965.
7. *The Journal of Contemporary History,* vol. 1, no. 1, "International Fascism 1920-1945" and no. 2, "Left-wing intellectuals between the wars", Weidenfeld and Nicolson, 1966-7.

## 원사료

8. Marx, K. and Engels, F. *The Manifesto of the Communist Party,* English edition, 1888.
9. Lenin, V. I. *What is to be done?*
10. Lenin, V. I. *State and Revolution.*

11. Lenin, V. I. *Left-wing communism.*

12. Lenin, V. I. *Two tactics.*

13. Stalin, J. V. *Leninism,* Little Stalin Library, Lawrence & Wishart, 1940.

14. Sorel, G. *Reflections on Violence,* trans. T. E. Hulme, Allen & Unwin, 1915.

15. Berstein, E. *Evolutionary socialism,* trans. Edith G. Harvey, Schocken Books, New York, 1961.

16. Luxemburg, R. *The Russian Revolution (and) Leninism or Marxism,* trans. Berstein D. Wolfe, University of Michigan Press, 1961.

17. Mussolini, B. *My Autobiography,* Scribners, 1928.

18. Hitler, A. *Mein Kampf,* trans. J. Murphy, Hurst & Blackett, 1939.

19. Hiter, A. *Speechs of Adolf Hitler,* ed. N. H. Baynes, Oxford University Press, 1942.

20. Orwell, G. *Homage to Catalonia,* Penguin, 1962.

21. Oakeshott, M. *The Social and Political Doctrines of Centemporary Europe,* Cambridge University Press, 1950.

## 좌익

24. Gaute, D. *The left in Europe since 1789,* Weidenfeld & Nicolson, 1966.

23. Berlin, I. *Karl Marx,* Oxford University Press, 1963.

24. Lichtheim, G. *Marxsim,* Toutledge & Kegan Paul, 1961.

25. Carew Hunt R. N. *The Theory and Practices of Communism,* Bles, 1950.

26. Cole, G. D. H. *Marxism and Anarchism,* Macmillan, 1957.

27. Wilson, E. *To the Finland Station,* Secker and Warburg, 1961.

28. Wolfe, B. D. *Three who made a revolution (Lenin, Trotsky, Stlin),* Thames and Hudson, 1956.

29. Hill, C. *Lenin and the Russian Revolution,* English Universities Press, 1947.

30. Trotsky, L. *The History of the Russian Revolution,* Gollancz, 1932-3.

31. Carr, E. H. *A History of Soviet Russia,* Macmillan, 1950-3.

32. Deutscher, I. *Stalin: a political biography,* Oxford University Press 1967, Penguin Books.

33. Daniels, R. V. *The Stalin Revolution: Fulfillment or Betrayal of Communism?* Heath, 1965.

34. Schapiro, L. *The Communist Party of the Soviet Union,* Eyre & Spottiswoode, 1960.

35. Toynbee, A., ed. *The Impact of the Russian Revolution 1917-1967,* Oxford University Press, 1967.

36. Deutscher, I. *The Unfinished Revolution,* Oxford University Press, 1967.

37. Drachkovitch, M., ed. *The Revolutionary Internationals,* Stanford University Press, California 1966.

38. Nettl, J. *Rosa Luxemburg,* Oxford University Press, 1966.

39. Curtis, M. *Three against the Third Republic: Sorel, Barres and Maurras,* Oxford University Press, 1960.

40. Caute, D. *Communism and the French Intellectuals,* Deutsch, 1964.

41. Pelling, H. *The British Communist Party,* A. and G. Black, 1958.

42. Joll, J. *The Anarchists,* Eyre & Spottiswooode, 1964.

43. Crossman, R., ed. *The God that failed,* Harper, 1949.

44. Lowenthal, R. *The World Communism: the disintegration of a secular faith,*

Oxford University Press, 1964.

45. Cohn-Bendit, D. and Cohn-Bendit, G. *Obsolete Communism : the left-wing alternative,* Penguin Books, 1968.

## 우익

46. Carsten, F. L. *The rise of Fascism,* Batsford, 1967.

47. Weber, E. and Rogger, H., ed. *The European Right,* Weidenfeld & Nicolson, 1965.

48. Nolte, E. *Three faces of Fascism,* Weidenfeld & Nicolson, 1965.

49. Fermi, L. *Mussolini,* Chicago University Press, 1961.

50. Finer, H. *Mussolini's Italy,* Cass, 1964.

51. Hibbert, C. *Benito Mussolini,* Longmans, 1962.

52, Deakin, F. W. *The Brutal friendship: Mussolini, Hitler and the Fall of Italian Fascism,* Weidenfeld & Nicolson, 1962.

53. Mosse, G. L. *The Crisis of German Ideology : intellectual origins of the Third Reich,* Weidenfeld & Nicolson, 1966.

54. Bullock, A. *Hitler: a study in tyranny,* Penguin Books, 1962.

55. Allen, W. S. *The Nazi Siezure of Power,* Eyre & Spottiswoode, 1966.

56. Shirer, W. L. *The rise and fall of the Third Reich,* Secker & Warburg, 1960.

57. Snell, J. L. ed. *The Nazi Revolution : Germany's Guilt or Germany's Fate?,* Heath, 1959.

58. Schoenbaum, D. *Hitler's Social Revolution,* Weidenfeld & Nicolson, 1967.

59. Reitlinger, G. *The S. S. : alibi of a nation,* Heinemann, 1956.

60. Trevor-Roper, H. *The last days of Hitler,* Macmillan, 1947.

61. Wright, G. *France in Modern Times,* Murray, 1962.

62. Weber, E. *Action Française,* Stanford University Press, 1962.

63. Cross, C. *The Fascists in Great Britain,* Barrie & Rockliff, 1961.

64. Mosley, Sir O. *My Life,* Nelson, 1968.

65. Thomas, H. *The Spanish Civil War,* Eyre & Spottiswoode, 1961.

66, Payne, S. G. *Falange,* Stanford University Press, 1961.

67. Macartney, C. A. *October Fifteenth : A history of modern Hungary,* Edinburgh University Press, 1957.

68. Brook-Shepherd, *G. Dollfus,* Macmillan, 1961.

## 역주자 소개

경북 군위 출생.
서울대학교 서양사학과 학부 및 석사졸업.
파리 7대학교 DEA 학위 취득.
소르본느대학에서 '르노자동차 공장이 위치한 불로뉴시의 도시정책'이란 제목으로 박사학위 취득.
현재 계명대학교 사학과 교수.

논문 및 저서

주요 논문으로는 Eun-gi EUN, "Une gestion socialiste en matière de logement", *Le Mouvement Social,* n° 213, octobre-décembre 2005 외 십여 편이 있고 저서로는 『프랑스 공산주의운동』(신서원, 2006)과 『프랑스 현대사연구』(한국교육학술정보, 2006) 등을 들 수 있다.

## 저자 소개

저자인 데이비드 스미스는 케임브리지 대학교의 교수를 역임.

David Smith의 저작들

1. *A History of the Modern British Isles 1603-1707,* Blackwell Publishers, 1998.
2. *The classical theory reader : Marx, Weber and Durkeim in perspective,* Blackwell Publishers, 2004.
3. *Classical theory and social world,* Blackwell Publishers, 2004.
4. *The rise and fall of Monetarism,* Pelican S., 1987.
5. *In history : Inland communications,* Schofield & Sims Ltd., 1995.
6. *Education in history,* Schofield & Sims Ltd., 1995.
7. *In history : industry and farming,* Schofield & Sims Ltd., 1995.
8. *Fed, the history of the south Wales miners in the twentieth century,* Lawrence and W., 1980.
9. *A people and a proletariat : Essays in the history of Wales 1780-1980,* Pluto P., 1980.

계명교양총서 45

20세기 유럽의 좌익과 우익

인쇄 | 2007년 2월 25일
발행 | 2007년 3월 1일
역주자 | 은은기
펴낸이 | 이진우
펴낸곳 | 계명대학교출판부
704-701 대구시 달서구 신당동 1000번지
전화 053-580-6233 팩스 053-583-5213
등록 | 1970. 9. 1. (신고번호 제347-1998-1호)
ISBN 978-89-7585-381-4 03300

값 7,000원